从来就没有救世主

THERE HAS NEVER BEEN A SAVIOR

许小年·著

上海三联书店

序言：从来就没有救世主

在欢庆纪元后第二个千禧年的到来时，谁也没有料到，迎接人类的将是一场巨大的金融海啸。

风暴席卷了世界经济的最发达地区，在滔天巨浪的冲击之下，银行倒闭，企业破产，失业骤升，资产价格暴跌。除了上世纪 30 年代的"大萧条"，人们的记忆中还不曾有如此惨烈的经济灾难。狼烟四起之时，各国政府和中央银行使出浑身解数，仅仅避免了金融体系的彻底崩溃，对于一蹶不振的经济，再无回天之力，眼看它在几个月的时间里，从昨日还津津乐道的"永久繁荣"滑入可怕的衰退深渊。

这是怎么回事？究竟是谁之过？惊恐之余，人们纷纷翻出昔日的理论和早已被忘却的预言，试图证明人类的智慧尚未退化到不可救药的地步。马克思的《资本论》在东京热卖，哈耶克的《通向奴役之路》在纽约脱销。不同的学说受到不同人群的追捧，你、我各执一端，互指他人为肇事者，千方百计地为自己的愚蠢开脱。诸多学派之中，最为流行的，当然是凯恩斯主义。

政府——救赎者或肇事者？

在"大萧条"的年代，是凯恩斯指出了市场失灵的可能性，也是凯恩斯给出了应对之方：政府增加开支，创造有效需求。这个今日天经地义的政策，70 年前却是离经叛道的言论，称它为一场"革命"，毫不为过。对于凯恩斯的新理论，当时学术界莫衷一是，西方各国政府亦满腹狐疑。直到 1939 年，美国才开始认真研究凯恩斯的主张，也只有到了1939 年，第二次世界大战爆发，大规模的政府开支才具备了政治上的可行性。然而经过记者和专栏作家（例如保罗·克鲁格曼）的演绎，这段历史变成了如下的版本:美国总统罗斯福接受了凯恩斯的建议,于1933年推出"新政",结束了长达十年的"大萧条"。

数据告诉我们,美国经济在1933年之后停止萎缩,失业率从25%的高位回落,但真实GDP则是在1939年才恢复到1929年的水平,而失业率在1941年才降到单位数。军备开支的直线上升的确创造了有效需求,军队的大规模征兵当然也创造了工作岗位,到底是谁结束了"大萧条"? 罗斯福还是希特勒? 我们只能留给历史学家去澄清。有意思的是,率先采用凯恩斯政策的是瑞典和纳粹德国,凯恩斯本人当然不愿将后者作为他的案例,在他的讲话和文章中,完全回避了这个最早的"凯恩斯主义国家"。

凯恩斯经济学的关键假设是"动物精神"。在亚当·斯密的世界中,已知产品和要素的价格,经济个体经过理性的计算,做出最大化自己利益的决策。尽管并不完全否定决策过程中的理性分析,凯恩斯主义者认为,经济个体可以是非理性的,例如在纯粹心理因素的影响下,消费者和企业忽然悲观起来,对未来失去信心,消费与投资意愿下降,社会有效需求不足,经济因此而陷入衰退[1]。由于"动物精神"无逻辑可言,几乎无法对它进行有意义的分析,人们无法改变而只能接受这个现实,并以此为前提,探讨应对之策。如人们所熟知,标准的凯恩斯主义对策就是政府的反向操作,增加财政开支以弥补民间需求的不足,即使不能避免衰退,亦可减少"动物精神"对经济的负面影响。

当代凯恩斯主义者沿袭了"动物精神"的传统,指责"新自由主义"[2]是这次金融风暴的始作俑者。在"动物精神"的驱使下,华尔街贪婪逐利,金融创新过度,而政府又疏于监管,未能以其理性的"人类精神"约束华尔街的冲动,听任资产泡沫发展,终于酿成大祸。不仅如此,他们还宣称,泡沫破灭之后,具有"人类精神"的美联储发挥了中流砥柱的作用,以超常规的市场干预挽狂澜于既倒,避免了金融体系的崩溃,从而避免了"大萧条"的重演。

---

[1] 可参考阿卡罗夫和希勒:《动物精神》,中信出版社,2009。

[2] "新自由主义"的另一名称为"市场原教旨主义"。这类的扣帽子、贴脸谱的做法可以鼓动公众的情绪,获得支持和选票,但对于理解危机产生的原因从而防止危机的再次发生没有任何帮助。你称我为"市场原教旨主义",我说你是"凯恩斯原教旨主义"、"政府万能原教旨主义",公众能从这样的相互指责中得到什么?

遗憾的是,事实并非如此。

在本书的第一部分中,我们用事实和数据说明,美联储对这次金融危机负有不可推卸的责任。如果说人类确有"动物精神"的话,它首先体现在美联储和时任美联储主席的格林斯潘身上。从2001年开始,美联储执行了松宽的货币政策,大幅偏离货币政策的"泰勒法则"(图1),将联邦基准利率降到当时的战后最低水平,并保持低利率达两年多之久。如同斯坦福大学的泰勒教授所指出的,低利率造成流动性的泛滥,资产泡沫特别是房地产泡沫急剧膨胀。2001年之前,美国的房价对人均可支配收入之比基本稳定,围绕一条水平线小幅波动(图2),表明收入和房价的增长大致同步,房价有收入的支持,市场总体是健康的。然而在2001年之后,这个比率脱离了长期水平线趋势,房价的上涨超过了收入的增加,房地产市场出现了明显的泡沫,泡沫于2007年达到顶点。

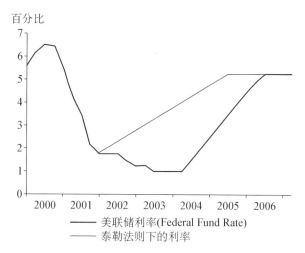

百分比

图1　美联储基准利率对泰勒法则的偏离(Taylor,2007)①

从2004年中起,美联储进入了加息周期,贷款利率随着基准利率节节升高,于2006年中达到8.25%。高利率增加了贷款偿还成本,最

① Taylor, John B. Housing and Monetary Policy, in *Jackson Hole Symposium on Housing, Housing Finance, and Monetary Policy*, Federal Reserve Bank of Kansas City, pp. 463–476.

图2　美国房地产泡沫的产生与破灭①

为脆弱的次级按揭市场首先拉响了警报,逾期和违约率的上升引发以次按为基础的债券价格下跌,盛宴结束了。商业银行急忙收紧信贷,缺少了资金的支持,房价大幅回落。房价的下跌导致作为抵押品的房屋价值缩水,触发更多的次按违约,多米诺骨牌效应一发不可收拾。在紧张的观望气氛中,金融市场的动荡延续到2008年底,雷曼兄弟的破产如最后一根稻草,终于压垮了市场信心,随后发生的事情已是今天人们熟知的历史,没有必要在这里重复。

　　数据和事实再清楚不过地表明,房地产市场从而金融市场的兴衰与美联储的货币政策息息相关。为什么不早不晚,在美联储减息之后形成房地产泡沫? 低利率刺激了金融创新,例如次级按揭(Subprime Mortgage)、CDO(Collateralized Debt Obligation)和短期货币市场产品,低利率也促使金融机构不断提高杠杆率(Leverage 即负债率)。对于金融创新的过度,又存在两种可能的解释,一是凯恩斯主义的,即华尔街的"动物精神"在2001年之后莫名其妙地突然爆发;二是理性经济人的,即创新的加速不过是对低利率的一个理性反应。

　　当利率不断降低时,按揭的月供数额减少,过去收入难以支付月供

---

① 数据来源:CEIC。

的家庭现在成了新的业务增长点,次级按揭因此而大行其道。华尔街不是政府机构,它的唯一目的是赚钱,事先不可能不做认真的分析。次按这样的金融创新不是"动物精神"的产物,恰恰相反,它是在外部环境发生变化时调整经营方向的结果,就像价格上升时企业增加产出一样。当借贷成本随着基准利率下降时,增加负债的不仅仅是家庭,金融机构和企业也更多地使用低成本的债务资金,以提高净资产收益率。负债率和利率之间的反向关系是金融财务的基本常识,教科书中的标准公式,非但与"动物精神"无关,反而是人类理性的充分体现。

笔者无意为华尔街辩护,只想在这里指出,金融创新过度并非源自华尔街的贪婪,华尔街何时不贪婪?银行家们不必等到2001年才集体疯狂。我们也不是说,低利率是金融创新从而资产泡沫的唯一原因,而只是说低利率是重要的原因之一,就引发金融危机而言,美联储低利率的作用远超华尔街的"动物精神"。如果追究罪责,美联储是首犯,华尔街充其量只是一个从犯。将全部责任推到华尔街头上,毫不反省货币政策的失误,起码是片面的和不公平的。政客们这样做是为公众"解气",意在捞取更多选票,公众需要认识到"解气"的风险:诊断错了就不可能开出正确的预防药方。

美联储的低利率政策扭曲了金融市场中的最重要价格——利率,在错误的价格信号指导下,家庭过度负债,金融机构高杠杆运行,金融创新过度。沿着这一逻辑推理,我们似乎回到了奥地利学派的"自然利息率",以及保证利息率在市场上自然形成的金本位制。人为操纵货币供应和利率,不仅没有稳定经济和促进增长,反倒造成了一场空前的劫难。和"自然利息率"相类似的概念是米尔顿·弗里德曼的"自然失业率",在一次著名的演讲中,弗里德曼指出[1],政府不应该也不可能运用宏观政策,将失业率长期维持在零左右。政府若坚持零失业率或者充分就业的政策目标,除了通货膨胀,没有任何结果。弗里德曼的这一论断破除了政府万能论和政策万能论的迷信,成为发达市场经济国家政策制定的重要指南。

---

[1]　Milton，Friedman，The Role of Monetary Policy，Presidential address delivered at the Eightieth Annual Meeting of the American Economic Association，Washington，D. C.，December 29，1967.

凯恩斯主义者有意无意地忽视危机的真正原因,并欢呼是美联储防止了另一场1930年代那样的大萧条。不错,在危机之中,美联储向金融市场紧急注资,缓解了窒息性的流动性紧缺,美国政府救援大型金融机构,使美国避免了银行的大面积破产。但凯恩斯主义者们忘记了,中央银行的救急性注资根本就不是凯恩斯的主张,而是弗里德曼的研究成果。弗里德曼在其名著《美国货币史》(与施瓦茨合作)中,令人信服地证明,美联储错误的货币政策是1930年代"大萧条"的重要原因①。纽约股市1929年崩盘后,市场上流动性奇缺,此时美联储不但没有增加货币供应,反而收缩广义货币达三分之一②!周转发生困难的银行大批倒闭,一次股市的调整于是演变为长达十年的经济萧条。伯南克与格林斯潘自称是弗里德曼的学生,两人都深入研究过这段历史,想必知道2008—2009年金融救援的功劳应该记在谁的名下。

退一步讲,就算美联储扑灭了一场世纪之火,我们仍不能因其今日救火之功,宽恕它昨天的纵火之罪,或者因其危机时刻的称职表现,放松平时对它的制约和监管。是的,监管美联储,一个政客有意回避、世人宁愿忘却的问题。当消防队员奋战在火海之中时,谁愿追究他放火的责任呢?毕竟他是阻止火势蔓延的唯一希望。然而若不约束救火者伯南克,他就有可能变成格林斯潘第二。已有迹象表明,伯南克领导的美联储正在重蹈前任主席的覆辙,在系统崩溃的危险过去之后,幻想用增发货币刺激美国经济复苏,当利率已无法再降时,美联储就捡起日本人屡试不灵的"数量松宽",继续投放货币。一如日本当年的情况,当企业和家庭的财务结构调整尚未完成时,当实体经济却少投资机会时,除了制造资产泡沫,多余流动性再无其他作用。

在金融危机期间,我国政府也开闸放水,2009年广义货币M2增速高达27%!政策制定者显然混淆了货币政策的两个目标——稳定金融体系和稳定经济,混淆了非常时期和正常时期,在我国金融体系基本健康、并无系统崩溃的危险时,模仿西方国家"救市",匆忙推出极度扩张的货币政策和财政政策,在提拉短期经济增长速度的同时,使长期

---

① 米尔顿·弗里德曼,安娜·J.施瓦茨:《美国货币史》,北京大学出版社,2009。
② 米尔顿·弗里德曼,安娜·J.施瓦茨:《美国货币史》,北京大学出版社,2009,第6页。
  米尔顿·弗里德曼:《资本主义与自由》,商务印书馆,2007,第56页。

的结构性问题进一步恶化,我们将在本书的第四部分详细分析这些政策对中国经济的影响。

中外货币政策的实践说明了限制中央银行货币发行权的必要性,在货币政策的操作上,对于理论界长期争论的"相机抉择"还是"基于规则",实践也给出了回答。若想用货币政策削平经济周期的波峰和波谷,央行要有超人的智慧和技巧。由于微观经济单位的调整需要时间,货币政策从执行到发挥作用存在着时间上的滞后,央行必须事先准确预测经济的运行,在恰当的时点上、以恰当的力度和恰当的工具操作货币政策,方能收到预想的效果。如果在时点、力度和工具上出现哪怕是很小的差错,调控的结果和初衷可能大相径庭,甚至适得其反。弗里德曼和施瓦茨用令人信服的数据表明(图 3),在战后的 30 年中,美联储的货币政策非但没有稳定美国经济,反而引起和放大了经济的周期振荡。

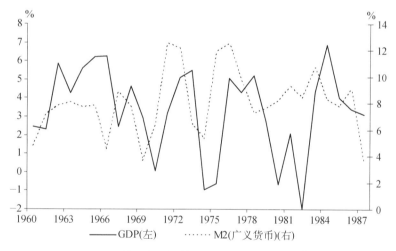

图 3　美国货币政策引发经济的周期波动①

---

① 数据来源:CEIC. 根据 Milton Friedman & Anna J. Schwartz 文章中的 Chart 5 制作,见 "Money and Business Cycles", *The Review of Economics and Statistics*, Vol 45, No. 1, Part2, Supplement. Feb 1963, pp. 32 - 64。原图的时间段为 1869 到 1958 年,本图的时间段为 1960 年到 1987 年,得到的因果关系是一致的,即货币供应的波动领先经济的波动,货币政策引发了而不是"熨平"了经济周期。

监管和制约美联储有着另一现实意义，那就是防止美国利用美元的国际货币地位，超发货币，以美元贬值的方式，向世界各国转嫁其金融救援和刺激经济的成本。既然美元是实际上的国际货币，对美元发行的国际监管就是很自然的逻辑推理。如果因美国的反对，这样的政策不具备实际的可行性，各国所能接受的国际货币只剩下黄金，我们就需要认真考虑重建金本位制。金本位不仅可以解决经济全球化和货币发行本地化之间的矛盾，而且限制了各国中央银行滥发货币的能力。说来不无讽刺意味，限制央行的必要性竟来自于凯恩斯主义，央行行长也是凡夫俗子，既有普通人的理性，也有普通人时常表现出来的"动物精神"。正是在人性假设的一致性上，我们看到了凯恩斯和弗里德曼的根本分歧。

凯恩斯主义的陷阱

凯恩斯认为企业和个人具有"动物精神"，他们的乐观和悲观情绪交替轮换，造成经济从景气到萧条的循环。政府可以并且应该审时度势，带有前瞻性地运用宏观经济政策，进行反向操作，保证经济的平稳运行，这就是上面提到的"相机抉择"。弗里德曼针锋相对，他强调预测未来经济形势和政策操作的困难，并引用数据指出，实践中的货币政策引起而不是"熨平"了经济的波动（图3）。这一实证研究的政策含义是不言而喻的：欲稳定经济，必先稳定货币供应。弗里德曼由此提出了货币发行的固定规则，比如说每年增加3％，或基本与GDP增长同步，禁止中央银行随意改变货币供应数量。弗里德曼虽然没有明确地将"动物精神"作为政府的属性，他对政府的"完美理性"显然充满了怀疑。

实际上，凯恩斯主义经济学的最大问题还不是"动物精神"，而是其逻辑的不一致性或者非自洽性（Inconsistency）。市场弥漫着"动物精神"，政府则充满了人类理性；市场有可能失灵，政府却永不失灵；市场上的交易是有成本的，政府的政策成本为零；市场上存在着信息不对称，政府却拥有充分的信息。至于目标函数，企业与个人是贪婪的，只追求一己之私利；而政府是仁慈和高尚的，以社会福利为己任。在这些假设下，不必建立数学模型，不必进行理论分析，假设已决定了结论。在令人眼花缭乱的数学推演背后,凯恩斯主义者证明的只是假设,以及假设的直接逻辑结果——完美的政府解救非完美的市场。

凯恩斯主义关于政府的假设在现实中是不成立的,政府的"动物精神"丝毫不亚于私人部门,中国1959年到1961年的经济历史即为一例。在"超英赶美"、"大跃进"等不切实际的经济发展目标下,政策制定者头脑发昏,大规模动员资源,将投资率(固定资产投资对GDP之比)从1958年的15%急剧拉升到1959年的30%,结果是经济结构严重失衡,粮食供应短缺,饥荒遍及全国,致使我国人口在和平时期的两年间减少了1300多万[1]。这是人类理性,还是动物精神? 政府的"动物精神"在西方亦非罕见,如上面所提到的,美联储在1930年代雪上加霜的货币紧缩,日本央行1980年代一手制造的资产泡沫,以及格林斯潘2001年之后过于松宽的货币政策,都像是"动物精神"的经典案例。

同样经不起推敲的是"政府为公"的假设。希腊政府破产,多个欧洲国家陷入债务泥潭,如果真的是在追求公众利益,就不应该有债务危机。根据正统的凯恩斯主义说法,在经济萧条时,政府减税和增加开支以刺激需求,财政赤字和政府负债因此而上升;当经济转入繁荣时,财政政策反向操作,政府增加税收和削减开支,财政会出现盈余。繁荣期的盈余抵消萧条期的赤字,在一个完整的经济周期上,可实现财政预算的平衡。理论上听起来完美无瑕,为什么在实际执行中,各国政府都是负债累累而鲜有盈余呢? 原因正是政府的自利动机。减税和增加政府开支如福利、补贴和投资等等,对选民有实惠,有助于捞到选票,政客乐此不疲。加税和减少财政开支却是不讨好的事,即使经济形势好转,也没有人愿意为长期的预算平衡而得罪选民,在政客们的眼里,自己今天

---

[1] 根据《1984中国经济统计年鉴》(中国统计出版社,1985年,第83、141、190页),我国人口总数减少1348万,但这一数字与年鉴中的人口变化率不相吻合。关于非正常死亡的人口,国内外学者的估计集中在2000万到3000万的区间上,例如A. J. Coale(美国人口学会主席)估算约为2700万(Coale, Ansley J., Rapid Population Change in China, 1952 - 1982, National Academy Press, Washington, D. C., 1984);前中国国家统计局局长李成瑞先生对Coale的结果做了改进估算,得出约2200万(Li Chengrui: Population Change Caused by The Great Leap Movement, *Demographic Study*, No. 1, 1998, pp. 97 - 111)。

的官位远比国家的未来重要得多。

需要说明的是,政府的自利行为是理性的,而"为公"却是非理性的。理性就是合乎逻辑地追求自己的利益,非理性意味着没有逻辑,或者是利他的。请注意,这个关于理性的定义是道德中性的,不带有任何褒贬扬抑的含义。在理性的问题上,我们再一次看到凯恩斯主义经济学的逻辑混乱:市场上的企业最大化利润,消费者最大化效用,都是理性的利己主义者,而政府最大化社会福利,非理性地为他人着想。同是俗世中人,我们不知道民间和政府的追求为何如此不同,也不知道为何企业和个人在决策时总是被非理性的"动物精神"所支配,而政府决策则永远体现清醒的人类理性。

经济学的基本方法是理性分析,但它并不排斥"动物精神"之类的心理因素。我们认为,人们的行为主要由理性的经济计算决定,而不是完全来自于理性,换言之,理性和"动物精神"不是互斥的,而是共存的。由于缺乏统合两者的分析框架,学者们往往各执一端,将理性和非理性的行为动机隔绝和对立起来,将一个侧面作为整体,阻碍了人们对经济现象理解的不断深入。

如果保持逻辑的一致性,假定政府也具有"动物精神",从上一节的讨论可知,较之个人的"动物精神",政府的"动物精神"可以给经济造成更大的伤害。个人的非理性冲动是局部的,受到其他市场参与者的制约;个人必须承担自己决策失误的后果,也就是面临着"预算硬约束"。中央银行在决定货币政策时,既没有制衡,也不必对政策后果负责,即"预算软约束",决策者们的"动物精神"随着货币政策散布到经济的各个角落,形成系统性风险。在一致性假设下比较个人与政府的"动物精神",凯恩斯主义经济学的结论不再成立,为了减少经济的波动,公众应该立法规范货币政策,限制甚至禁止"相机抉择"式的政策干预,中央银行更像是一个规则的执行者,而不是现在这样的政策制定者。至于货币政策规则应该是什么,泰勒法则还是弗里德曼的固定增长率? 基本上是一个实证问题,理论很难提供先验的指导。

如果将逻辑的一致性再推进一步,假设政府是带有"动物精神"的理性经济人,如消费者和厂商一样,最大化自己的效用函数而不是社会福利,传统的部分均衡(Partial Equilibrium)或一般均衡(General Equilibrium)分析框架就不适用了,政府成为市场博弈的参与者。消费者、厂商和政府的三方博弈结果不是帕累托最优(Pareto Optimal)[1]的瓦尔拉斯均衡，而是次优的纳什均衡(Nash Equilibrium)。尽管不是最优，这一结果并不能给政府干预论者带来任何惊喜，因为在这个博弈论概念模型中，政策已经内生化，成为政府在博弈中的策略变量。若想从系统外部改变现有纳什均衡从而实现帕累托改进，人们只能改变游戏规则，这就涉及到制度和制度变迁。虽然制度超出了传统宏观经济学的范畴，我们感觉到，这两个学科的交叉与融合将会是富有成果的，有可能从根本上改变现有的宏观经济学。

政府的动物精神和利己动机不仅是逻辑一致性所要求的，而且一再被政策实践所证实。我国政府应对危机的措施很难说是完全理性的，仓促之中推出扩张性的财政和货币政策，带有明显的牺牲长期经济健康以追求短期经济指标的痕迹。

错失的不仅是结构调整良机

危机期间，外部需求急剧萎缩，海外订单急降甚至完全消失，东南沿海的企业大面积停产或倒闭，处处可见农民工的遣散与裁员。危机虽使决策者意识到过度依赖外部需求的风险，开始考虑经济结构的调整和增长模式的转变，但在惊慌失措的气氛中，以及 GDP 挂帅的惯性作用下，政府紧急启动了前所未有的财政和货币扩张计划，即所谓的"4 万亿"财政刺激和 2009 年近 10 万亿的新增贷款投放。在本书的第二部分中，我们分析和评价了这些政策，指出政府误读误判，混淆了我国和美国经济形势的根本区别，在国内金融体系基本健康、不存在系统崩溃危险的情况下，比照美国等西方国家，采取了大规模的所谓"救市"措施，不仅没有必要，而且推迟了我国经济的结构调整，助长了"国进民退"的趋势，政府投资替代民间投资，降低了经济的总体效率，对我国经济的长远发展造成了诸多的负面影响。

---

[1] 如果与资源配置 X 相比，资源配置 Y 可以使一些人获得更大收益，同时并不伤害任何其他人的利益，我们就说 Y 是相对于 X 的帕累托改进，或者资源配置效率的改进。如果只有一种资源，n 个市场参与者，X 和 Y 就是 n 维矢量，矢量的第 i 个元素代表第 i 个参与者得到的资源数量。帕累托改进也被简化地称为"有人受益而无人受损"的资源配置方案。如果对于配置 Z，再也找不到帕累托改进的机会，我们就称 Z 为帕累托最优。

自 2001 年加入 WTO 以来，出口一直是我国经济增长的重要驱动力，因长期从事低附加值和低技术含量的加工组装，我国外向型企业的抗风险能力低下，随着国内劳动力成本的增加和人民币的升值，企业利润率受到挤压，在金融风暴的冲击下，部分企业遇到经营和生存困难。我们本来可以化危险为机会，通过市场化的破产、重组和兼并，淘汰陈旧过剩产能，提高行业集中度，促使企业进行产品和技术的升级换代，但在扩张性的财政和货币政策启动之后，需求很快恢复，企业经营状况好转，一切又回到了危机前的状态，而经济结构的扭曲则进一步恶化。可以毫不夸张地讲，我们错过了结构调整的时机，我们浪费了一次危机。

凯恩斯主义的政策不仅使结构调整更为困难，而且强势的政府干预改变了 30 多年来改革开放的方向。不走法律程序，不问经济效益，"4 万亿"的巨额财政支出未经全国人大审议批准，资金来源和用途也没有给出应有的说明，一大批公路、铁路、机场等基础设施项目仓促上马，似乎只要把钱花出去，只要能拉动短期 GDP，项目的成本、收益和风险就不必过问。在"4 万亿"的鼓舞下，各级政府纷纷推出雄心勃勃的投资计划，数额之大令人瞠目结舌，有些省份的计划投资总量竟然相当于该省几年的 GDP。

虽然缺乏足够的可信数据，项目建成后的运营情况已预示了"大跃进"式投资狂飙的后果。以高速铁路为例，客座率之低下使人们有理由相信，单靠车票收入无法回收投资。为了增加客流，在一些城市间的高铁建成之后，原有的动车、普通列车停开，以行政手段"引导消费"，即便如此，客座率也没有明显改善，反倒是促进了长途汽车的生意，有些地方甚至出现一票难求的局面。有人会说高铁是为了满足社会需求，不能算经济账。倘若如此，这类项目就只能使用财政资金，不能用银行贷款。贷款是民众的储蓄，将来要连本带息地偿还，必须算经济账。"4 万亿"中，有多少是银行贷款？也就是财政政策有多少被货币化了？10 万亿新增贷款中，又有多少投入了只讲"社会效益"的项目而无法回收？几年之后，银行的坏账逐渐暴露，谁来承担责任？坏账又如何处理？

借着拉动内需的声势，各级政府走向前台，成为经济舞台上的主角。国有企业也从昔日的改革对象变成了经济的中流砥柱，凭借着政策和资金优势,大力扩张。当部委的规划代替了市场价格的导向,当宏观调控代替了微观活力,当国企的财大气粗代替了民企的创新进取,当政府的有形之手代替了市场的无形之手,"发挥市场配置资源的基础性作用"就沦为一句空话。

反市场化的原因是多样的和复杂的,世界历史上曾多次出现过这样的时期,特别是在大动荡和大灾难之后,例如1930年代的"大萧条"、1990年代苏联的解体,以及这次国际金融危机。在西方,当一场漫天大火行将毁掉大厦时,惊恐的居民将安全的希望寄托在消防队身上,为了避免灭顶之灾,人们愿意或者不得不放弃更多的个人自由和权利,让政府扮演救世主的角色。然而这个世界上没有免费的午餐,扑灭大火之后,消防队并不想退出舞台,借口灾后重建以及防止悲剧的重演,他们得以保持强势的地位,继续干预社会的正常经济活动。在转型经济中,旧体制倒坍了,新体制却不能立即建立起来,经济的萎缩和社会的失序唤起人们对往日的回忆,政治家如俄国的普京利用民众对现实的不满,对内加紧控制经济和社会,对外高调与西方对抗,试图重回集权专制之路。这是一条危险的道路,但似乎又是经济和社会转型的必经之路。

艰难而漫长的转型

转型之难,不在于打破旧体系,而在于建立新制度。

市场的有效运行离不开制度的支持。市场经济以自愿的交易为基础,交易即产权的交换,交易顺利完成的前提是产权的界定和保护,只有产权得到有效保护,交易双方才有履约的稳定预期,才会进入自愿的交易。若无产权保护,市场就有可能变成战场,抢劫和欺骗将取代互利的计算,成为配置资源的主要方式。若想防止暴力配置资源,社会必须保护产权和保证契约的执行,这就需要一个完善的法律体系。法律的作用是惩罚侵权者和违约者,提高侵权和违约的成本,当违约成本大于从交易中所获得的收益时,交易双方就会打消违约的念头,尊重对方的产权,执行双方签订的合同。

法律如同核武器,并不天天使用,也没有必要天天使用,法律通过威慑也就是预期违约成本阻止违约的企图,法律系统自身的公信力

(Creditability)因此就格外重要。公信力是市场参与者对法律体系公正性和执法效率的主观估计,公信力越高,或者人们预期法治越公正和越有效,违约的尝试越少,法治就真的越有效。纸面上的法律条文是否严谨,立法和执法者的态度是否虔诚、承诺是否庄重,对法治的公信力没有实质性影响,决定公信力的是法律系统与政府的关系,以及公众的权利和法治意识。为了保证公正性,法律系统必须独立,既独立于政府,亦独立于公众,政府不得干预司法程序,民情舆论亦不得影响法庭判决。公众的权利意识和法治意识是法治的基础,公众要懂得依法捍卫自己的权利,抵制政府及其他社会集团对自己权利的侵犯。公众的法治意识越强,从人治到法治的社会转型就越快。

从市场经济和法治的关系看问题,就不难理解,为什么俄罗斯"大爆炸"式改革的短期结果是产出的下降和腐败的盛行,原因不在于私有化,而在法治体系和法治观念的缺失。俄罗斯人可以在一夜之间打碎旧的中央计划体制,却不可能在一夜之间建立新的法治体系,因为新体制需要政府角色的转变以及民众观念的转变,而这些转变都不是短时间内能够完成的。资产虽然私有化了,通过契约实现的自愿交易却不能立即展开,靠什么保护私有产权?靠什么保证合同的执行?新旧制度交接之际,社会出现权威真空,资产的未来看上去充满了不确定性,理性的个人和企业管理者选择出售刚分得的资产,回收现金,而不是经营这些资产。企业的设备被拆下来按件甚至按重量出售,生产能力遭到破坏,产出下降。就配置资源而言,没有法治的市场可以比中央计划的效率还低,强势政府干预于是获得了民间的同情,但也由此将经济转型引上了歧途。

俄罗斯的教训告诉我们,私有化仅仅是经济转型的起点而非终点,私有制仅仅是市场有效运行的必要条件而非充分条件。普京所代表的"新权威主义"可以填补旧体制留下的真空,但历史多次证明,与新权威对经济和社会转型的危害相比,它所实现的暂时秩序和繁荣很可能是得不偿失的。

以德意志为例,1848 年的革命动摇了保守的普鲁士专制王权,1862 年俾斯麦出任宰相,以铁血手段,重建国王政府的权威,并通过战争建立了德意志帝国。在俾斯麦的领导下,统一的德国很快崛起,成为新的世界强权,同时也为第一次世界大战埋下了伏笔。1918 年德国战败,孱弱的魏玛共和国内外交困,局势的动荡和经济的萧条使德意志民族再一次将希望寄托在强人身上。强人确实出现了,希特勒趁势攫取了政权,在短时间里扭转了局面,德国经济复苏,国际地位迅速提升,希特勒随即发动了第二次世界大战。二战之后,德意志民族如梦方醒,痛定思痛,彻底抛弃了权威主义的"德意志道路",转向以个人自由和权利为基础的宪政民主制度①,以及适应个人自由和权利的市场经济,至此方完成了长达一百多年的现代化转型。

在东方,与德国相似的是日本。明治维新确立了以天皇为领袖的官僚和精英阶层的权威,这个阶层自上而下地推动国家的现代化,对内集权专制,对外侵略扩张,上演了又一幕大国崛起的赶超奇迹。从1871年的明治维新始,到1945年的二战结束,"日本奇迹"带给日本民族、亚洲和世界的是什么,我们已经熟知。付出了沉重的代价之后,时至今日,也不能说日本的现代化转型业已完成。日本对二战的反省与德国人有天壤之别,我们的东邻似乎仍不能理解尊重个人权利的重要性,个人权利是普世价值,不分本国公民还是他民族,个人权利的观念是现代社会的基石,基石未立,怎么可能实现社会的现代化?

德、日等后进国家的现代化努力以权威主导的赶超为特征,亦因权威制造的灾难而遭受挫折,欲速则不达,这大概就是杨小凯多年前所讲的"后发劣势"吧②。

与俄罗斯等转型经济不同,中国以保持现有社会和政治结构基本不变为前提,在经济层面上推进有限的私有化、自由化和市场化的改革,市场发挥了配置资源的作用,私有制对创新和勤勉工作产生了强大的激励。渐进式的改革保证了社会和经济的稳定,稳定的环境带来稳定的预期,资产所有者选择持续经营而不是出售套现,中国经济得以高速增长,避免了俄罗斯式的"改革衰退",即预期剧烈波动引起的产出收缩,中、俄之间的根本区别也正在这里。

---

① 许小年:《现代价值观的普世性和特殊性》,文章收在《当代中国问题:现代化还是现代性》,秦晓等编著,社会科学文献出版社,2009;李工真:《德意志道路》,武汉大学出版社,2005。

② Jeffrey D. Sachs & Wing Thye Woo & Xiaokai Yang, Economic Reforms and Constitutional Transition, CID Working Papers 43, Center for International Development at Harvard University, 2000.

然而"成也萧何,败也萧何"。政府作为现有规则的执行者和现有秩序的维护者,发挥着较其他转型国家政府更多的职能,如本书的第四部分所讨论的,由于缺少制约,政府不断地延伸和扩大其职能,越来越多地参与和干预经济活动,逐渐转变成为有着自身利益诉求的规则执行者和秩序维护者,也就是通常所讲的亲自下场踢球的裁判。裁判通过管制和审批"造租"(Rent-making),然后在市场上寻租(Rent-seeking)套现。利益使然,裁判已失去了继续改革的动力,半管制半市场的现状是最理想的,深化和扩大市场化改革会削弱造租潜力,他也不想退回计划经济,因为那将意味着失去套现的场所——将权力转化为金钱的市场。

另一方面,民众对改革的失望也日渐增加。与经济繁荣并存的是机会的严重不均,贪污腐败盛行,收入两极分化。当基尼系数从改革开放初期的 0.24 上升到接近 0.5 时,民众开始质疑"让一部分人先富起来"的政策,怀念共同贫穷的计划经济年代,寄希望于一个强势的政府,以压迫性的手段"替天行道","劫富济贫",实现较为平均的收入分配。一些人当然也看到了,正是由于裁判员下场踢球,"寻租"的暴利富了一批官员和商人,造成收入分配恶化,对策应该是政府退出经济而不是更多的干预。但对策为什么没有被采纳呢? 常识告诉人们,政府退出经济将是一个艰难和长期的过程,谁愿意放弃手中的利益呢? 而强化政府的干预往往可收立竿见影之效。这样的社会成本—效益分析已固化为传统文化的一部分,在过去的两千年中,对明君清官的期盼一直是民众生活勇气的源泉,对于现代社会的个人权利以及保护个人权利的法治,他们如此陌生,以至于习惯性地将自己的命运交给政府,哪怕不久之后同样的手段用来"劫贫济富"。如同俄罗斯,中国也遭遇了转型的内在不协调性,经济已经市场化或半市场化了,支持市场运行的制度以及作为这些制度基础的社会观念仍然停留在旧时代。

转型经济陷入一个令人尴尬、但看上去又相当稳定的纳什均衡。除了"改革的遗老、遗少"们,政府和民众都缺乏改变现有经济、社会结构的意愿。

无论多么稳定,这均衡注定要被打破。社会已形成多元的经济利益格局,在缺少公平的利益博弈平台和博弈规则的情况下,人们只能靠现存集权体制调解多元利益的冲突,若调解失败则继之以强力压制,长期积累的矛盾最终可能以极端的方式爆发。对于这类转型过程中的突变，我们要再次引用德国历史作为案例。俾斯麦号称同时代表劳方和资方，希望在劳、资双方的共同支持下解决政权的合法性问题。帝国政府以"国家整体利益的维护者"自居，一方面为资方平息劳工风潮，实行国内市场的关税保护，鼓励和支持大企业组织卡特尔、辛迪加，提高垄断程度和垄断利润；另一方面，政府为工人建立包括医疗、工伤、福利在内的全面社会保障体系，缓和社会矛盾。两面讨好的政策需要物质基础，政府必须保证经济的持续增长，拿出更大的蛋糕，才能使劳资双方都感到满意。当国内市场无法支撑经济增长时，对外扩张便是唯一的出路，民族主义自然成为侵略者的堂皇旗帜。从俾斯麦到希特勒，德国的民族主义狂潮一浪高过一浪，在六七十年间一直是欧洲乃至世界战争的策源地。

除了外部冲突，内部社会矛盾的激化也可能引发从现有均衡的偏离。作为利益仲裁者和秩序维护者，官僚—精英阶层不仅掌握了物质与金融资源，而且拥有制定游戏规则的权力，他们必然要利用所有这些优势，在市场经济的三方博弈中，最大化自己的利益。这就不可避免地要伤害消费者和企业的权利，破坏社会公平，从而丧失自身的公信力。消费者和企业这时会要求在规则制定上拥有更大的发言权，要求限制政府的权力，加强对政府的监督。为了维持现有均衡，缓和消费者和企业的不满，政府同样有着强烈的发展经济的冲动，只有不断地做大蛋糕，才能在保证了自己的特殊利益后，仍有剩余分配给消费者和企业，实现"有人受益而无人受损"的帕累托改进。在政府主导的转型中，对高增长的偏好是这个体系内在逻辑的必然结果，但政府推动的经济增长是不可持续的，现有的均衡因此也不具备可持续性。新古典经济学的增长理论告诉我们，仅靠资源投入的增加无法维持经济增长，资源再多终归有限，政府动员资源的能力越大，资源消耗得越快，经济停滞或衰退的到来也就越快。

可持续增长的关键是创新，创新带来效率的提高，在资源使用数量不变的情况下也可实现经济的增长。如熊彼得所定义的，创新是新技术的大规模商业应用，创新者在市场上敏锐地捕捉新的商业机会，以出色的想象力预见性地开发出新产品，引导消费潮流和技术潮流，等待客户与市场的承认。创新的过程充满了风险，为了激励创新，要给创新者足够的回报，为此社会必须保护创新者的知识产权，以及从知识产权获得的巨大商业利益。社会也要创造一个松宽的环境，允许甚至鼓励创新者个性的张扬，允许甚至鼓励各种各样的奇想。由这些条件所决定，创新的主体只能是企业家而不是政府，创新的主战场只能是市场而不是政府的办公室，创新靠的是制度而不是政策和规划。同样从这些条件可知，传统社会仅有发明而无创新，若想实现创新驱动的可持续经济增长，社会转型乃必要条件。

本书第五部分的文章讨论社会转型。转型就是要从威权社会转向以个人权利为基础的公民社会，转型不仅是可持续经济增长的保障，而且是维护社会公平从而社会稳定的关键。传统社会以人的不平等为前提，主贵奴贱，君贵臣贱，官贵民贱。即使不符合他们的意愿，卑贱者也必须接受和服从这些预先确定的权威。传统社会从其构建的出发点上即无公平可言，在这样的框架下寻求公平，无异于缘木求鱼，因为不公平的根源就是这个框架本身。现代人无法接受主子与奴才的逻辑，拒绝承认天生的高贵和命定的卑贱，力求建立平等与正义的公民社会。

公民就是拥有同样权利的个人，在公民社会中，个人权利至高无上。公民社会的终极目标是为每个人创造自我发展的同等条件和同等机会，公民社会的制度设计完全服务于这个目标。每个人的权利至上保证了人与人的平等，没有任何人的地位和权利高于其他社会成员，没有任何人可以得到其他社会成员所不能得到的个人发展机会，没有任何人可以决定他人的命运。这是现代人的公平观和正义观，也只有公民社会才能实现这个观念。当然，即使在公民社会中，人也不可能生来平等。你没有姚明的身材和体格，怎么可能入选 NBA，获得他那样的亿万收入？公民社会中的平等是权利和机会的平等，每个人拥有同样的追求自己幸福的权利和机会。

在东方，权力至上的传统思维阻碍着公民社会的形成；在西方，民众具有"动物精神"的信念构成对公民社会的最大威胁。"动物精神"不过是愚昧无知和贪婪冲动的文雅代名词，受"动物精神"支配的群氓要接受"精神贵族"——政府官员、学者等社会精英们的训导和监督。后者精神的纯净不是来自于修炼和自省，而是职位使然，从进入政府的那一瞬间起，这些原本充满了"动物精神"的人便立地成佛，一夜间变成了天下为公的总统、理性和聪明的央行行长，以及无私和高效和官员，只有这些精英,才能拯救深受"动物精神"之害的市场和大众。我们不知道这样的转变从何而来,如果不是出自上帝之手的话。历史上,有人自称上帝的选民,天然拥有统治世界的权力;也有人以不容置疑的正确性,论证权力压制和剥夺权利的合理性。

无论何种理由,一旦社会分为理性的精英和愚昧的群氓两类人,精英们因血统等特质的先验高贵而获得了特殊地位,因此而主导群氓充斥的市场,市场经济就会变成具有德意志特色的国家资本主义,或者具有印尼特色的苏哈托权贵资本主义,无约束的强权代替了谦卑的"无形之手",在令人眼花缭乱的强盛与繁荣之后,几乎没有例外地陷入动荡和战乱。付出了沉重代价的群氓们不得不怀疑,将自己的命运交给精英们是否明智和值得。

人,我说的是你、我这样的个人,你、我这样的凡夫俗子,乃世间的万物之灵。抬起你的头来,重拾你的信心,不要为你的"动物精神"而丧失勇气和尊严,因为所有的人——包括那些组成政府的人——和你一样,都未彻底脱离动物界。"从来就没有什么救世主,也不靠神仙皇帝",要想使这个世界更美好,"全靠我们自己"。

许小年

2011 年 2 月 27 日于上海

目　　录

4　经济现象与经济政策

5　社会公平与社会转型

1 政府:救赎者
还是肇事者?

美国金融监管改革将政府从肇事者变成救赎者

——专访中欧国际工商学院教授许小年

美国金融监管改革立法过程已告一段落,但关于新法律内涵和影响的争议仍在继续。

中欧国际工商学院经济学和金融学教授许小年近日接受《21世纪经济报道》(以下简称《21世纪》)记者专访时表示,与"大萧条"期间一样,这次金融危机的一个重要原因也是错误的货币政策,但正如上世纪30年代通过的一系列法案一样,奥巴马的法案也没有涉及美联储的改革,而是出于迎合公众和转移矛盾的需要,将政府放在救世主的位置上,强调监管,强化政府功能。

"席卷全球的金融危机动摇了人们对于市场的信心,在大动荡中遭受了惨重的损失,人们急于获得稳定感和安全感,抓住政府作为唯一的救命稻草,至于政府是否能如人们所愿,救民于水火,防止类似事件的重演,反而无人细想了。"他表示。

在这次监管改革中,美联储的权力不但没有受到限制,反而扩大成一家超级监管机构。他认为,这会开出一个政府任意干预市场的口子,后果不会太好。"市场和政府各有长处和弊端,两者不是魔鬼和天使之间的比较,而是两个魔鬼的差别,两害相权取其轻,市场的危害往往要小一些。"

货币政策失误导致金融危机

《21世纪》 你怎么看待美国金融监管改革法案的通过?这场长达一年的利益博弈暂时告一段落,就法案本身而言,谁是输家?谁是赢家？

许小年　这个法案出台的背景类似 1930 年代的"大萧条"。"大萧条"期间通过的几项法案都是针对金融业和金融机构的，只字不提美联储对"大萧条"应承担的责任，也不谈如何避免货币政策的失误。后来弗里德曼通过大量的数据和研究证明，纽约股市 1929 年崩盘后，金融系统流动性紧缺，美联储非但没有及时注资，反而收缩货币供应 30%，股市的调整于是演变为银行的大面积倒闭，再因银行危机，使经济陷入长达十年的萧条。

同样，这次金融危机的一个重要原因也是错误的货币政策，2001年到 2004 年间，美联储执行了松宽的货币政策，催生了次级按揭等金融产品，流动性的泛滥制造了战后最大的房地产泡沫，泡沫的破灭将美国和世界卷入前所未有的深渊。同样，这次奥巴马的法案也没有涉及美联储的改革，这不能不说是一个重大的缺失，也是政治导向的必然结果。

在金融改革的博弈中，看来奥巴马政府成为赢家，捞到了选票，重塑了公众形象，把政府从金融危机的肇事者转变为救赎者。纵火者救火，公众不仅忘记和原谅了它的纵火罪行，而且把它看成是英雄，美联储的权力不但没受到限制，反而扩大变成一家超级监管机构。输家当然是金融机构，其实还有公众，更多的监管会抑制创新，增加金融服务的成本，羊毛出在羊身上，消费者不可避免地要承担起码是部分的成本。

《21 世纪》　联邦储蓄保险公司将被授予对经营失败的超大金融机构破产清算的权力，你认为这是否能从根本上杜绝"大而不倒"的现象？

许小年　看不出为什么这样就可以杜绝"太大而不能倒闭"。实际上，有无必要和能否杜绝"大而不倒"都是一个问题。金融有显著的规模经济效益，机构的客户越多，金融服务的成本越低，但机构的道德风险也越高。规模大了，机构就可以"挟民众以令天子"，自己冒险经营，出了事迫使政府埋单，这就是道德风险。从社会的角度看，恐怕不是机械的和绝对的"非此即彼"，而是要在规模效益和道德风险之间寻找平衡。

政府是否应限制金融机构的规模？至少值得讨论，与其在破产清盘上做文章,不如防患于未然,防止出现规模过大的机构。在这次金融危机中,有政府不救就会破产的超大机构,也有靠自己的力量活下来的,区分两者的是谨慎经营和严格的风险控制,或者归根结底是治理机制上的差别。这一事实说明,减少"大而不倒"的危害,需要内外兼修。金融改革若只是强化外部监管,忽视了内部的治理机制,忽视了股东的作用,把股东的职责交给了政府,效果不会很理想,因为股东和政府的激励是完全不同的。

消费者金融保护会助长"道德风险"

《21世纪》 消费者金融保护署将可独立制定监管条例并监督实施,你认为该机构可以如何有效地为消费者提供金融保护而又不过度遏制金融机构的产品创新?

许小年 消费者金融保护显然是讨好公众之举,政治上得分,但因此而增加了"道德风险"。有了政府的保护,消费者不会认真研究市场上的金融产品,不会仔细地识别和估计风险,盲目购买自己并不了解的产品,结果是市场系统风险的上升,从长远来看,对金融市场的稳定更加不利。

监管必然抑制甚至扼杀创新,这是由政府的激励机制决定的。创新如果成功,监管者个人得不到任何好处,但如果他批准的创新产品出了问题,他就要丢乌纱帽,否则难平民愤。政府管金融创新,低收益、高风险,它的行为必然是不求有功,但求无过,和华尔街正好相反。华尔街金融创新过度,因为是高收益、低风险。成功了,创新小组可分到数亿美元的奖金,失败了,也就是奖金少拿一些。创新过度是激励机制的问题,和华尔街银行家的贪婪没什么关系。在消费者利益保护和金融创新之间取得平衡的关键是改变华尔街的激励机制,例如监管当局可以做出强制性规定,推出创新产品的机构和个人必须自己也购买相当的数量,让华尔街自己去平衡风险与收益,让华尔街的利益和投资者保持一致。

《21世纪》 法案限制银行和金融控股公司的自营交易以及对私募股权基金和对冲基金的投资,同时要求将大部分场外衍生品移入交易所和清算中心,你如何看这些措施?

许小年　限制金融控股公司的自营交易,禁止银行做多或做空销售给客户的金融产品,用意都在防止利益冲突,防止金融机构用客户资金为自营仓位"护盘",我认为是有必要的,但限制到私人股权基金和对冲基金,就未免走得太远了。这些基金的投资者都是有钱、有知识的人,不是一般老百姓,他愿意进入高风险的赌博,就让他去赌好了,你替他操什么心?

将场外衍生品纳入交易所的轨道,建立清算中心,这些措施都是非常必要的,为政府提供一个紧急制动闸,当金融系统有崩溃的危险时,政府可以踩急刹车。但是要注意,在常态下,不允许政府乱踩刹车。

监管无法解决评级机构"利益冲突"

《21世纪》　有关高管薪酬,法案要求为股东提供更多的话语权,允许监管机构干预企业薪酬方案等。这些措施是否能真正改变华尔街高薪酬激励的企业文化和治理机制?

许小年　我反对监管机构干预企业薪酬,这是对股东权利和管理层权利的侵犯,你不是说要"为股东提供更多的话语权"吗?怎么在薪酬的制定上又剥夺他们的话语权,非要监管者说了算呢?高薪不是问题所在,金融危机和华尔街的高薪有什么逻辑关系?低薪就不会有危机了吗?低薪就会有良好的企业文化和治理机制了吗?

出了这么大事,总要找替罪羊,富人就成了天然的靶子,谁让他们是少数,手里没有多少选票。不是因为他们没管好企业,只是因为他们富,美国的政客们一味地纠缠薪酬问题,而不去彻查他们的经营管理和风险控制,奥巴马玩政治,用"均贫富"讨好多数民众,压根就没把心思花在解决问题上,打着金融改革的旗号,搞起了收入再分配。

《21世纪》　美国证券交易委员会将成立专门的监管办公室,加强对评级机构的监管。这些措施是否能完全解决评级机构与被评级公司以及投资者之间潜在的"利益冲突"问题?

许小年　监管解决不了评级的问题,若不切断评级机构和发行人之间的利益联系,就不会有独立、公正的评级。评级机构从发行人那里拿钱,当然替发行人说话,它怎么可能对投资者负责?如果改成向投资者收费,则有"搭便车"的问题。一个投资者买了评级,比如说AAA,整个市场马上都知道了，没有第二个投资者会出钱买评级。评级机构因此而收入不足，无法经营下去。换句话讲，评级具有公共品的性质。按说公共品应该由政府负责，但遗憾的是，政府并不独立，它在市场中也有自己的利益。

最后的解决方案有可能是干脆取消第三方评级！每个投资者自己评估金融产品的信用风险，这当然会造成重复劳动和资源的浪费，但是没有办法，这个世界上不存在天使，不存在完美方案，我们只能在几个魔鬼中选一个危害最小的。

（2010 年 7 月 28 日载于《21 世纪经济报道》，记者刘兰香采写）

征服自然和驾驭市场的荒诞

　　进入 21 世纪,征服自然的豪言壮语越来越少听到了,几十年前,那可是最流行的口号。君不见,"人类认识自然的目的是为了改造自然","喝令高山低头,河水让路"。最能体现人类自我意志崇拜的,莫过于"与天奋斗,其乐无穷;与地奋斗,其乐无穷;与人奋斗,其乐无穷"。

　　人类的头脑膨胀始于工业革命,在此之前的几千年中,人类所能支配的力量仅限于自己的四肢所及、畜力、简单的风力和水力。在工业革命之后不到 200 年的时间里,人类就迅速地经过蒸汽、电力、化石燃料,进入到核子时代。现在单单是已造出来的核武器,就足以毁灭这个世界好几遍!

　　科学技术的突飞猛进和生产力的巨大发展令人类神魂颠倒,以为自己真的成了世界乃至宇宙的主宰,拥有按照自己意志改造自然的能力,为实现人类的目的,可以并且能够重新安排自然秩序。

　　大自然无情地报复了人类,当肺里充塞着污染的空气,肠胃中沉淀着重金属时,人类的头脑开始冷却,狂妄与无知逐渐消退,"保护自然"、"顺应自然"取代了"征服自然",成为新世纪的时髦语言。

　　科学再发达,总有人类无法认识的事物。小到基本粒子,人们对其内部结构,至今莫衷一是;大到宇宙空间,每一新的发现都带出了更多无法回答的问题。最难把握的,是人类自身活动的后果。人类活动的规模越大,消耗的能量越多,对自然的冲击越强,其后果就越难预见。埃及建了阿斯旺大坝,谁料到沃野千里的尼罗河三角洲因此变成了盐碱滩?世界各国竞相实现工业化之时,谁会想到今天的全球变暖?

　　科学不能说明的,留给了哲学;哲学不能说明的,留给了宗教。世界上有很多宗教,佛教、伊斯兰教、基督教,还有名不见经传的、在个人心中的信仰。宗教所共有的是对人类局限的承认，以及由此而生的敬畏之心，敬畏佛陀、真主、上帝，敬畏自然。

人类不会停止认识自然，但目的不再是改造自然，而是顺应自然。

市场又何尝不是如此。

市场上有数亿的消费者，个人的收入和品位千差万别；市场上有数千万企业，每一家的资金、技术、产品各不相同。若想驾驭市场，一要掌握每个消费者和每个企业的信息，二要拥有控制每个消费者和每个企业的手段。再强大的政府也不敢声称拥有这样的能力吧，此事非人力所及，只能留给上帝，经济中的上帝就是市场。

为什么这个部那个局的还在忙着管这管那呢？忙升迁的业绩，高官才有厚禄，才有更多的租子可寻。当然，市场经济离不开政府，政府的职责是界定和保护产权，执行法律和法规，提供社会保障包括低收入阶层的生活保障，但这些正经事儿眼下只占衙门事务的一小部分。

管不了个体，难道不能管宏观吗？格林斯潘调控美国经济，曾被誉为几近完美。2000 年科技泡沫破灭，2001 年"9·11"恐怖袭击，格老当机立断，大印钞票，于危机时刻，挽救了经济，挽救了小布什的共和党。欢呼声未落，多余的流动性进入了房地产市场，酿成战后最大的泡沫以及席卷全球的金融危机。早知如此，何必当初？

我们去年货币政策的"适度松宽"，不亚于格老当年的放水，结果是楼市狂飙和 CPI 通胀。这两天又讨论"退出"，商量如何扑灭自己点燃的大火。折腾什么呢？

宏观调控的前提是准确预测经济走势，准确预见企业与个人对政策的反应。此事之难，超过估算人类活动对自然的影响。自然是无意识的和被动的，人却是主观能动的。自然无可奈何地接受人类的破坏，人却有各种各样的办法应对调控。科学家尚不能预见阿斯旺高坝的后果，格老的失算就是情理中的事了。毕竟央行行长也是凡夫俗子，他不是神。

面对市场的不可知，人要有敬畏之心，最好的政策是"清静无为"，"无为而无不为"。

人不会停止研究经济，目的不是驾驭市场，而是顺应市场。

（2010 年 4 月 7 日）

走出政策市窠臼

中国资本市场发展道路的坎坷,根本原因在于政府和市场的紧密联系。政府不仅需要做出公开和明确的承诺,不再以任何方式干预股市,而且要进行体制改革,放弃干预市场的手段以强化政府承诺的公信力,彻底改变投资者的政策市预期。

2006 年以来,股指以前所未有的速度蹿升,上证综指在 2007 年 5 月 29 日收于 4335,但在随后的短短几天之内就跌去了 20%。这已是中国证券市场十几年历史上的第三次大震荡,前两次发生在 1994 年和 2001 年。没有人能预测,这次市场将如何调整,也没有人知道,投资者最终将遭受多大的损失。

如此剧烈的震荡,究竟谁之过? 答案:我们所有的人。

政府的"有形之手"破坏了市场运行机制;投资者将价格推到超出世间力量所能支持的高度;券商演奏出令人晕眩的"黄金十年"交响曲;媒体一边唱好一边买股票;学者也无法抗拒巨大的诱惑,或者已丧失讲出真话的勇气。每个人在市场中都有一份利益,每个人都相信自己能抢到击鼓传花的倒数第二棒。

当上证 A 股市盈率突破 50 倍时,市场的非理性已是不争的事实。用 50 块钱购买上市公司一块钱的盈利,投资收益率仅有 2%,而且是必须承担相当大风险的 2%。另一方面,几次加息之后,无风险的存款利率已升至 2% 以上,无风险的国债收益率更高于 3%。即使在缺少投资机会的情况下,股票之不合算也显而易见,但仍有大量的储蓄存款离开安全的银行,潮水般地涌入风急浪高的股市。

在虚假繁荣的泡沫中,资产价格与基本面脱钩,投资者不再按风险和收益定价,人性的贪婪不再受到恐惧的制约,市场再也找不到均衡点,指数如断线的风筝,随着盲目的信心和愚昧的激情扶摇直上。无知无畏的疯狂来自对知识和谨慎的蔑视,既不需要研究上市公司,也不需要预防下跌的风险,坚定的信念——市场不可能在党代会之前跌,况且明年还有奥运会!——就是最好的投资策略。

"凡是存在的,都是合理的",迷信政策的表面非理性,却是扭曲市场中的正常心态。既然相信政策左右市场,就没有必要了解公司盈利,既然相信政府定会托市,就没有必要考虑下跌的风险。政府以实际行动一次又一次地宣示其调控市场的意图,一次又一次地强化政策市的预期。指数下跌时,发社论、出政策、压供给、救机构,上涨时则查违规、加税率,殊不知所有这些意在稳定市场的措施,恰恰成为市场剧烈波动的根源。

市场稳定的前提是价格与价值相符,而准确定价的基础是投资者对股票收益和风险的理性评估。政府的救市制造了零风险的假象,在有恃无恐的资金推动下,又形成高收益的幻觉,资产价格被严重高估,直接酿成日后的崩盘。市场的功能本来是分散风险,在政府的管理和引导下,投资者的分散决策变为协调一致的行动,千万只眼睛都盯着政策的动向,风险转而高度集中在政策上,千分之二的印花税竟如同最后一根稻草,几乎压垮了价值十几万亿的大骆驼。

政府对市场的管制和干预源于无法摆脱的指数情节,指数又莫名其妙地与社会稳定挂上钩,成为政府的政绩指标。只要指数仍是政绩指标,监管当局就只能是政府的政策工具,监管就不可能以信息披露和市场规则为中心,就不可避免地要干预和调控市场。只要政府继续调控,投资者就只能是政策驱动,价格就不可能反映资产的内在价值。而只要价格偏离价值,股灾就不可避免,偏离越大,后果就越严重。

"剪不断,理还乱",中国资本市场发展道路的坎坷,根本原因在于政府和市场的紧密联系,只要这种联系维持一天,资本市场就无法走上健康发展之路,大起大落的悲喜剧就会是舞台上的唯一演出。

如何切断市场和政府的联系?政府不仅需要做出公开和明确的承诺,不再以任何方式干预股市,而且要进行体制改革,放弃干预市场的手段以强化政府承诺的公信力,彻底改变投资者的政策市预期。

改革的核心是监管,监管要从政府充当干预市场的工具转变为真正的裁判和执法。改革的方向是监管的独立性、职业化、专业化和市场化。监管不仅应独立于行政系统,也要独立于监管对象,既不作为政府的一个部门,也不再是金融机构和市场的实际主管单位。监管人员脱离公务员序列,成为专业和职业的监管者,并领取市场化的工资。

不无遗憾的是,在近期的市场调整后,官方报纸上又出现营造气氛的文章,监管当局如同既往地充当了"救火队"角色,基金发行再次及时提速,投资者谈论的不是上市公司的估值,而依旧在猜测政府下一步的可能行动。一次又一次的交学费,我们究竟学到了什么? 我们能否吸取教训,走出这毫无希望的反复循环?

(2007 年 6 月 18 日载于《财经网》)

"国进民退"与改革开放背道而驰

毫无疑问,中国经济正在率先走出危机阴霾。

但与此同时,一种忧虑也正在经济界和学界蔓延,因为人们看到,政府四万亿投资计划和十大产业振兴规划,令国有企业获得了更多的政策和资源支持,而民营企业,尽管未被遗忘,却也难以获得更多的支持。

经济危机使得"国进民退"已成必然趋势。无论是浙江绍兴正酝酿的"将对国有企业监管的有效办法逐步引入民营企业",还是早前发生的"中粮入股蒙牛"等收购案,以及山东钢铁重组日照钢铁等,都证明了这一趋势。

连地产行业也不例外。据媒体报道,今年上半年各月成交总价排行前十的地块中,六成高价地块均由国资背景企业所得。

"国进民退"现象再次抬头,且来势汹汹。对此,著名经济学家、中欧国际工商学院教授许小年在接受理财一周报记者采访时表示:"国进民退"和我们过去30年的改革开放背道而驰,需要尽快地停止这一趋势。

宏观调控与"国进民退"

《理财一周报》 陈志武教授在谈到"国进民退"现象时,提到了宏观调控起到的推动作用,您怎样看待宏观调控与"国进民退"之间的关系?

许小年 宏观调控增强了"国进民退"的势头,主要原因在于,拉动内需几乎全靠政府的基础设施投资项目来实现,很自然的,政策和资源就会向政府项目倾斜。

今年前几个月,固定资产投资增长 30％多,但是以政府为主的基础设施投资,即我们常说的"铁(路)公(路)机(场)",增长速度达到 60％多,远高于固定资产投资的增长率;而在一些民营企业较多的领域,如制造行业,投资增长速度仅相当于全国平均水平;房地产投资,显著低于固定资产投资的增长。由此可见,拉动内需的宏观政策所调动起来的资源,相当大的部分进入了国有部门。这是第一个原因。

第二个原因,在拉动内需的宏观政策执行过程中,政府迫使银行发放贷款,银行不得不放。但在整个经济下行的时候,银行放贷存在巨大的风险,怎么办呢?银行只能把贷款投向看上去比较安全的政府项目、政府担保的项目,以及国有企业。在宏观调控中,国企得到的政策优惠和资金支持多,经营状况相对比民企好,于是就成了银行贷款的重点。

银行的考虑是有政府支持,还款就有了保证,但是他们没有想到,如果政府的财政出问题,这些贷款都会变成坏账。贷给政府项目即使出现坏账,起码政治风险是低的,银行可以说,"我这是响应政府的号召啊"、"是为了保增长啊"。

政府推出宽松的货币政策和积极的财政政策以来,新增贷款达到了天量,可中小企业还是融资难,而中小企业中的绝大多数都是民营的。

《理财一周报》 可不可以认为,这次金融危机发生后,政府出台的一些措施,包括"四万亿投资"、"十大产业振兴规划",客观上对整个民营经济的发展起到一定的负面作用,加剧了"国进民退"的趋势?

许小年 这些产业规划都有扶持重点企业、增加行业集中度的倾向,重点企业、排名前几位的企业,不是央企就是地方国企,规划照顾不到民营的中小企业。尽管这些规划不会有什么用,但是从宣传和社会舆论的角度,强化了大型国有企业的扩张势头。说实在的,规划都是纸面文章,在短短的几个月时间就做了十个大规划,一周能出好几个政策,做过深入的调研吗?进行过认真的论证吗?

《理财一周报》 "十大产业振兴规划",是否可以理解为是政府过度干预微观经济的行为?

许小年 可以这样理解。类似的规划过去我们看到过很多次,没见过哪个规划对国家某个行业或企业的发展起到了多大作用。政府对微观经济的干预,既没有必要,也没什么作用。

《理财一周报》 去年实施到现在的适度宽松的货币政策和积极的财政政策,对"国进民退"会有什么影响?

许小年 我纠正一下,实际上不是"适度",而是"极度"宽松的货币政策。正如我刚才说的,相当大部分银行资金、财政资金投向了"铁公机",进入了国有部门。

"国进民退"的风险与后果

《理财一周报》 "国进民退"的趋势延续下去,可能会导致哪些风险?

许小年 首先会制造社会不公平。为什么有些行业只能由国有企业经营,而民营企业不能进入? 为什么只有国有企业得到大量贷款和财政资金,而民营企业要么得到的少,要么根本得不到?

国有企业在资金和政策的支持下会"冒进"。最近拍出来的"地王",60%以上是国有企业、国有地产公司的。原因是什么呢? 就是国企有政策上的优势、资金支持上的优势。拍出"地王"将来出了问题怎么办? 有国家给兜底,所以国企敢去竞价"地王"。民营企业出了问题,谁会给它兜底呢? 老板自己承受损失。在经济学上,国有企业的这个问题叫做"预算软约束"。

从整个经济的层面上来讲,风险在上升。

《理财一周报》 这个风险最后还是落到政府那里去了。

许小年 那当然。国有企业出现亏损和"窟窿",谁来填补? 还是政府。政府怎么补呢? 还是用纳税人的钱。

《理财一周报》 在"国进民退"进程中,是否也出现了例如政府强制或者变相强制的现象,比如山东钢铁兼并日照钢铁,以加速这一进程?

许小年 这是"优汰劣胜",会降低我们企业的质量,降低经济增长的质量,降低经济的效率。其中出现的社会不公平,就太多了,比如现在煤矿挣钱了,政府就强行收购煤矿,这也是"国进民退"啊。而且收购是没商量的,政府一声令下,不卖也得卖,价格怎么定,也是政府说了算。强迫交易已经属于侵犯民间的财产权了。

《理财一周报》 其实这种现象从 2004 年"铁本事件"开始,就已经越来越多了。

许小年 还有像陕西油田案,原来由民营资本经营的陕北几千口油井,被地方政府"收归国有",这也是侵犯民间产权啊。

市场经济讲的是自愿交易,你不能够用行政命令强迫对方进行交易。其实政府根本就不应该在经济中经营财产,因为政府同时又是规则的制定者和执行者,如果政府也经营资产,就成了吹哨的裁判自己下场踢球,谁踢得过他? 哨子是由他吹的,游戏的规则是由他制定的,他怎么踢都赢,别人怎么踢都输。

《理财一周报》 这样的经济模式,与其说是国有经济,还不如说是权力经济。

许小年 经济学上讲权贵资本主义,或者官僚资本主义。所谓权贵就是因权而贵,印尼的苏哈托、菲律宾的马科斯以及过去国民党的蒋、宋、孔、陈四大家族,都是这方面的例子,用权力谋取经济利益,不仅破坏社会公平,而且损害经济效率。企业不把精力和资源用在创新和降低成本上,而是贿赂和勾结权贵,因为那样可以轻轻松松地赚大钱。企业要是没效率,经济怎么可能有效率?

《理财一周报》 可是也有一些辩解的声音,说我们的国企,特别是央企,数量不是不断在减少吗? 比如以前是几百家,现在减少到100多家,今后还要减少到100家以内,这不是"国退民进"的证据吗?

许小年 虽然家数在减少,但业务总量在增加。关键是央企经营的部门,民营资本有没有同等的进入条件和竞争条件? 石油行业为什么只有这几家大央企,民营资本能不能进? 电信行业民营资本能不能进? 民用航空业,就这几家大公司,把主要航线给分完了,民营企业能不能像央企一样拥有飞行这些航线的权利? 这样的例子太多了。

归根结底需要监督权力

《理财一周报》 因为我们是从计划经济转轨的国家,对国有企业是否还有这样一种迷信,认为只要是国有的,就是归全民所有的,国企做大做强了,每个国民都能从中分享好处? 而且从去年开始,央企也开始上缴红利了。

许小年 可是老百姓谁分到红利了? 我也是全民资产的所有者啊,我怎么一分也没拿到呢? 央企只向财政部上缴红利是不够的,全民资产要向全民分红,或者财政部从央企拿到红利后还要分给老百姓才对，因为全体国民是国有资产的最终所有者。

《理财一周报》 如果国企向全民分红的话，应该以什么样的方式进行操作？

许小年 每个老百姓在国资委开一个账户，这在技术上很好办，国资委的利润每年向全国的老百姓分红，要像上市公司一样向老百姓披露企业的经营情况、分红的情况，要向全体股东汇报，股东就是 13 亿中国民众。

《理财一周报》 这样一来，会不会像当初俄罗斯搞"休克疗法"，形成很多寡头？

许小年 我们说的是国企分红，如果政府一定要自己经营资产，就应该把经营所得给老百姓分红。更好的办法是把国有资产直接分给老百姓，本来就是全民的，分了之后让老百姓自由地在市场上交易。

至于会不会出现俄罗斯那样的情况，我认为，只要制度和操作方法设计得好，是完全可以避免的。俄罗斯形成寡头垄断，原因在于官商勾结，这些寡头中很多人就是由政府官员转变而来的。如果我们把分配和交易程序设计好一些，提高透明度，老百姓能够参与监督，可以避免俄罗斯那样的结局。

《理财一周报》 归根结底还是权力的监督问题。

许小年 当然是这样。一定要监督权力，权力没有监督，就会内外勾结，把国有资产输送给与政府官员有密切关系的人，最后形成寡头。这些寡头是官僚资本家，没有权力当不成寡头。

《理财一周报》 金融危机后，可以说欧美发达国家也出现了"国进民退"现象，这一波全球大企业的国有化趋势，与中国的"国进民退"有什么不同？

许小年 这两种现象要区分开。金融危机中，欧美国家出现了金融机构的国有化，因为雷曼兄弟倒台后，市场信用不灵了，只好临时用政府信誉作为替代，防止整个金融体系的崩溃。我们现在的"国进"，是因为金融体系要崩溃了而只能靠政府救急吗？不是的。我们的金融体系和国民经济受到些冲击，但不存在崩溃的危险，在这样的情况下"国进"，为的是什么呢？

另一个区别也很明显，欧美国家的"国进"是临时措施，有"进"有"退"，危机过去了就退出。美国政府最近要分批出售手中持有的金融机构股份,准备退出。我们的"国进"是有进无退,永久性地进入,既没有说退出,也不准备退出。

"国进民退"背离改革方向

《理财一周报》 要遏制"国进民退"的趋势,政府应该怎么做?

许小年 从政策上,要开放国有垄断行业。在政策、法律上,国有、民营要一视同仁。经济领域无禁区,不能说有些领域只能国有企业做,民营企业不能做。

金融服务也不能讲出身。不能说你是国有企业,就贷款给你;他是民营企业,对不起,没钱。我们现在有"经济出身论"、"经济血统论","文化大革命"期间是政治上的出身论,现在是经济方面的、资产方面的出身论。

还有法律上的出身论。比如说银行贷款,一笔贷款放给国有企业变成坏账,这是工作失误;一笔贷款放给民营企业变成坏账了,就有刑事犯罪的嫌疑。"刑不上大夫、礼不下庶人",连刑罚都分出身。

政府应该做的不在经济之内,不在市场里,而是经济和市场之外的法治建设,以法律保证所有的人、所有的企业享有同样的权利。政府的另一职责是公正地执行规则。

《理财一周报》 您曾经指出,"国进民退"和我们过去30年的改革开放背道而驰,需要尽快地停止这一趋势,此话怎讲?

许小年 改革开放30年以来,我们的一个主要信念就是,政府管理经济和经营企业会导致效率低下,是没有希望的,所以才从1978年起,改革由政府管理的计划经济体制,增加市场配置资源的功能,提高民营经济的份额。这个市场化的大方向,是在党的十一届三中全会上确定的,历届党中央都重申和坚持这一方向。

但是近几年我们发现,一些做法背离了改革开放30年以来的市场化方向,甚至出现了倒退。"国进民退"只是一个方面,其他如行政指令干预市场运行,政府对经济的影响非但没有下降,反而在不断增强。

这种趋势既不正常,也不健康。

(2009 年 9 月 27 日载于《理财一周报》)

这还是宏观调控吗？

领导，您知道吗，通货膨胀归根结底是个货币现象，经济理论和世界各国的经济实践已证明了这一点。要想治理通胀，必须果断而坚决地紧缩银根。

我国中央银行虽然多次提高存款准备金率，并且加息一次，但这远远不够。

尽管准备金率的提高冻结了银行的可贷资金，有助于控制银行贷款，实际上，此举纯属多余。这两年实行的贷款额度制已卡死了放贷规模，银行可贷资金的多少不再是制约因素。这就如同计划体制下用粮票限制购买，粮店储备了多少馒头无关痛痒，社会粮食消费量由粮票决定。已经有粮票（贷款额度）了，干吗还总是在粮店的库存（银行准备金）上做文章呢？

说起粮票，领导，您知道吗，改革开放没几年，我们就解决了计划体制下无法解决的粮食供应问题，把粮票送进了历史博物馆。现在票证好像又回来了，贷款额度相当于给银行发"信贷票"，房屋限购令相当于给居民发"房票"。过两天猪肉、大米的价格若涨起来，是不是又要发肉票和粮票了？干脆把发改委改回国家计委吧？反正现在两者也差不多了。

笔者一如既往地反对各种各样的数量控制，包括美联储的"数量松宽"、我国的信贷额度和准备金率的无节制上调。设想准备金率调到50％，银行还怎么经营？一半的储蓄资金不能用，但利息一个子儿都不能欠。准备金率若调到100％，银行就只好歇业了，或者改为基金、彩票销售点，赚些钱发工资，付利息。

领导，您知道吗，仅仅管住银行信贷治不了通胀，例如蔬菜价格就

19

和贷款没啥关系,谁见过老百姓拿银行贷款买萝卜的? 深圳居民到香港扫货,手里拎的也都是成捆的现金。储蓄资金大搬家,从银行涌向市场,物价焉有不涨之理? 这中间的道理不难理解,即使按照官方的 CPI 数字计算,存款的真实利率眼下仍是负的,2.5%－4.4%＝－1.9%。看着放在银行的储蓄一天天贬值,人人心急如焚,不把钱换成实物,晚上睡觉都不踏实。

赶快加息呀! 起码也要让存款利率高于通胀率吧?

加息怎么就这么难呢? 现成的货币政策工具,为什么不用呢?

本来央行就应该灵活调整利率和汇率,以实现稳定经济的目标。这两年政府却更重视利率和汇率的稳定,而听任经济和价格水平上下波动,把手段和目标整个给搞反了。

加息当然有副作用,比如吸引热钱流入。但领导您知道吗,宏观政策从来就是两难选择,不光今天如此。印钞票创造不了财富,只能制造通货膨胀,而通胀将导致民怨和社会的不安定。掂量一下热钱的压力和通胀的压力,应否加息是不言而喻的。

冻结利率和雪藏汇率等于捆住自己的双腿,怎么走路呢? 绝招是借助双拐,左手挥动发改委,右手撑着工信部,胳膊代替大腿,跟跟跄跄,拖着木桩般的下肢,艰难前行。这两个部位还真不辱使命,今天清查绿豆、大蒜涨价,明天打击"囤积居奇",后天狠抓"投机炒作",忙个不亦乐乎。

领导,您知道吗,这些举措早就不是宏观调控了。宏观调控有着严格的定义,指的是政府通过对总量的控制,注意,是总量,来调节经济的运行。"宏观"的含义就是"总量"、"全局",而不是"单个"、"具体"。总量只有两个:货币总量和财政收入/支出总量。宏观政策因此也只有两个:货币政策和财政政策。绿豆、土豆不是宏观,打压房价、菜价也不是宏观调控。将"政府调控"等同于"宏观调控",再以宏观调控的名义,滥用行政权力干预市场,这是对宏观经济学的亵渎。如此篡改和阉割"宏观",令讲授此课的教师感到很没面子,如果不是迫于生活压力,真不想再干下去了。

领导,您知道吗,行政干预市场越多,对经济和社会的伤害越大,因为所有的行政干预都会降低而不是提高市场的效率,而且绝大多数的行政手段都与法律不符。

在市场经济中，价格是重要的信息源，发挥着配置资源的关键作用。凡价格上涨，必然是供不应求，看到价格上涨的企业，察觉到有利可图，在价格的指导下增加供应。这样做的结果是缓解短缺，自动实现供给和需求的平衡。如果政府管制，价格不能反映社会供给和需求的关系，企业不知道应该生产什么，生产多少，就会造成资源的错配。

正是由于政府的长期管制，人为压低能源和资源价格，鼓励了高耗能项目的上马，致使我国经济"褪绿染黑"，重工业占工业总产值的比重从 2003 年的 62％ 上升到 2009 年的 72％，单位 GDP 的能耗在世界上"名列前茅"。最近政府在一些地方提高了水价、电价，这无疑是正确的方向，下一步应放松和解除管制，让市场发挥更大的定价功能。政府同时应向低收入家庭提供直接的财政补助，抵消生活费用的增加。

行政干预价格不仅没有道理，而且不合法理。《中华人民共和国价格法》规定，政府指导价和政府定价只适用于"极少数商品和服务"（第 3 条），必须以定价目录为依据（第 19 条），并"开展价格、成本调查，听取消费者、经营者和有关方面的意见"（第 22 条）。"政府指导价、政府定价制定后，由制定价格的部门向消费者、经营者公布"（第 24 条）。仅"当市场价格总水平出现剧烈波动等异常状态时"，政府可以采取紧急措施，干预价格（第 31 条）。

逐条对照法律，不难发现，近期政府的干预有明显的违法嫌疑。干预早已不限于"极少数商品"；干预全凭官员的意愿，从未制定过定价目录；既不进行价格、成本调查，也不听取消费者和经营者的意见；政府自己的"心理价位"秘而不宣，从未按法律的规定向消费者、经营者公布。法律仅赋予政府行政干预"市场价格总水平"的权力，注意是"价格总水平"，而不是单项商品的价格，但政府却动用行政手段打压大蒜、绿豆、蔬菜、粮食、房地产等具体商品的价格。

领导，您知道吗，《价格法》仅宣布"捏造、散布涨价信息，哄抬价格"为非法，根据"法律未禁止就可以做"的原则，"投机炒作"和"囤积居奇"便无可指责。股市上多少人天天都在投机炒作，拿到潜力股，谁不囤个好价再卖呀？真要禁投机和囤积的话，就先关股市吧。以后官方文件别再拿这些词儿说事儿了，免得人家说咱不懂法律。再有，谁违法、谁合法，应由法院说了算，行政部门不能私自给厂家、商贩、农民等经营者定罪，更不能私自惩罚他们。

依法干预价格的重要性还在于维护社会公平。价格这东西不同于GDP，它涉及相互冲突的利益。打压菜价，城镇居民高兴，但农民不高兴。打压房价，没房的高兴，有房的却不高兴。农民和有房者肯定会问，我招谁惹谁了，凭啥让我的收入和资产缩水？如果政府依法行政，农民和有房者就不能抱怨了，因为法律是包括他们在内的全体公民（或公民代表）同意的。

搞市场经济三十多年了，怎么政府现在成了主导力量？什么时候企业和民众才能回到舞台的中心？什么时候市场才能真正发挥配置资源的基础性作用？笔者不知道。

领导，您知道吗？

（2010 年 11 月 30 日载于《财经网》）

维稳失败的根源在监管层

——答《投资者报》记者

监管层调控指数诱发暴涨暴跌

《投资者报》 在您看来,2008 年的 A 股单边下跌是否正常? 2006 年底至 2007 年 10 月的单边暴涨是否正常? 这种暴涨暴跌,与监管层有无关联?

许小年 如果没有政府干预,涨、跌都是正常的。暴涨、暴跌虽然和投资者的非理性冲动有关,但非理性预期的根源就是"政策市",一会儿要"快牛"变"慢牛",一会儿又大谈"坚定信心",搞得投资者不看经济、行业和公司的基本面,集体猜测政策风向,集体赌政策,行为高度一致,买的时候全买,卖的时候全卖,结果当然就是暴涨暴跌。

监管层当然应关心市场,但它的责任是根据法律维护市场规则,而不是根据上级指示调控指数。

《投资者报》 从 2008 年政策出现的频次看,主要包括打击市场违法违规行为、维护市场稳定、金融创新等大范畴,如何评价这些政策的出台时机和效果?

许小年 打击市场违规违法行为是监管的永恒主题,不存在时机问题,你能说今天市场低迷,打击违规的政策就该暂缓出台吗? 或者明天市场投机气氛浓厚就该严打吗?

《投资者报》 2008 年的政策中,管理层明显言行脱节的至少有两处:一是主张"维稳"但市场并不稳;二是主张交易制度和产品创新,但是步伐明显滞后。对此,应如何评价?

许小年 不是言行脱节,而是定位和政策的错误。"维稳"的本来含义是"稳定市场",而不是"稳定指数"。在"防止大起大落"的口号下,监管措施的着眼点变成了"防止股票价格大起大落",结果是越"维"越不稳。

关于创新,前面已说过,政府少管点,交易制度和产品创新就会在市场上涌现出来,政府的职责是及时总结民间的创新,相应建立基本的市场规则和监管框架。这就像中国的农业改革,分田单干是农民的伟大创举,而不是政府规划和设计出来的。

当然,政府也要发挥作用,政府的作用就是肯定民间的创新,把它合法化、规范化,但不能取代投资者和金融机构,把自己放在创新主体的位置上,我下命令和方案,你来做创新。实际上,能做出方案的,都是已知产品,根本谈不上创新。创新是在未知领域中的突破,不要滥用"创新"这个词。

资本市场沦为政绩指标

《投资者报》 据您观察,监管层是否已逐渐形成一整套对于资本市场定位、监管和发展的较成熟理念?是否有序推进?

许小年 我们到现在搞不清楚资本市场是干什么的,到现在仍把资本市场当成民生工具,当成政绩指标。在这样的思想指导下,监管的首要任务就变成了调控指数,而不是维护市场规则和投资者权利。我国资本市场发展道路上的艰难曲折,追本溯源,都和资本市场的定位混乱有关。资本市场的作用是为资产定价,通过资产价格指导全社会有效配置资金。拜托媒体界的朋友,把这个道理和大家讲清楚。

《投资者报》 证监会曾在股改中运用了"定规则、放权利",让市场主体相对公平地博弈,结果顺利推进;这种决策模式,有无可能在有较强经济运行规律的资本市场得到推广?对于现行体制下的决策失误(譬如对"大小非"问题是否缺乏预见性),是否应有可行的责任追究机制?

许小年 监管当局的工作就是定规则,确保规则的执行,其他一概不管。现在是市场准入也管,机构也管,产品也管,指数也管,严重越位。

"大小非"问题突出反映了在我们国家建立市场经济的困难,市场经济讲究规则、契约、信用,国有股减持付对价,10 送 3,白送了 30%该让我减持了吧?不行,市场形势不好,还是不许你减。不让我减持也行,把那 30%退回来也行呀,也不退给你。订了契约不执行,看着博弈的结果修改博弈规则,相当于悔棋耍赖,投资者和政府一起破坏自己的信用,破坏市场的基础,这个市场还怎么搞下去呢?

《投资者报》 作为资本市场的一线监管者,证监会对于股指期货、融资融券等产品推出并无最终决定权,这种情形是否应改变?

许小年 股指期货、融资融券都是很成熟的金融产品和金融工具,早就该推出了,证监会和政府为什么要掌握最终决定权呢? 政府只需给出监管要求,没有必要控制产品和机构的市场准入。

《投资者报》 在"分业经营、分业监管"的体制下,不同监管部门的诉求和政策有冲突,典型的如 6 月份证监会提出"全力维护市场稳定",但央行加速紧缩信贷,并一次性提高 100 基点的准备金,沪指 3000 点很快失守。对此,是否应改革? 怎样改?

许小年 我要重申,"维护市场稳定"不能和"维护指数稳定"画等号,这是两回事。市场是否稳定要看投资者对游戏规则是否有信心,对政策的一致性和监管的有效性是否有信心,而不看对指数的信心。经济下滑,上市公司盈利前景看淡,指数当然会下跌,这和市场稳定有什么关系? 只有价格上涨市场才算稳定吗?

国家经济的发展必然是多目标的,而且必然是相互冲突的多重目标,比如控制通胀和经济增长就是两个很难同时兼顾的目标。就拿燃油定价机制的改革来说吧,价格高了老百姓有怨言,低了炼油厂不干,你怎么协调呢?

市场稳定的关键是预期的稳定,预期的稳定又要求政策、法规和游戏规则的稳定,如果政策、规则朝令夕改,投资者就无所适从,稳定市场就是一句空话。

金融创新不是政府的事,靠政府创新的结果是没有创新,因为政府既无创新的激励,也没有创新所需的市场信息。

其实现在一般谈论的融资、融券、股指期货、卖空等等,根本就不是什么创新,市场上早就有了,无非是把它们搬到国内来。金融创新要靠市场参与者,靠金融机构和投资者。历史上股票是政府的创新吗? 不是,股票这种融资形式是民间的股份公司自己搞出来的。债券也不是政府的创新，是在办理政府债务的实践中，银行摸索出来的。在创新方面，政府应该做的是为创新产品建立基本的市场规则，而不是自己充当创新主体。

（2009 年 12 月 19 日载于《投资者报》）

吉利和孔子不是规划出来的

吉利和孔子怎么扯到一起去了？一个是当代极具竞争力的汽车厂，一个是古代声名显赫的读书人。无论如何地风马牛不相及，但两者有着一个共同之处：都不是规划出来的。

汽车行业的规划历史起码有几十年了，连绵不断，持续至今。政府的重点扶持早先有"三大"，一汽、二汽加上汽，后来变成"三大三小"。非重点则遭到抑制和打压，据说那些杂牌部队冲击市场，分散资源，汽车工业的规模经济总上不去，都是它们捣的乱。

如今"三大"雄霸天下，尽管只是窝儿里横，享受着特殊政策，它们从洋人那里拿来现成的技术和产品，在政府的保护下，舒舒服服地吃着国内的市场。这多年，虽然银子赚得盆满钵溢，自主知识产权和国际竞争力却一直停留在规划阶段。难怪有人说，中国没有真正的汽车公司，只有汽车装配线。至于"三小"，不是自行遣散，就是被中央军收编。

能走出国门的，仅两家偏房，敢收购洋人的，唯有吉利。这既非规划之功，亦非政策之力。夹缝中生存，阴影下长大，锻炼出的生命力之强，超乎一般想象。幸亏当年没有列入规划扶持，否则软饭吃到今天，恐怕仍无啃硬骨头的牙口。

然而规划还在进行中，并且数量越来越多，频率越来越高。印象中去年每个月就出一两个，平均几周时间就搞定一个产业。不服不行，政府的文字工作效率真的提高了。

规划今年延伸到教育和人才，目标是 10 年后建成人才强国。

笔者愚笨，实在想不清其中的道理。瞧瞧咱自己的历史，人才似乎也不是规划出来的。春秋战国时期，列强打成一团，政府抢地盘还忙不过来，哪有工夫搞规划？说来也怪，越乱越是人才辈出，孔子、孟子、荀子、韩非子、墨子、老子、庄子、孙子(不是辈分)、管子(与自来水无关)、鬼谷子(并非农业)、公孙龙子、杨朱……数也数不过来。诸子百家,各执一词,开科授徒,著书立说,奠定我民族文化长久之基础。

秦始皇统一中国,依丞相李斯所奏,焚书坑儒,禁绝百家,仅留秦书和农、树、医、卜,民间有欲学者,"以吏为师"。这是历史上第一次教育和人才规划的尝试,效果显然不佳,只培养出一帮酷吏,苛政严法,弄得官逼民反,秦朝二世即亡。

汉武帝采纳董仲舒之策,"废黜百家,独尊儒术",政府从此主导了思想和教育。及至隋唐开科取士,人才的培养也在政府的规范下,形成了固定的模式。两千年来,人才虽未绝迹,却是寥若晨星,再无春秋战国时的繁盛景象。大规模生产的是千篇一律的八股文章,批量培养的是唯唯诺诺的奴才官吏。

清末民初,军阀割据,战乱不已。虽非盛世,却迎来了久违的人才高产期。北京大学校长蔡元培开风气之先,倡导学术自由,兼收并蓄,延揽了一批优秀的文学家、史学家、哲学家、艺术家和科学家,其中包括新文化运动的两大旗手——胡适和陈独秀。那一时期大师们所取得的学术成就,当代人至今难以超越。

不仅中国,世界上的人才也不是规划出来的。贝多芬和莫扎特、莎士比亚和雨果、牛顿和爱因斯坦、巴菲特和盖茨,哪一个出自于政府规划?

造就人才,不需要规划。人才成长靠的是个人兴趣与好奇心,需要的是自由的环境和开放的空间,允许不同学说的自由发展,鼓励不同观点的交流和交锋。学术、文化和思想上没有权威,也不存在研究与讨论的禁区。

人才如同优秀企业,是在自发的竞争(而不是政府安排下的"有序竞争")中产生的。春秋战国、清末民初都是弱政府时期,正因为政府无暇干预,才给了民间生存的空间和自由竞争的机会。

新时代呼唤着全新的诸子百家。单凭 GDP,不足以实现中华民族的复兴,思想和文化才是确立我民族世界地位的根本。

(2010 年 7 月 28 日载于《经济参考报》)

2 凯恩斯主义的
逻辑陷阱

陆克文和凯恩斯错在哪里？

澳大利亚总理陆克文先生最近在《财经》杂志上发表文章，系统表述他宣称的"第三条道路"，并自信地认为，只有他和他的社会民主主义者们才能有效应对当前的全球经济危机。尽管充满着违背事实的结论和没有根据的政策药方，但这篇文章代表了金融危机之后的一种流行思潮，特别是因为它出自一个国家的总理，对公共政策的制定具有不可低估的影响，值得我们认真地对待。

陆克文先生的全部观点和自信基于一个粗浅而失实的观察：全球经济危机是奉行"新自由主义"的结果，是因为放弃监管以及由此而来的市场失灵。正是在这一点上，陆克文先生大错特错。

政府失灵导致的危机

在文章一开始，陆克文先生就用政治家在选举集会上的常用手法，武断地将这次全球经济危机归咎于"新自由主义的失败"。先制造一项莫须有的罪名，给自由主义经济学家贴上小丑或奸臣的脸谱，再将公众的不满与失望引向这个假想敌，接下去进行的是道义而非学理的审判，反正公众已找到泄愤的对象，不再关心事实的真相与逻辑的严密了。

陆先生说，"新自由主义政策源于无监管市场至上的核心理论信仰"，只有对经济学缺乏基本了解的人才能说出这样的话。自亚当·斯密始，自由主义经济学家从未主张过不受约束的市场。斯密认为，离开政府，市场无法有效发挥配置资源的功能。斯密所定义的政府职能包括国防、建立和维护以保护私人产权为核心的法律体系，以及提供公共产品和公共服务。如果将监管列入公共品的话，斯密的意思非常清楚，市场交易活动必须符合法律和监管的要求。除了国防、司法和公共品这三个领域，斯密认为，无需政府干预，在自身利益驱动下的个人能够通过自发和自愿的交易，实现资源的社会最优配置。政府的职能不是协调、指导或者管理市场交易，而是建立和保护市场交易的基础——私人产权，没有产权的界定和保护，市场就变成战场，暴力而不是价格决定资源的配置。

近代自由主义经济学家基本保持了斯密的传统，弗里德曼在肯定政府作用的同时指出，政府所掌握的强制性手段或社会公器具有"双刃剑"的性质，可以用来保护产权，也可以用来剥夺人们的产权。政府也是理性经济人，有着自己的利益诉求，很自然地要利用手中的公器谋求自己的利益。为减少这样的副作用，弗里德曼主张，社会应该保持一个尽可能小的政府，公众要对政府实施有效的监督。

陆克文先生不仅自制了一个子虚乌有的"新自由主义"妖魔，而且断言它就是当前金融危机的罪魁祸首。众所周知，这场金融危机的源头是美国的房地产泡沫，而资产泡沫的始作俑者就是美联储。以格林斯潘为首的美联储在过去的近二十年间执行了宽松的货币政策，特别是在亚洲金融危机、科技泡沫和"9·11"恐怖袭击等重大事件前后，为稳定资本市场而多次大幅减息，形成了世人皆知的"格林斯潘期权"。在"9·11"之后，美联储更将基础利率降到了战后最低的 1%，并保持低利率达两年多之久。

低利率刺激了美国公司和家庭的借贷，在格林斯潘任职的十八年中，金融机构的杠杆率（负债率）不断攀升；而家庭的储蓄率则不断下降，从 1990 年代初的平均 8%，下降到格里斯潘离职时的零左右。信贷的泛滥造就了经济的虚假繁荣，在次级按揭的推动下，房地产泡沫不断膨胀。然而借钱买来的景气无法持续，泡沫破灭之时，金融机构少得可怜的自有资本瞬间被巨大的投资损失所吞噬，微不足道的储蓄根本无法缓冲房价暴跌对家庭财务的打击，除了破产，借债成瘾的金融机构、企业和家庭再无其他出路。

低利率人为扭曲了资金价格，导致美国及西方经济的过度负债，金融机构和家庭的资产—负债严重失衡，这是当前经济危机的最根本原因。金融市场系统风险的上升是表，实体经济的严重失衡是里。华尔街的金融创新不过是推波助澜，而根子却在华盛顿（美国政府）的错误政策。事实难道不是这样的吗？先有次级按揭,然后才有 CDO 之类的资产证券化产品;先有美联储的低利率,然后才有次级按揭。这是再清楚不过的政府失灵加市场失灵,两类失灵绝不可并列,前者为主,后者为次;前者为源,后者为流。

陆克文总理承认这个事实,但他指鹿为马,将格林斯潘定性为"新自由主义者","新自由主义者"信奉市场至上,他们的失败就是市场的失败,一个明确无误的政府失灵就这样变成了市场失灵。陆先生要么对经济学说史和经济史缺乏了解,要么就是有意误导他的读者。

在货币供应的问题上,自由主义经济学家一向反对中央银行的自由裁量权,一再警告人们注意,将货币供应交给少数几个人管理是非常危险的。弗里德曼用大量翔实的数据说明,在美国的历史上,货币供应的波动引起经济的波动。这一发现使人们认识到,货币政策实际上是经济波动的发生器而非稳定器,从根本上破除了运用货币政策熨平经济周期的迷信。为了消除震荡的根源,必须稳定货币供应,而对货币稳定威胁最大者,莫过于所谓的"相机抉择"的货币政策,即由几个聪明的大脑,根据经济的形势,自行决定货币的供应量。为了防止"聪明大脑"搞乱货币供应,哈耶克主张某种形式的金本位制,而弗里德曼则坚持货币供应的固定规则,比如说每年 3%,大致等于 GDP 的实际增长率。

格林斯潘根本就不是自由主义经济学家,恰恰相反,在货币政策上,他是不折不扣的凯恩斯主义者。凯恩斯主义的核心理念就是市场经济具有内在的不稳定性,需要政府从外部进行干预,格林斯潘和美联储就是这样的干预者,尽管凯恩斯本人倾向使用财政政策而非货币政策。

凯恩斯认为市场内在的不稳定性源于"野兽精神"(Animal Spirit)支配下的投资波动,为了消除非理性投资冲动造成的繁荣与衰退的循环,他又假想了一个富有"人类精神"的政府作为救世主。然而难以理解的是,为什么同为凡夫俗子,人在市场上做投资决策时,就一定表现出非理性的"野兽精神",而一旦进入政府操作财政政策和货币政策,就可以料事如神,伟大英明？如果美国财政部和美联储的高官们也是和华尔街金融家一样的常人,他们的"野兽精神"发作时,对经济将产生什么样的冲击？凯恩斯理论体系上的最大问题就在这里,市场是不完美的,但政府是完美的,假设已定,结论不言而喻,当然要由完美的政府去解救和干预不完美的市场。与凯恩斯形成对照,自由主义经济学家保持了逻辑上的一致性,市场不完美,政府也不完美,非完美政府设计的宏观政策会引发和加剧经济的波动,他们反对少数几个人调控货币供应以"操纵"市场经济中的最重要价格——利率,哪怕操纵者是中央银行。

虽然市场和政府都是不完美的,但这并不意味着两者在资源配置上各有千秋,或者在危机的产生上负有"各打五十大板"的责任。市场优于政府,其优越性在于信息和激励。现代经济极其复杂,社会对资源进行有效配置需要大量的信息,从每一个消费者的偏好和收入,到每一个企业的产品和技术,信息散布在经济的各个角落,存储在每个人的头脑中。政府管理经济,最多几千官员,不可能收集和处理足够的信息,而缺乏信息就无法保证资源配置的效率。现代经济中的资源配置只能采取分散决策的方式,每个市场参与者都在收集和处理信息,13 亿人对几千官员,市场与政府的高低上下就寓于这简单的数字对比中。不仅数量,市场上分散决策的信息质量也超过政府机关所能实现的。官员的利益和经济活动的结果基本无关,决策错了不必负责,对了也没有什么奖励。市场参与者尤其是企业则不同,每一个决策都会带来利润或者损失,因此企业有着足够的激励,尽可能地保证信息的充分性、及时性和准确性。

硬给格林斯潘戴上"新自由主义"的帽子,陆克文总理机敏地将政府政策的失败转化为市场的失灵,在当前的形势下,这一宣传颇为有效。看到持有的股票在市场上被腰斩,看到自己的房子在市场上只剩下一半的价值,看到公司倒闭将自己抛入失业大军,所有这一切都发生在市场上,人们很自然地要问:市场到底出了什么问题? 陆先生和他的社会民主主义同志们乘机跑出来说:市场太自由了,太混乱了,贪婪的金融家浑水摸鱼,令你们损失惨重,投我一票,我将为你们管好市场!

讨伐"新自由主义"和罪恶的华尔街,政府不仅为自己的错误政策找到了替罪羊,而且巧妙地为大众洗刷了投机的负罪感。细数有史以来的泡沫,哪一个没有大众的参与?"郁金香狂热"中有农夫的身影;在 1929 年纽约股市崩盘前,工人、职员甚至中学生都参与了疯狂的股票交易;21 世纪的低收入家庭谎报收入,申请次级按揭,购买本来无力负担的房子。如果说金融危机是犯罪的结果，那么犯罪的就是我们所有的人。亿万贪婪的个人投身于股票、地产、石油和粮食的交易，每个人都有一个暴富的梦，每个人都带着"我不是最后一棒"的侥幸心理。麦道夫的庞氏游戏仅造成几百亿美元的损失，几十万亿的证券和房地产价值缩水岂是区区几个骗子能够成就的伟业？没有无数大众的参与，资产价格岂能如此轰轰烈烈地上涨，又怎能如此惊天动地地崩塌？

批评大众会丢失选票，政治家深知这一点，拎出少数"新自由主义者"和金融家痛打，低风险、高收益，顺手再牵出凯恩斯主义的对策，政府救市，政府开支，政府监管，如陆克文先生所言，将政府的作用提升到"基础性的地位"。如此既恢复了大众的无辜，又让他们看到未来的希望——如同上帝般的政府，当然，还有领导政府的政治家。凯恩斯主义的流行，与其说给出了医治经济萧条的药方，不如说它迎合了政治家的需要，使大众饱受折磨的神经与钱袋得到暂时的安慰。

在完成了危机探源方面的大转换后，陆克文总理接着解释政府将如何解救被"新自由主义"毁灭了的市场。根据他的设想，政府将承担四大历史性的任务：拯救私人金融系统、刺激社会需求、建立全球监管体系以及实现社会公正。

救世主真的要降临人间了吗？

麻药剂还是手术刀？

毫无疑问，在危机时刻，政府应动用一切法律赋予的手段，尽快稳定金融市场。需要强调的是，政府对市场的干预必须是临时的和应急的，而不是长久的和常规的，要防止将救火式的政府干预制度化。政府可以为市场交易提供担保，改变游戏规则，如限制卖空，向金融机构注资，或者将商业银行国有化，但在采取这些非常措施之前，政府必须做出明确的承诺，一旦金融系统恢复正常，政府将立即退出市场。这个承诺必须是可信的，也就是公众能够监督执行的。

在这一点上，香港特区政府在亚洲金融危机中的作为堪称典范。为了保卫联系汇率制，港府于1998年夏季入市干预，大量购买恒生指数股。在联系汇率制的危险解除后，港府成立了盈富基金，将危机期间买入的股票卖给香港公众，政府退出市场，兑现先前的诺言。

令人担忧的是,陆克文总理在他的文章中提出,社会民主主义者要"重新塑造一个面向未来的全面哲学框架,它既适应危机时期,也适应繁荣时代"。如果这意味着危机管理变成繁荣时代的常规,政府在危机时期获得的权力延续到正常状况下,就将对经济的效率和社会公正产生重大的负面影响。从哲学上讲,陆克文先生的逻辑也不能成立,扑灭澳大利亚山林大火和管理悉尼歌剧院毕竟不是一回事,不可能遵循同样的原理。现代凯恩斯主义之所以具有迷惑性,原因之一就是用危机来论证常态下政府干预的合理性。

金融救援的第二个原则是以改革与重组为目标,只有同意和准备进行重组者才能得到政府的救助。世界各国政府在当前的金融救援中,多以维护信心为目的,它们没有看到,恢复信心的关键是恢复微观经济单位的财务健康。金融机构必须进行业务、资产和财务的重整,以便尽快降低负债率。同样,家庭也必须削减消费,增加储蓄,无力偿还按揭贷款者,不得不丧失他们的房屋。资产—负债的调整越早到位,信心就恢复得越快。社会民主主义者没有勇气对选民讲实话,在许诺迅速复苏的同时,政府花钱缓解民间的眼前困难,刻意营造虚假太平的氛围,回避痛苦的改革和重组,推迟了复苏所必需的结构调整,延长了经济衰退期。

拯救金融体系的第二个原则是被救助者必须分担救助成本。政府注资商业银行,原有股东的权益就被稀释;政府接管金融机构,原来的高管就要下台。对于次级按揭的债务人,他们也应该为自己的决策失误付出代价,否则将使原本就存在的社会公正性问题变得更为严重。次按债务人可以拿到政府的补贴,信誉良好和正常还款的家庭得不到任何帮助,这岂不是变相的奖劣惩优?如果确无还款能力,只能破产,正确的政府救助应该是增加破产后的补助,而不是输血以阻止破产的发生。

金融救援要坚持原则,因为任何救助都会带来棘手的"道德风险"问题,即市场参与者因有政府兜底而放松风险控制,采取更加激进的投资策略。金融的系统风险归根结底在于市场参与者识别与控制风险的能力,而不是陆克文先生所指责的自由交易和复杂的金融创新;风险归根结底是"道德风险",而不是产品风险。如果投资者自己丧失了控制风险的激励,简单的产品也可能大幅增加系统风险。郁金香很容易理解吧？一样造成泡沫。房屋是再普通不过的商品了，看得见，摸得着，价值的计算也不需要复杂的数学公式，可房地产市场上依然是泡沫不断。

陆克文总理只谈救援，不谈重组，在资产—负债失衡未得到纠正的情况下，经济复苏的希望在哪里？陆先生又捧出了他的神奇政府。

凯恩斯主义的神话

陆克文总理自视为罗斯福总统和凯恩斯的传人，要用扩张性财政政策创造需求，将经济拉出衰退。可以预见的是，今天的财政刺激如同历史上的罗斯福"新政"，除了为凯恩斯主义的失败增添新的案例，为社会民主主义者拉到选票，不会再有其他的效果。

从 1933 年开始实施的罗斯福"新政"并未结束"大萧条"，"新政"下的财政开支虽然大幅增加，但没有显示出扭转乾坤的刺激作用。请看以下数据与事实：美国的真实 GDP 直到 1939 年才恢复到 1929 年的水平；失业率则在 1931 年跃升到 16.3％后，一直保持在两位数的高位，迟至 1940 年方从一年前的 17.2％降到 14.6％。在大战正酣的 1941 年，失业率总算降到了一位数——9.9％。结束"大萧条"的不是罗斯福"新政"，而是第二次世界大战中各国超高的军事开支。将经济的恢复和希特勒的战争联系在一起是令人尴尬的，功劳于是就被记到罗斯福头上。

如果"大萧条"还不足以说明问题，再看凯恩斯主义在日本的实践。日本经济于 1980 年代末进入衰退，政府也祭出了凯恩斯主义，执行了多达 13 个财政刺激计划。在近二十年的时间里，财政赤字对 GDP 的比率每年都超过了 5％，其中有七八年超过了 10％，但日本经济仍不见起色，GDP 年平均增长率仅为 1％左右，并多次出现负增长。当前的金融海啸来袭时，尽管日本不是重灾区，经济却第一个倒下，2008 年第 4 季度，GDP 同比萎缩了 12.7％！由于长期推行凯恩斯主义，日本的国债从 1990 年占 GDP 的 60％增加到现在的 160％以上，政府已无力再举债。除了自民党在首相走马灯式的更换中勉强保住了政权，凯恩斯主义留下的只是停滞的经济、残破不堪的财政，以及更加暗淡和遥远的复苏前景。

从逻辑上讲,凯恩斯主义的失败乃题中应有之义。从 1930 年代的"大萧条"、日本 1980 年代末的泡沫破灭、1997 年的亚洲金融危机,到今天的全球经济危机,所有这些大动荡都有一个共同的特征,那就是崩盘之前的异常繁荣,而且十有八九都是信贷支持的繁荣。如同吃了激素的儿童,可以透支营养和体力,在一段时间里加速成长。但信贷激发的景气无法持续,一旦信贷中断,灾难立即降临。衰退是对畸形繁荣的偿还,这个世界上从来就没有免费的午餐。正是基于这一信念,奥地利学派的米塞斯和哈耶克预见到了"大萧条",虽然他们没有也不可能准确预测灾难发生的时点。为了缓解停用激素带来的痛苦,凯恩斯主义建议恢复激素的供应,这就是它的逻辑,这就是它必定失败的根本原因。

凯恩斯财政政策的失败,在于无法带动民间开支。从大学的经济学教科书可知,财政政策的作用取决于所谓的"乘数效应",政府花一块钱,民间跟着花一块钱,乘数就等于 2。乘数越大,财政政策越有效。实际上,乘数效应不过是凯恩斯主义的一个障眼法,用今天的话来讲就是"忽悠",如果私人部门愿意花钱,就不需要财政刺激了,之所以推出财政扩张计划,就是因为民间的投资和消费意愿不足,财政乘数命里注定不会很大。

的确,大量的实证研究表明,世界各国的财政开支乘数平均等于 1,换言之,政府支出对私人部门几乎没有什么拉动作用。这个结果没有丝毫意外,既然在萧条之前的繁荣中,私人部门已超前地进行了投资和消费,他们怎么可能再跟着政府增加支出呢? 产能过剩的中国外向型企业会因为政府修铁路而增加投资吗? 为债务所困扰的美国家庭会因为奥巴马建医院而增加消费吗? 萧条期间,民间不愿花钱,并非由于凯恩斯所讲的"野兽精神",而是从"野兽精神"回归人类精神,休养生息,从揠苗助长的狂飙突进,理性地回归自然增长状态。在这一过程中,政府为什么要推出刺激计划,试图恢复往日的虚假繁荣、延缓甚至阻碍回归的进行呢?

凯恩斯认为萧条的原因是有效需求不足,今日西方经济的问题恰恰相反,是未来收入的透支和有效需求的超前满足。在今后相当长的时间里,西方各国都会在偿还旧账的压力下生活,无论政府如何刺激,需求都难以反弹,拉动世界经济走出萧条,唯一的希望是中国、印度等发展中国家。对于刺激这些国家的需求，凯恩斯主义仍是药不对症。

中国的人均 GDP 尚不足 3 千美元，即便用购买力平价计算也不到 1 万美元，和美国的 5 万美元相差甚远，中国人生活水平的提高还有很大的空间，而且不同于阮囊羞涩的美国人，中国居民的需求有二十多万亿储蓄资金的支持。如何将潜在需求转化为实际的购买力？对策不是政府花钱，而是打破僵化体制的束缚，释放民间的能量，激发市场的活力和私人部门的创造力，中国改革开放三十年的历程一再地证明了这一点。

1997 年亚洲金融危机爆发，外部需求的疲软和国内的宏观紧缩政策相重合，中国经济的增长率下降到 7％左右。1998 年，中国政府推出了财政刺激计划，但真正扭转经济增长下行趋势的，却是同年的住房改革和 2001 年的加入 WTO。取消政府福利分房，将住房推向市场，这项改革一方面释放出巨大的商品房需求，另一方面创造了无数的投资机会，房地产投资当年就从前一年的负增长反弹至 15％，随后又上升到 30％左右，并带动全国的固定资产投资增长进入了上行通道。2001 年加入 WTO 后，在国内、国外的强劲需求拉动下，中国经济经历了长达七年的繁荣。

中国经济当前面临的问题并非需求不足，而是需求受到限制和压抑，二十多万亿的居民储蓄和接近 50％的储蓄率说明不是没有能力消费，而是不敢消费。刺激消费需求的政策不是政府投资基础设施，而是充实社会保障体系。除了物质产品，我国企业和家庭对服务的需求还远未得到满足。以金融为例，全国 80％的中小企业没有金融服务，对 7 亿农民的金融服务基本上是空白。医疗卫生、电信通讯、交通运输、文化教育、媒体娱乐，到处可以看到需求的潜力。政府应该做的，不是凯恩斯主义的财政开支，而是解除管制，降低和取消行政性准入壁垒，像十年前的住房改革那样，开发和培育市场，释放需求，依靠 13 亿民众的力量，实现经济的可持续增长。

中国的改革开放和西方的金融危机从正反两个方面说明，实体经济的结构、市场和价格机制是决定经济发展的更为基础的力量，宏观政策充其量不过是拆东墙补西墙，或者寅吃卯粮，而卯粮之昂贵，超出了所有人的想象。

现在是终结凯恩斯主义的时候了，是宣告皇帝没有穿衣服的时候了。

首要任务是管住政府

在度过了经济萧条后,如何防止金融危机的再次发生？陆克文总理呼吁建立国家和全球的监管体系。对于市场失灵论者,这是一个很自然的结论。然而如前所述,金融海啸起于错误的货币政策,新监管体系必须面对的首要问题,是如何管住美联储。

奥地利学派主张金本位制,即货币发行以一国的黄金储备为基础,用黄金保有量约束货币供应总量,实际上等于剥夺了中央银行发行货币的权力。这一制度的优越性显而易见:从根本上避免了货币的滥发和通货膨胀。在全球经济一体化的今天,金本位还有另一好处:自然地实现了各国货币政策的协调。在世界黄金产量不变的情况下,获取黄金的渠道只有国际贸易顺差,贸易盈余国黄金储备即货币供应的增加等于逆差国货币供应的减少,全球货币供应总量保持不变,不会再出现各国中央银行竞相发钞、全球流动性过剩的局面。在金本位下,美国也无法再利用美元的国际地位超发货币,通过美元贬值向世界各国转嫁自己的财政负担。

芝加哥的货币学派担忧,如果黄金产量跟不上经济增长的步伐,就会出现通货紧缩,和通货膨胀一样,通货紧缩破坏了价格的稳定,因此也是不可取的。货币学派建议实行纸币制度,但同时一再强调制定货币发行规则的重要性,例如货币增长等于真实 GDP 的增长,用规则来限制中央银行在货币发行上的自由裁量权。

虽然存在着货币制度上的分歧,两个学派一致认为,必须制约中央银行,因为中央银行家和我们每个人一样,都免不了要犯错误,普通人的错误影响一个家庭,中央银行家的错误遗害一个国家甚至整个世界。格林斯潘卸任时被誉为有史以来最伟大的央行行长,才过了几个月,就在金融海啸的风暴中变成了危机的罪魁祸首。人们发现他的错误时,大祸已经酿成。

中央银行决定货币发行还有可能造成另一系统风险,那就是持续的货币超发和通货膨胀。无论东方或西方的政府,或者因为财政入不敷出,或者因为大选在即,都有着强烈的多发货币的冲动,通货膨胀因此不是单纯的经济现象,它深植于各国的政治体系中。尽管中央银行的独立性有一定的制度保证,但仍不可能完全摆脱政府的影响,金本位或者固定规则提供了彻底解决这个问题的方案。

管住货币发行才能管住资产泡沫和金融危机的源头,陆克文总理对此避而不谈,反而将全球信用的泛滥和金融机构的高杠杆归罪于放松管制。我们在上面已经讨论过,流动性过剩的根子是低利率,如果美国的情况还不足以说明这一点,陆先生不妨研究一下日本。1980年代,日本在金融监管上没有任何重大的改变,市场上也鲜有创新产品,在日本央行长达十年的减息周期中,基准利率从9%降到了2.5%,终于造就了举世闻名的金融—地产泡沫。陆克文总理当然不会关注日本,他的兴趣和利益都在管理市场,通过管理市场,实现他的政治目的。

然而美国的经验证明,政府管市场,越管越乱。次级按揭的泛滥产生于宽松的货币政策,得益于美国政府的大力提倡。"让更多的美国人拥有自己的家",在这个温馨而激情的口号下,对于按揭贷款标准的降低,监管当局采取睁只眼闭只眼的纵容态度。联邦政府成立了"房贷美"和"房利美"等机构,允许它们以政府信用在金融市场上操作。在政府和国会的多方支持下,"两房"不断发展壮大,到危机前夜,已占有房贷证券化市场的半壁江山。住房自有率是政治家拉选票的工具,次级按揭是用银行的钱给选民送好处,不花政府分文,何乐不为? 期望政府管住次按,无异于缘木求鱼。

政府管市场,想管也管不住,因为监管当局没有信息优势,官员也不比金融家更聪明。陆克文总理主张政府控制金融衍生品带来的系统风险,问题是如果机构投资者都搞不清金融产品所含的风险,为什么要相信在研究力量、信息和经验上都处于劣势的监管者呢? 为什么相信他们能为投资者把好关呢? 同样令人怀疑的是监管者的激励,麦道夫骗局早就有人举报,美国证监会却置若罔闻,直到金融危机爆发后才展开调查。加强监管固然不错,是否首先要加强对监管者的监管?

这次金融危机的确暴露出市场的不完善之处,但解决的思路不是简单的"面多加水,水多加面",具体措施也不是想当然的"市场失灵靠政府"。金融创新过度,产品过于复杂,原因不在华尔街的贪婪,世上人谁不贪婪? 华尔街的问题在于贪婪失去了恐惧的平衡,用经济学的术语讲,就是收益和风险的不对称。金融机构高管和专业人士拿着别人的钱赌博,创新产品若成功了,奖金可达数亿美元;如果赌博失败,无非奖金少拿一些而已,损失由公司股东和投资者承担。

在陆克文总理眼中,与贪婪并列的另一罪恶是金融创新,创新产品增加了金融系统的风险。殊不知风险并非来自产品本身,探究金融创新的风险如同探究火的风险一样愚蠢,正确的问题应该是"这样的产品为什么会在市场上流行",就像"火为什么烧了房子"一样。风险的根源是问题丛生的委托—代理关系,包括股东和管理层之间的委托—代理,投资者和评级机构之间的委托—代理,公众和政府之间的委托—代理,以及委托—代理关系下的风险—收益失衡。陆克文总理钟爱的监管充其量可以当作伤口上的绷带,却永远代替不了刮骨疗毒的治本手术。

实现收益和风险的对称,根本之道是在微观层面上重塑治理机制,而不是政府的宏观管理,更不是限制高管的工资。在新的治理机制下,金融创新失败时,高管个人应当承担相当部分的损失。在这方面,一个值得探讨的问题是,就金融企业特别是投资银行的形态而言,合伙人制是否比公众公司更为合适?高管和业务骨干作为合伙制企业的主要股东,与企业共兴衰,在这样的框架下,是否能够更好地平衡金融创新的收益与风险?

在微观重塑的过程中,政府当然要发挥作用,但它不可以越俎代庖,因为在改善治理机制的谈判中,主体是股东和管理层,治理机制是两者在自愿基础上的博弈结果。政府要关注市场中的变化,及时总结,及时立法,推广执行。

空洞的公平口号

像所有的政治家一样,陆克文总理也高举"公平"的大旗,指责"新自由主义者",主张"个人自我利益不受任何限制,市场决定的收入分配是自然的和天然公正的"。这又是一项莫须有的罪名,如前所述,自由主义经济学家一向认为个人的活动必须在法律许可的范围内进行,"不受任何限制"的说法不知从何而来。笔者也不知道,自由主义经济学家在什么地方讲过,"市场决定的收入分配是自然的天然公正的"。自由主义经济学家倒是倾向于认为,市场决定的收入比政府决定的收入更加公正,因为前者以自愿为基础,而后者必须借助强制性手段。

　　即便人们认为市场决定的收入不够公平,也不需要政府来充当梁山好汉(或者大侠罗宾汉)。在民主国家里,不同的利益集团可以遵循法律程序,通过立法改变分配格局,使收入分配更加"公平"——通常意味着更加有利于本集团。只要公民对法治仍有信心,陆克文总理的"替天行道"便是自作多情。陆先生拿公平说事,用意无非是吸引公众眼球,多拉两张选票罢了。对于极权国家而言,政府和公平是风马牛不相及的事情,菲律宾的马科斯政府可曾实现过社会公平?在苏哈托将军的统治下,印尼百姓能否将社会公正的希望寄托在政府身上?

　　在陆克文总理的这篇文章中,处处流露出"舍我者其谁"的英雄气概,陆先生将他的社会民主主义者提升到公众之上,将政府的作用提升到市场之上,似乎只有依靠他们这些政府精英,才能解救深陷危机的大众和经济。

　　陆先生的信心来自于一个信仰:政府是与市场有着本质上的不同,是上帝派到人间并超越凡人的耶稣基督。具体而言,市场参与者是贪婪的和盲目的,政府官员却是一心为公的和清醒的;市场上存在着信息不对称,政府却拥有完美信息;市场参与者不能识别和控制风险,政府却可以明察秋毫;市场会失效,政府却永远有效;市场是不完美的,政府却是完美的;市场的智慧与能力是有限的,政府却无所不知,无所不能。陆克文与凯恩斯的哲学源头就在这里,陆克文和凯恩斯的方法论错误也正在于此。

　　如果华盛顿(美国政府)和华尔街同样会犯错误,如果政府官员和金融家同样有着自己的利益追求,我们还能得到陆克文总理的结论吗?

(2010 年 3 月 16 日载于《经济观察报》)

希腊危机与凯恩斯主义

希腊政府要破产了。

财政上经年累月地入不敷出，只靠借债弥补赤字。负债终于到了极限，旧债无法偿还，政府信用大跌，再也借不到新债。希腊若没有加入欧元区，政府还可以开动印钞机，像眼下的老美一样，弄些纸票应付国内外的债权人。

有评论者认为希腊政府犯了错误，以欧元代替本国货币，紧急时刻少了个救生圈，眼睁睁就要淹死。英国人甚至幸灾乐祸，说好在当初我们没加入，否则今天也得跟着德国，掏腰包救助穷邻居。

这观点实在是本末倒置，好比孩子花光了生活费，家长责怪说为什么不去偷。政府印钱，制造通货膨胀，让百姓口袋里的钱变毛，这不就是偷吗？你偷要蹲班房，政府偷叫做"宏观调控"。这道理咱古人早就明白，庄子曾说过，"窃钩者诛，窃国者侯"。

偷钱要是能救命也行，但历史已经证明，那只是稻草一根。1980年代，拉美诸国亦是债台高筑，虽无"拉元"限制，各国开动印钞机，结果却是恶性通胀，本币大幅贬值。国际货币基金组织（IMF）带队救火，开出紧缩药方，一如今天希腊的城下之盟。1997年，同样的事件在东南亚重演，印钞机未能扭转乾坤，最终的救世主还是 IMF，给钱的前提条件依然是财政紧缩。

希腊的问题不在欧元，而是政府管不住自己，有钱就花，没钱也要借着花。无独有偶，迪拜未曾使用统一货币，不也闹出了政府债务危机？

财政原本不是这样，凯恩斯主义问世前，各国基本上奉行"量入为出，略有盈余"的原则，和百姓居家过日子同一个道理。凯恩斯打破了这一传统,他说经济萧条时,政府可以增加支出,拉动需求。钱从哪里来呢?无非三条路,借债、加税和印钞。凯恩斯认为印钞不起作用,加税则减少民众收入与消费,发债是最佳的政策选择。

萧条期间政府增加开支,如同人在情绪低落时,吞下两粒摇头丸,立即神气活现。问题是摇头丸不能当饭吃。尽管不是凯恩斯的原意,凯恩斯主义者都把止痛的鸦片当成一日三餐,救急性的赤字政策常规化,政府负债越来越重。希腊只是第一个倒下的瘾君子,葡萄牙、爱尔兰、意大利、西班牙,还有不列颠和美利坚,哪个不是一屁股的债?

凯恩斯主义流行,因为人人都喜欢它。政府自不待说,花钱可以买政绩,买选票,而且手中有钱就是"租"。百姓也喜欢凯恩斯,天上掉馅儿饼,有谁会跟银子过不去?福利开支不断加码,政府雇员旱涝保收,还有各种各样的补贴和"下乡"。

借钱怎么还?不愁,国债还本是几十年后的事,与现在活着的人无关。赤字政策说到底,就是挖子孙后代的肉,补我们自己今天的疮。如此代际偷窃,讲出去令人尴尬,凯恩斯主义就成了完美的婊子牌坊。有了它,政府理直气壮;有了它,公众心安理得。子孙或在襁褓,或尚未出世,欺负你没有发言权,抢你的钱没商量。

最喜欢凯恩斯主义的要算读书人,经济学家从此多了一条腾达之路。摆个地摊儿,预测宏观走势,这是"著名学者";进宫招对,指点君王迷津,此乃"脑库智囊"。今天支一招,明天献一策,说不定哪天龙颜大悦,赏个一官半职,也未可知。再看自由市场经济学,别提有多讨厌!整天喊着政府退出经济,无为而治,谁愿听你啰嗦?既不能取悦于上,亦不见容于下,这些人只好在书斋和教室里讨生活。

然而鸦片替代不了手术,借钱不等于创造财富。希腊人混到今天,连买摇头丸的钱都借不到了。政府欲削减开支,却招来国有部门的大罢工。大船将沉,水手还在和船长为薪水争斗!英国人理性,见势不妙,急忙启动纠错机制,赶走工党,请来保守党整顿财政。卡梅隆新官上任,第一刀就砍向公务员的工资。

我国去年拉动内需,也是一个"借"字诀。虽然中央政府发债并不离谱,8000多个地方政府融资平台,不知有多少是潜在的迪拜;近10万亿的银行贷款,不知两三年后会产生多少坏账。

回归古老和质朴的传统吧,"量入为出,略有盈余",别再自作聪明地摆弄凯恩斯主义了。

约束政府发债,约束政府发钞,舍此就无法避免债务和金融危机。

欲约束政府,民众自己要明白,"天下没有免费的午餐"。

(2010 年 5 月 28 日)

市场经济的未来

——上海交通大学 EMBA 名家论坛之六十六

演讲嘉宾:许小年教授
主持人:过聚荣博士　上海交大安泰经济与管理学院 EMBA 项目主任

　　谢谢过老师,谢谢各位,非常高兴今天有这个机会,在这里和大家就市场经济的未来做一个交流。

　　为什么讲这个题目呢? 金融危机爆发以后,不仅在中国,在世界上都出现了怀疑市场的浪潮,出现了寄希望于政府来解救人类的浪潮,这样的浪潮对于今后中国经济的发展和世界经济的发展都会产生非常深远的影响。现在的情形有些像 1930 年代,1929 年美国股市崩盘以后,西方经济陷入了有史以来最严重的经济萧条。在"大萧条"的过程中产生了凯恩斯主义经济学,揭示了市场失灵的可能性,建立了凯恩斯主义的宏观经济学,翻开了政府干预经济的全新一页。

　　凯恩斯之前经济学家研究过经济和政府,政府的职能被界定得非常清晰,也就是亚当·斯密在《国富论》中所说的,政府的职能有三项,第一是公共产品的提供,道路、桥梁、城里的照明等等;第二是国防;第三是产权的界定和保护。这个传统一直持续了 100 多年,到了"大萧条"的时候,人们发现市场失灵了。根据古典经济学,市场可以改正自身运行中所出现的问题,市场经济虽会有波动,会有问题,但是市场的奇妙之处就在于可以自我修复,自我改正。这个理论到了"大萧条"的时候,受到了严峻的挑战,在现实经济中,人们发现市场无力改正自己,特别是在经济陷入衰退的时候,失业率高居不下。1933 年的时候。美国的失业率高达 25%,两位数的失业率持续了多年。古典经济学讲,失业率高没有关系,在失业大军的影响下,工资会下降,劳动成本的下降会刺激企业增加雇佣。另一方面,低工资会减少人们的劳动供给。工资调整劳动力的需求与供给,结果是自动消除失业。在古典经济学的体系中,失业不可能长期存在,只要工资能够随时调整,不需要政府的干预,市场可以自行消除失业。

"大萧条"对古典经济学是一个沉重的打击,市场无法调节劳动力的供给和需求,失业成为长期现象,市场失灵了。经济学家开始思考这个问题,为什么古典经济学讲的市场自动调节机制在"大萧条"期间内失灵?凯恩斯认为,市场虽然像亚当·斯密所说,有如一只看不见的手,是配置资源的最有效的工具,但这只手不是全能的,是有缺陷的,当"看不见的手"失灵时,就需要政府这只"看得见的手"来干预,纠正市场的失灵,使市场更有效地进行资源配置。凯恩斯的伟大之处就在于第一个提出了市场有可能失灵,市场不是十全十美的,从这里出发,凯恩斯开创了不同于古典传统的经济学理论体系。直到今天,凯恩斯主义和古典主义仍是经济学的两大主流学派。

从 30 年代到今天,经济学在这两大学派的争论和互相批评中发展,市场和政府成为经济学研究的永恒主题。市场和政府分界到底在哪里?哪些是政府应该做的,哪些是政府不该做,应该交给市场的?争论从来没有停止过。如果大家对经济学感兴趣,这是一条研究的主线。像精神与物质是哲学的永恒主题一样;像男人和女人是文学的永恒主题,当然只是主题之一,而不是全部;宗教的永恒主题据说是生与死;经济学的永恒主题就是市场与政府。

我们现在所面临的情况和 1929 年大萧条初期非常类似,市场出了问题——金融风暴。这次出问题不是在世界经济的边缘,而是在世界经济的中心地带,在美国和欧洲,于是怀疑市场的思潮卷土重来,政府干预、政府主导、政府管制市场的呼声日益高涨。我们如何看待这样的思潮呢?在上一世纪 30 年代末期,全球所有的人都变成了凯恩斯主义者,以至于凯恩斯说"看来只有我一个人不是凯恩斯主义者"。今天全世界所有的人又都成了凯恩斯主义者,在皈依凯恩斯主义的人群中,很多人并不真正理解凯恩斯主义,只是借用一面大旗,做自己想做的事;有些人是一知半解,误读了凯恩斯主义。凯恩斯指出市场有可能失灵,但他本人并没有解释市场为什么会失灵，这就为凯恩斯主义的应用误区埋下了伏笔。

凯恩斯看到了市场失灵的可能性，因此提出政府干预经济，克服市场的失灵，这个观点是正确的。但是，凯恩斯没有研究市场为什么会失灵？特别是市场经济为什么会呈现出周期波动？为什么会有"大萧条"？他没有研究，只是说私人部门受"动物精神"的影响，而"动物精神"是说不清的，是不稳定的，市场经济因此会发生波动。为了稳定经济，需要政府动用财政政策和货币政策减少市场的波动。但是如果你不知道为什么会发生波动，看到它涨起来时，就要把它压下去；看到低落时，就要把它拉起来，这样的政策对策相当于治标不治本的大夫。病人来了先量体温，如果发烧，就扔给你一个冰袋，降温；如果体温偏低，就给你一床被子，或者蒸桑拿，升温。这不是好医生，好医生要研究为什么你会发烧，他不会仅仅给你一个冰袋或者退烧药，他要把发烧的原因找到。但是凯恩斯主义不去探究发烧的原因，看到你有温度，就扔给你一个冰袋。我们现在国内的政策也是这样的，GDP增长跌下来，怎么办呢？拉动内需，4万亿扔下去。我们今天没时间在这里讲，"4万亿"是个大忽悠，算来算去得不出4万亿，但到今天官方也不给数据。不问原委，热了给退烧药，冷了就洗热水澡，这就是凯恩斯的办法。

对于这样的药方，很多学者感觉是不够的，必须研究市场经济为什么会发生波动，必须研究为什么会产生当前的这场金融危机，把这个问题搞清楚了，才能下药方。不要看华尔街快崩盘了，你就叫政府来救援，政府救急有它的必要性，但是从长远来看，华尔街的问题并不是华盛顿所能解决的，这里讲的华盛顿指的是美国的政府。到底怎样来看这次金融危机呢？对于这个问题的答案直接影响到目前的政策，直接影响到今后的几十年市场经济到底往哪里走，所以我觉得这是一个非常重要的问题。

首先要回答，这场金融危机的原因到底是市场失灵还是政府失灵？如果是市场失灵，那毫无疑问，在市场失灵的地方政府要充分发挥作用。但如果是因为政府失灵呢？答案就是改造政府。谁来改造呢？只能是民众。

我本人倾向于认为，两类失灵都有，但两者的关系不是各打五十大板，等我讲完了政府失灵和市场失灵之后，再解释在这两类失灵之间，哪一个是源，哪一个是流；哪一个是本，哪一个是末。

这次金融危机产生于价格扭曲，市场经济中的一个非常重要的价格——资金价格被人为扭曲。资金的价格是什么？就是利率。熟悉经济学说史的人马上就会说我是奥地利学派。对的，在这个问题上，我同意奥地利学派的观点，市场价格不能人为扭曲，否则就要产生资源的错配，就要造成经济结构的失衡，这次不幸又被奥地利学派言中。当年能够预言 1929 年大萧条的，只有两个人，都是奥地利学派的杰出代表，一个是米塞斯，一个叫哈耶克。这里还有一个故事，米塞斯在教书时，有一家商业银行请他去做研究，薪水比在学校当教授丰厚得多，他不去。一天米塞斯和太太散步路过这家银行的大厦，太太说这个银行大楼多漂亮，在这工作，挣钱比学校多，我们有更好的生活，为什么不去呢？米塞斯说这家银行很快就要倒闭，我不愿意加入一个即将失败的商业机构。几年之后这家银行确实倒闭了，"大萧条"期间，很多银行没能逃过一劫。他们预言了"大萧条"，但算不出灾难发生的时间，像地震一样，研究人员可以标出地震带，但是无法算出地震发生的时间。科学解释不了的，是哲学和宗教的领域，不管人类如何发展，不管认识能力提高了多少，不管积累了多少知识，不管科学技术多么先进，这个世界永远有一部分是我们无法理解的。

人为压低了资金价格，也就是扭曲利率的结果是货币超发，以格林斯潘为首的美联储从 2000 年之后执行了低利率政策，而且保持了长达两年多之久。货币超发，美国的商业银行的信贷超发，制造了美国战后历史上最大的资产泡沫。泡沫在哪里呢？房地产。从 2001 年开始，到 2007 年中房地产泡沫破灭，次级按揭在地产泡沫中扮演了重要的角色。什么叫次级按揭？就是不合格的房屋抵押贷款。本来借按揭应该有收入证明，在流动性泛滥的年代，银行手中资金太多，急于贷出去，李四没有收入证明，没关系，给我一个电话号码，老板的电话号码，打过去问张三，说李四是你的雇员吗？对方说是的，年收入多少？回答是三万美元。OK，电话挂上，收入证明就算有了。大家都知道张三是谁，他是李四的哥儿们，北京话叫"托儿"。

按揭要有首付，先付相当于房价 30% 的现金。首付的作用是克服信息不对称引起的道德风险，信息不对称的第二个问题是负向选择。在流动性泛滥的情况下，美国的商业银行把首付比率一降再降，最后降到了零。这位李四说，免首付还不行，我月供也付不起，银行就免他三个月的月供，李四登鼻子上脸，说三个月还不行，银行最后免他六个月的月供。如果市场上有这样的好事，零首付，免六个月的月供，你会干什么呢？每个人都赶紧去借一个次按，先白住六个月房子再说。到第七个月，银行来讨月供，李四说我没钱，破产吧！他为什么这么痛快呢？因为一分钱没花，银行说我要把你房子拿走，他说你拿走好了，反正我一分钱没花！

这样的次按银行怎么会做呢？现在回过头来看，大家觉得银行怎么会糊涂到这种地步？脑子进水了吗？难道他不知道这里的风险吗？原因在哪里？房价在不断上升。银行说李四还不了款没关系，我把他房子收回，到市场上卖了，六个月前，我们签合同的时候，房子值50万美元，现在已经变成60万，还赚了10万，银行觉得没风险，有抵押品在，房子价格在不断上涨。房价为什么不断上涨呢？因为银行的次按资金在源源不断进入市场，这个现象就叫泡沫。泡沫的最重要性质就是预期的自我实现，泡沫可怕之处正在于预期的自我实现。银行的老板对信贷员说，这个李四连收入证明都没有，怎么可以放款呢？信贷员说怕什么，房价会涨的。六个月之后李四违约时，房价果真涨了。于是商业银行继续发放次按。贷款越多，房价涨得越高；房价涨得越高，银行感觉风险越小，越是大胆放款。

商业银行非常理性，不仅房价在上涨，华尔街还帮助商业银行把次按打包，做成证券化产品卖给投资者，回收现金，转移风险。次按债券产品卖给了全球的投资者，美国的房地产泡沫就通过这个渠道散布到世界的各个角落，包括中国，我们的中国银行买了次按为基础的产品，工商银行也买了。原本是局部性的泡沫风险，通过金融产品的创新，传播到了世界各地。现在泡沫破灭，把大家都拉下水。

回顾这个过程，我们仔细思考一下，到底是市场失灵还是政府失灵？政府失灵在什么地方呢？政府首先把利率搞错了。政府有没有可能把利率搞对？合适的利率应该是多少？如果中央银行不知道合适的利率是多少，为什么要让格林斯潘决定利率呢？如果有人操纵股票价格，立即法办，美联储操纵货币价格，为什么没有人法办它呢？个人在市场上操纵价格要蹲监狱，格林斯潘操纵价格，人们都说他伟大，这个世界真的很不公平。政府失灵体现在搞错了利率，低利率政策保持了太长的时间,但是美国人现在不敢谈这一点,一谈这个,它就得承担责任,一谈这个,美联储在目前的危机救援中就不能扮演英雄了。美联储现在是英雄、救命稻草、白马王子,实际上它不过是在扑灭一场自己亲手点燃的大火。错误的利率政策造成资金价格的扭曲,人们以为资金便宜,纷纷借债,家庭的负债率节节上升,金融机构的杠杆率节节上升。

雷曼兄弟为什么倒台?投资出现亏损,它持有的 CDO、MBS 的价格暴跌,资产缩水怎么办?负债项下要相应减值,具体讲就是股东权益,但雷曼兄弟发现股东权益没多少,一减就变成了负数,资不抵债,只好关门。问题在哪里?杠杆率太高,资本金太少,雷曼的杠杆率 30 多倍,欧洲金融机构甚至更高,50、60 倍。杠杆率就是资产负债比,30 多倍的杠杆率也就是运营 100 块钱的资产,只有 3 块钱是他自己的资本金,剩下的 97 块钱都是借来的。雷曼为什么借这么多呢?钱太便宜了,基准利率才 1%,贷款利率不到 2%。金融危机之前,大家都称赞雷曼的杠杆率做到这么高,提高了净资产收益率。在市场上能以很低的成本借到钱,为什么不借呢?金融机构追逐利润最大化,多借钱可以为股东多赚钱。今天大家都说华尔街的金融家太贪婪了,人谁不贪婪?在座哪一位敢说自己不贪婪?我不敢,我的贪婪程度不亚于华尔街,只是我没本事做金融,只能站在这里讲课赚钱。

如果把人性贪婪作为这次金融危机的起因,那就错了,为了防止危机再次发生,你就一定要改变人性!人性能改变吗?我们的老祖宗早就说了,江山易改,本性难移,你想让大家都变成雷锋,都不贪婪,怎么可能?不仅没有可能,也不应该,我们在经济学原理中上来就讲,企业的目标函数是利润最大化,消费者的目标函数是预算约束下的个人效用最大化,不都是贪婪吗?市场经济的基础就是每个人都最大化自己的利益,别相信媒体和政客的说辞。

资金价格扭曲,利率低于自然利率,所谓自然利率就是在没有政府干预的情况下,由社会资金供给和资金需求决定的市场利率,有了中央银行以后,可以人为扭曲利率,使得利率长期偏离自然利率,也就是偏离了市场利率,造成了金融机构的高杠杆问题,造成了资产泡沫。在人类历史上,离开了资金的支持,没有一个泡沫能够存在和膨胀下去,别说华尔街的金融衍生产品,中国的君子兰、荷兰的郁金香泡沫背后都是资金,没有资金流入,预期就不能自我实现。总结这一次金融危机的教训,政府有着不可推卸的责任,特别是美联储有着不可推卸的责任。

市场有没有问题呢?当然有,但不是人性贪婪,也不是监管力度不够。我认为最大的教训是在微观层面上的激励问题,金融机构也罢,投资者也罢,风险和收益失衡,导致了过度的创新。创新的结果是产品过于复杂,没有一个人能说得清楚。这次金融危机的一个重磅炸弹就是CDO,本质上就是MBS,经过金融工程加工过的 MBS,以次按资产产生的现金流为基础,打包做成债券,按照风险和收益切块,找来评级机构评级,让投资者购买。风险偏好比较低的买 3A,收益也比较低;风险偏好比较高的可以买 3B,获得较高的收益。评级机构忙得不亦乐乎,钱没少赚。现在大家又骂评级机构,说是你们昧良心,只知道赚钱,没和投资者讲实话。在商业利益面前,讲良心是没有用的,把我放在同样的位置上也会做同样的事情,这是由激励机制决定的,评级机构从发行者那里拿钱,拿人钱财,替人消灾,它怎么可能对投资者负责?评级机构缺乏诚信,我们要找到问题的根子,才能找到解决问题的钥匙,改变它的激励,不是说市场失灵就一定要政府监管。

在微观层面上风险—收益失衡,创新过度,金融产品过于复杂,谁也不知道如何为金融产品定价,CDO 到现在找不到定价公式,产品太复杂了。金融产品没有定价公式,相当于菜市场里面卖菜没秤,怎么卖呢?但是大家为什么没有秤生意也做了?没有定价公式也买了?手中的钱太多,他要投资生利。定价公式不是很简单的事情,可以值很多钱,学术上可以值一个诺贝尔奖,发明布莱克-舒尔茨定价公式的两个教授就因此获得了诺贝尔奖。最近华尔街一个业内人写了一本书《我们自己制造的麻烦》,讲华尔街怎样迷失在自己制造的复杂的金融棋局中了。但和政府的问题比起来,市场的问题是末,政府扭曲了利率是本,两者不是同等地位。如果没有这么低的利率,就不会有信贷的泛滥;如果没有信贷的泛滥,就不会有资产泡沫。华尔街的金融创新只不过在资产泡沫中推波助澜,而波澜的源头在美联储。中国人讲,风起于青萍之末,这次金融风暴起于华盛顿的美联储大楼。

现在人们只谈市场失灵,不讲政府失灵,一说就是华尔街惹的祸,金融家太贪婪,金融衍生产品太多,就是没人讲美联储的货币政策。我前些天写了一篇文章,"陆克文和凯恩斯错在哪里?",批评澳大利亚的总理,因为他在《财经》杂志上发了一篇文章,"社会民主党人在当前形势下的作用"，认为这次金融风暴是市场失灵的结果，是市场过于自由。昨天刚接到一个澳大利亚的朋友给我发了邮件，说你在澳大利亚已成名人了。为什么呢？我的文章发在澳大利亚的网站上，来自澳大利亚的邮件说，我讲了他们不敢说的话。

不讲自己过去的失误，政府反而以救世主的身份出来收拾残局。奥巴马发了一个美国金融体制改革的蓝本，丝毫不谈政府的过失，继续扩大美联储的监管权限，但谁去监管美联储呢？美联储捅了这么大的娄子，为什么不管管它？如何防止美联储再次的政策失误？如何防止伯南克变成格林斯潘第二？这个问题不解决，下一场金融危机的爆发只是时间早晚的问题。

现在的美联储饮鸩止渴，继续超发货币，在目前的情况下，还说得过去。为了防止金融体系的崩溃，特别是雷曼兄弟倒台之后，全球的金融体系瘫痪，美联储和世界的各地银行有必要向金融体系注入流动性，防止整个体系的崩溃。但当金融体系整体崩溃的危险已经过去时，没有必要让这些多的货币在经济中继续游荡。前几天 G8 峰会讨论过多余货币的退出，是不是该把多发的美元回收呢？消息一传出，道琼斯指数当天跌了 2% 以上，奥巴马经济委员会的主任赶紧说没这回事。现在不回收流动性，危险就是通货膨胀，我们很有可能进入一个滞胀的时代。为什么？你看美联储的货币怎么发的，美国的狭义货币在 2001 年后的低利率时代平均增长 6%—7%，就造成了美国最大的资产泡沫，现在伯南克时代的增长率是 16%！早就超过了格林斯潘。当然超发货币中的一部分是为了稳定金融体系，但如果不能及时回收，就无法避免通货膨胀。

超发货币的另外一个目的是刺激投资和消费，可也没有发生明显的作用，钱没有进入实体经济，经济不反弹，反弹的是油价，是大宗商品价格，国内反弹的是楼市、股市。按照全球的经济目前的状况，世界主要的经济体都陷于衰退之中，对原油的需求疲软，这个时候油价不降反升，原因就是货币，就是过多货币造成的通胀预期。对付通胀有什么办法？买实物资产呀，所以国内的房价、国际上的油价、铜价都和通胀预期有关。实物资产价格上涨，实体经济仍然萧条，这就是滞胀。油价上涨对中国有什么影响呢？高油价的最大受害者就是中国，我们现在 50% 的原油依靠从国外进口，油价推动国内原材料、能源价格上涨，中国也有可能是滞胀。怎么防滞胀？要回收流动性。可现在是麻杆打狼两头怕，不收流动性，通胀预期起来了，收了流动性，又怕经济刚回暖一点又掉下去。这个货币政策的时点和尺度不好把握，不是凡人可以操作的，需要超人。我们再一次把自己的命运寄托在美联储的身上，但是伯南克比格林斯潘高明吗？格林斯潘捅出了这么大的娄子，我们有什么理由相信伯南克不会犯错误？历史证明，美联储从来就没有把握好货币政策。

现在我们可以小结一下了。危机是怎么产生的？危机之后全球的货币体系应该怎样改革和重建？世界各国的货币政策应该怎样操作？这场金融危机给我们的教训是什么？错误的货币政策产生泡沫，泡沫的破灭对全球经济的打击是灾难性的。如何防止资金推动的泡沫再次出现？如果我们的结论是没有人能够操作好货币政策，格林斯潘把握不好，也没有理由相信伯南克可以把握得好，怎么办？那就别做了，瞎折腾什么呢？中央领导同志讲不折腾。一会说经济过热，我要收紧银根，一会又说经济过冷，要松银根，折腾出好结果了吗？怎么让中央银行不折腾呢？剥夺它的货币供应决策权。奥地利学派提出一个主张，就是重回金本位，金本位和纸币体系有什么本质区别？纸币的供应在央行和政府的手里，金本位的货币供应在上帝手里，凡人有谁能比上帝高明？上帝给这个世界多少黄金，你就用多少货币。金本位完全剥夺了中央银行和政府随意操控货币的权力，这个剥夺有道理，政府永远给不出正确的货币供应量。既然你做不出正确的决策，那就不要做了，让上帝、让自然来决定。

有人说黄金产量增长缓慢，跟不上全球经济的发展，这样会造成通缩。我倒想要问一下，你既然可以容忍纸币体系下的通胀，为什么不能容忍金本位下的通缩呢？你口袋里的钱越来越值钱，有什么不好呢？非要通胀，口袋里的钱贬值才高兴吗？大家不要问许教授讲得对不对，要问许教授讲得有没有道理，要问是否符合逻辑，是不是值得思考。当然，重回金本位有很多技术上的难题，如果在概念上可以接受，技术上的问题不难解决。黄金的供应跟不上全球经济的发展，有点通缩就是了，如果实在不能容忍通缩，就把白银也拉进来，搞个金、银混合本位制，让金、银一起流通，白银的产量总够了吧！再不够就把更多的贵金属放进来，做成一个篮子。

总之一句话，剥夺中央银行的货币供应权。中央银行不管货币供应干什么呢？解散呗！所以奥地利学派主张解散中央银行。芝加哥的货币学派不同意，弗里德曼认为金本位不好，因为生产黄金的成本比较高，而纸币的生产成本就低多了，他从成本的角度考虑，但也看到中央银行操控货币供应的危害。弗里德曼说纸币可以用，但一定要立法规定货币供应，不允许中央银行任意改变货币存量，他提出货币供应每年增长 3％。为什么呢？可能是因为中国人说过，事不过三。3％基本上是美国的 GDP 平均增长率，货币增长跟上经济增长就行了。别说格林斯潘比我们大家都聪明，能够先知先觉，预见到经济要冷要热，提前把握好尺度，拿捏准确。你把握得了吗？市场如果能被人所把握它就不是市场了，自然如果能被人改造它就不是自然了，这是一个哲学问题。

自工业革命以来，人类的头脑有一点发昏。我们掌握的自然力量越来越多，从火到原子能，我们积累的知识越来越多，人类开始想入非非，说我们认识自然的目的是改造自然，于是真的就去改造自然。结果是什么呢？我们在自然面前碰得头破血流，今天再也不敢提改造自然了，今天的口号是顺应自然，保护自然。为什么呢？你改造不了，什么改造不了呢？你无法完全认识自然。在自然面前，人类最好的策略就是顺其自然。今天大家都接受这个观点了，为什么呢？人类意识到自己在自然面前永远是渺小的，永远有无法认识的，永远有无法驾驭的。对市场是一样的，现在还有人讲要驾驭市场，不知在说什么昏话。市场不可驾驭，你只有老老实实地顺应。从哲学角度讲，金本位很有道理。

如果没有金本位，一定要考虑如何管住中央银行，不能让它乱来。要认真地考虑弗里德曼的固定规则，把货币政策规则提上议事日程。美元为中心的国际货币体系也已经到了非要改革不可的时候，不能再以美元为中心。提出这样的观点和民族主义没有任何关系，请不要把民族主义卷进来。最近九部委发了一个文，叫作政府采购，国货优先。记者问我怎么看，我说这不跟奥巴马一样吗？奥巴马主张美国人和美国政府买美国货，如果咱们买国货是对的，那奥巴马也是对的；如果认为奥巴马是错的，那我们也是错的。后来我的学生告诉我，网上有人骂我是汪精卫、李鸿章。

以美元为中心的国际货币体系有什么问题呢？全球的经济已经一体化了，但世界的主要货币——美元的供应却仍然是本地化的，这是一大矛盾，这个问题要尽快解决，一个本地化的货币无法适应全球化的经济发展的需要。美国人制定货币政策，他才不管中国、俄罗斯、印度怎么样，他只考虑自己经济的情况，但他的货币又是全球流通的。这个问题不解决，美国人一定有超发货币的冲动，超发货币可以收铸币税，等于全球向他纳贡，谁手中握有美元，谁的购买力就被他偷走一部分。他滥发美元的结果就是下一次泡沫，泡沫一旦破灭，又是世界各国埋单，这个体系已到了非改不可的地步。对于人民币的国际化，国内的网民提出的大多是民族主义的理由，经济学家认为根本的问题是货币发行的收益和成本的严重不对称。学者要忠于自己的研究结果，既不应附和政府，也不应附和民众。我认为未来的货币体系有几个问题要解决，货币供应的本土化和经济全球化的矛盾；第二要管住中央银行，无论是金本位还是固定的货币政策规则，这个问题一定要解决。

未来的金融市场，大家都说现在要监管，奥巴马也说要监管，我们国内的政府部门也说要监管，但是监管是治标不治本，而且有可能带来意想不到的结果。我们都把金融创新过度看成这次金融危机的一个原因，由政府来监管金融创新的呼声日益高涨。对于公共政策，必须进行成本—效益分析，如果由政府监管金融创新，会有什么结果？华尔街的金融创新过度，金融产品过于复杂，问题不是金融家太贪婪，不是职业操守或道德水准太低，而是在微观层面上，激励机制出了问题，公司治理机制出了问题。一个金融创新团队七八个人，三四台电脑搞出一个创新产品，给公司带来巨大的收入，这个团队可以获得数亿美元的奖金，主要负责人分到几千万甚至上亿美元。如果创新产品失败了呢？也就是奖金少拿一点，说是运气不好。这就是微观经济学讲的风险和收益的不对称，这个不对称不能靠政府监管来纠正，要调整激励机制。我有一个建议，以后投资银行搞创新产品，不用监管部门批，让创新团队的每个成员都买，投入自己相当部分的收入，让他在创新的时候自己掂量掂量，是否推出这个产品，产品怎么设计。要从激励机制、从收益和风险的配比上想办法。

在现有的公司治理结构下，创新对华尔街是低风险高收益的业务，市场上当然就会创新过度。如果靠政府监管，我们就从一个极端走向另一个极端，金融创新产品送到官员那里审批，他会怎么想？他的第一目标是别出事，一出事就破坏社会和谐了，成了政治问题，他就要丢乌纱帽。创新如果成功,对他有什么好处呢? 没有任何好处。从来没听说政府官员批了一项创新,成功后发你 200 万奖金,可失败了就要负责。政府官员管创新是高风险、低收益,结果就是没有创新。中国为什么没有金融创新? 就是因为我们的创新都要送到监管当局那里去批,你去考察一下监管者的激励机制,就能理解为什么中国没有创新,统统管死了。你也不能责备政府官员,这是由体制和激励机制决定的。为了促进中国的创新,当务之急第一条要取消审批,我们从来没见过一项创新是审批出来。华尔街创新过度,华盛顿创新缺失,这是在两个魔鬼之间的选择,不是魔鬼和天使之间的选择。如果是魔鬼和天使的话,根本不用选择,谁选择魔鬼啊?! 但是华尔街和华盛顿是两个魔鬼,华尔街贪婪,华盛顿也贪婪,只不过贪的东西不一样,华尔街贪钱,华盛顿贪权。

金融创新到底怎么办呢? 只能在两个魔鬼之间选一个危害小的,也就是两害相权取其轻。华尔街的机制怎么改革? 评级机构从债券发行人那里拿钱,它必须对发行人负责,你不能责怪他,这是它应该遵守的职业道德,谁给钱向谁负责,人家是你的客户,客户是上帝。为了改变三大评级机构目前的状况,不是靠政府监管,而是要重新设计商业模式,改变激励改制,改成对投资者负责。评级机构不能从发行人那里拿钱,要从投资者那里拿钱,这是解决问题的根本之道。我和惠誉的人讨论过这个事,我说你们的商业模式有问题,从投资者那里拿钱有没有可能呢? 惠誉说不可能,一个投资者买了评级,市场上所有的人就都知道了,没人再愿意花钱买评级了,信用评级就成了公共产品。商量半天,最后觉得让交易所做评级大概是可行的。如果交易所也做不了,只好由投资者自己去评,每个投资者都做评级,当然会增加全社会的评级成本,但有什么办法呢? 这个世界上没有天使,只能在魔鬼里找一个最温柔的,最优方案往往无法实现,甚至次优也做不到。

金融机构呢? 有必要重新考虑合伙人制,公司倒了,合伙人一文不名,倾家荡产。现在大金融机构都是公众公司,这里有问题,公司倒闭,股东倒霉,投资者倒霉,高管人员换个地方,还当他的总经理。实行合伙人制的话,公司规模要小很多,但这个世界可能就是无法容纳大型金融机构,特别是金融机构变成公众公司之后,高管的风险和收益严重不对称,委托代理问题解决不了,只好缩小公司规模,搞成合伙人制。

要更多地从制度的角度来考虑克服市场失效的办法,不能一听说市场失效就政府管制,我们已经形成习惯性思维,市场失效靠政府,但是我们有没有想到政府失效怎么办呢?市场失效可能还要靠市场,不是说水多了加面,面多了加水。市场失效靠政府,可能靠不住,因为政府同样会失灵。CDO市场上没有定价公式,难道政府就有定价公式吗?如果投资者和股票、债券发行者在市场上信息不对称,政府的信息同样不对称。华尔街信息不对称,有什么理由相信华盛顿的信息就对称呢?看到了市场失灵的可能性,但对政府失灵的可能性只字不谈,这是凯恩斯主义的最大问题。我们生活在一个非完美的世界中,再有效的市场也会失灵,再有效的政府也会失灵,因此经济学研究的是一个有可能失灵的市场加上一个有可能失灵的政府,这是我们研究的对象,既不是十全十美的市场,也不是一个有缺陷的市场加上一个十全十美的政府,而是同样不完美的市场和政府。这是我们今后研究的课题,如果谁能在这方面取得突破,另外一个诺贝尔奖在等着他,已经有越来越多的人意识到这个课题的重要性。

现在我们讲讲金融危机对市场经济的影响,在发达市场经济国家,可以预见政府干预的增加,监管的扩大。在新兴市场,同样涌动凯恩斯主义的浪潮,政府越来越多地卷入经济,国进民退,市场化的进程受阻。一个很现实的问题摆在我们面前,经过了三十年的经济改革,中国的经济会往哪里走?我们在这里提供一些研究的思路。

美国的鲍莫尔教授把市场经济分为四类,第一类是创新型,以美国为代表;第二类是大公司型,欧洲与日本是这类的典型;第三类是政府和大公司联手的权贵市场经济,例如苏哈托统治下的印尼,马科斯统治下的菲律宾;第四类是政府指导下的经济,历史上德国的俾斯麦时期属于这一类。我们现在是第三类还是第四类,还是介乎两者之间?鲍莫尔认为,创新加上大公司的混合型是比较理想的,大公司的作用是把创新产品和技术用大规模生产的方式,普及到社会上去。但是大公司无法挑起创新的重任,大公司的官僚主义管理结构决定了它不可能像小型的创新公司那样,永远充满活力。大家如果有兴趣,可以读一下鲍莫尔教授的书《好的市场经济和坏的市场经济》。

金融危机之后,现实的可能性是监管更加流行,监管是双刃剑,它会抑制创新,发达国家的创新能力将来可能会下降,1990年代美国出现的创新浪潮，以互联网为代表的创新，也许在今后相当长的时期内看不到了。在发展中国家，可能的潮流是政府指导下的市场经济和权贵市场经济。

但权贵市场经济有很大的问题，首先是效率低下，社会的资源用在建立和维持私人关系上。中欧我的一个学员讲，他现在每天做两件事，一手抓市场，一手抓市长。我说你这就是权贵市场经济的典型代表，依靠管制和政策，取得在市场上的特殊地位，用这个办法来赚取超额利润，不是把你的资源和精力投入到创新、投入到成本的节约，投入到企业效率的提高，而是投入到关系的建立和维护。这样长期发展下去，企业就没有效率，因为它不需要有效率，它的生存发展不靠效率，靠关系。企业没效率，经济也就没有效率。权贵市场经济的第二个问题在官员这一方，官员通过和企业结盟，可以将手中的权力在市场上变现，这就会激励他去造租、寻租。造租的结果是限制了经济中的机会，特别是投资和就业的机会，权贵市场经济因此解决不了充分就业的问题。政府官员在这儿设卡，在那儿设限，卡的作用是造租，造出来后再寻租。但是一卡，就把工作卡掉了。现在我们有 4000 万人待业，今年 600 万大学生找不到工作，不是没有工作机会，而是机会无法实现。我们一再强调要重视服务业，服务业有大量的工作机会，但是由于政府的管制，资金进不去，人员进不去。金融服务、通讯服务、医疗卫生服务、文化教育服务、媒体娱乐服务，这些行业里有多少工作机会？但是由于政府管制，在高速公路上扔电线杆子，车开不进去。在经济发展速度放慢的时候，我们有办法保证就业，但是电线杆子横在路上，搬不开。权贵市场经济第三个问题是破坏了公平和正义，因此破坏了社会的稳定。公平和正义是社会稳定的基础。苏哈托的印尼不稳定，他的家族据说控制了印尼 GDP 的三分之一，马科斯的菲律宾也不稳定，凭什么总统的子女亲戚大把赚钱？机会不平等，人心就不稳。

我在这里给大家描绘了一幅不甚光明的前景，如果我们意识到这些问题，深入进行思考，特别是我们的决策层，如果能够广泛听取各方面的意见，能够从国家和社会的长远发展着想，我们有的是办法，最根本的就是坚定不移地走市场化的道路，通过改革开放释放中国经济的活力，把中国三十年市场化的改革推进到新的阶段。

就讲到这里，谢谢大家！

提问 现在的经济要恢复到原来的水平需要很长的时间,但是索罗斯说中国可能是例外,我想听一下你的观点。

许小年 我在北京碰到过索罗斯,没有听到这句话,如果他真的讲过,我会感到惊讶,索罗斯是一个蛮严谨的人。上一次克鲁格曼来的时候,大家也问他中国经济是否可以率先走出危机,他说确实对中国不太了解,尽管中国有很多美国没有的条件,例如中国的财政、银行体系是健康的,因为不了解,他没法给出很明确的回答。我相信索罗斯对中国的了解也非常有限,是否讲过这话,我就不知道了。

我不认为中国会率先走出衰退,要想走出衰退,必须纠正目前存在的全球经济失衡。简单地讲,就是以美国为代表的发达国家靠过度借贷维持繁荣,现在已经走不下去了,必须调整,去杠杆化,就是美国的整个经济要降低负债水平。用商学院的语言讲,资产负债表不健康,要削减债务,增加资本金。美国的家庭不得不节衣缩食,减少消费,增加储蓄。金融危机之前,美国的储蓄率是零,我们难以想象家庭储蓄率为零怎么过日子呢? 靠借钱过日子,现在银行无力再借,家庭必须存一定的钱,有一定的资本金,才能恢复正常的消费。消费占美国经济70%,消费不恢复,美国经济没办法恢复。美国的金融机构在忙着注资,处理坏账,也是修复资产负债表,这些事做完了,经济才有可能复苏。

中国和美国正相反,中国的问题是过度投资,过度储蓄,储蓄已经成了中国人的文化和生活的目的,存这么多钱做什么呢? 企业投资,政府买美国国债。中国经济有着严重的结构性问题,我们消费太少,投资太多。怎么调呢? 降低投资,增加消费,你再投资过剩产能怎么办? 我们现在各行各业都是过剩产能,钢铁行业6亿吨的产能,4亿吨的国内需求,过剩两亿多吨。过去投得太多了,现在拉动内需应该主要是消费,但是我们目前看到的政策都是继续拉投资。所以说金融危机以来,我们的经济政策基本上都是错的,会使中国经济的结构失衡问题更加严重。美国人现在不能再消费了,中国人不能再投资了,今天没有时间细谈,这是全球经济一体化过程中出现的两国经济的失衡。

提问 您认为在中国现有的情况下发生滞胀的可能性有多少呢?

许小年 中国的滞胀应该在美国之后,这个胀不是在CPI上,不是胀在实体经济中,而是胀在资产价格上,通过资产价格的通胀传导到实体经济。2007年中国的通胀怎么回事呢? 一个是国际粮价,一个是国际油价，所以 2008 年奥运会主题曲就是"You and Me，油和米"。这次美联储滥发货币，引发大宗商品价格上涨，再传导到中国成为通胀，但是需求不会起来，所以实体经济还是滞。需求中最大的投资没有起来，外贸也没有起来，胀是由成本推上去的，从美国那边过来的，当然中国这边我们的货币发得也不少，前五个月的广义货币增长率 26％，过去的广义货币增长率是 16％，将来全是祸水。

提问　通胀和通缩两个都不好，我觉得其实通胀、通缩本身不是重大问题，关键是分配合理的问题，如果从这个层面来讲可能还是通胀更有利一些，因为多发了一些货币可能发到以前没有货币的人，金本位可以不干活，始终享受整个社会生产力上升带来的好处，是这样吗？

许小年　不是这样的，通胀、通缩我都可以接受，就物价来讲，目标不是控制通胀，也不是防止通缩，目标是价格的稳定，而不是价格的绝对水平。不管是胀还是缩，稳定就好，只有价格稳定，全社会才能形成稳定的价格预期，有了稳定的价格预期，企业的活动、家庭的消费才能稳定，经济才能稳定。所以并不是说通胀比通缩好，或者一定要通缩。至于通胀、通缩对收入分配的影响，今天没有时间讲了。

提问　就您刚才对第一个同学的回答，我想顺着提一个问题。你说刺激国内消费，有人说国内消费的重点在于刺激农民的消费，我听到有些人传说农民一直是弱势群体，政府不想让农民舒服过日子，您有什么看法呢？

许小年　刺激消费，我在各种场合已经讲了很多。刺激消费，要改变资产的分配，现在资产分配明显不合理，一是财富向国有部门集中，国家这一块越来越重，民间的比重越来越轻。国家和民间有什么区别呢？国家的资产不用于消费，全投资了，国有企业赚的钱不能用于消费，而民间赚的钱是可以用于消费的，所以我非常赞成把国有股全分给老百姓，国有资产变成个人的，马上就可以促进消费了。第二个，你刚才讲农民，我感觉非常好，要把土地还给农民。中国的农民是非常辛苦的，我们建国六十年，欠了农民很多的账。全国刚解放的时候没有办法，那个时候为了进行工业化，为了搞资本的原始积累，在一个农业国从哪积累？只好剥夺农民，这一点我们政府都承认的，只能靠剥夺农民进行工业化。通过集体化获得了对农产品的定价权，然后用剪刀差剥夺农民。改革开放三十年，我们城镇经济的繁荣同样离不开农民，工厂如果没有农民工,会有这么多利润吗?现在到了把好处还给农民的时候了,最实惠的政策就是把土地还给农民,把地权落实到农民的个人头上。不要再说土地的集体所有制,大家都知道集体所有制就是官员所有制。谁不知道土地到外面卖是多少钱,你给农民搬迁费给了多少呢?中间的差价有多少呢?差价都跑到哪里去了?应该把土地还给农民了,要让农民迅速增加资产,增加资产性的收入,尽快提高生活水平,我们的农民确实太苦了。

提问 今天我看到一家网站的标题是房地产救经济,我们看到的现象是资本市场价格提升房地产的繁荣和资本市场的繁荣,股票市场的繁荣刺激消费,我们也看到一个现实,经济滞胀资产价格会膨胀,带来的后果是什么呢?跟我们的现实看到有反差。现在的经济滞胀,包括资本市场的价格攀升可能是虚假的繁荣,也会刺激消费。

许小年 资产价格上升对消费有作用,但是这样的作用无法持续。今年一、二季度宏观数字好转,很大的原因是前五个月政府大把花钱,银行大量放贷。财政还能这么花下去吗?说不清,因为我们的财政不透明,但有理由表示怀疑,税收已经比较紧张了。银行可以继续这样放贷吗?新增贷款已经从一季度的平均每个月 1.5 万亿降到了 4、5 月份的 6000 亿,银行这么烧钱很难持续,而且不应该持续,烧出将来的一堆坏账,这是对国家经济长远发展不负责任的表现。尽管目前的表面繁荣还会持续一段时间,房子卖得火,那就接着卖呗,但是我相信不能持续。什么时候跌下来,我也不知道,取决于政府下一步的政策,如果继续压着银行放款,还可以再撑一段,最终把银行搞垮,那时怎么办呢?我们不希望这样的事情发生,前几年,好不容易把几万亿的银行坏账清理了,不能再因为我们的错误决策把银行搞得伤痕累累,银行的坏账都是老百姓的储蓄。我能够理解政策制定者的短期行为,但是社会、公众、知识分子要发出声音,要有长期眼光,要替国家和经济的长远发展着想,不能只追求短期经济数字的好看。

(2009 年 6 月 20 日发表于上海交大 EMBA 名家论坛。2010 年 8 月 14 日修改)

凯恩斯主义害了中国

依赖烧钱的经济复苏不可持续

当前刺激经济的政策无异于饮鸩止渴

日前来看,宏观经济各项指标都显示出较快的回暖,2010 年第一季度的 GDP 上升了 11.9%,4 月份的采购经理人指数也维持在 50% 以上,已经连续 14 个月在 50% 以上。我在很多场合讲过,从去年下半年到今年一季度,宏观经济数字好转,当然要先假设这些数字都是真实的,回暖的主要原因是去年超量的信贷供应,极为宽松的货币政策,我把它叫做"烧钱效应"。这个"烧钱效应"能不能持续下去,取决于政府能不能继续烧钱。你烧钱、印钞票当然会起到刺激作用,就像一个病人一样,给他输血、输氧,他的精神头肯定会上来,但是他的病好了吗? 没有! 中国经济的病是什么? 是结构性的病,投资过多,消费过少,单纯依赖投资和外部需求驱动经济的增长,这样的增长模式是不能持续的。我们最近看到总书记的几次讲话,一再强调要加快转变经济增长方式,而我们烧钱的结果,非但没有改变过去的经济增长方式,反而使传统增长方式引起的结构失衡问题更加严重。

你喝了毒药,口渴的感觉能够暂时消失,后果是什么? 大家都知道。

应该怎样判断通胀

我认为资产价格和商品价格都应该看。学术界对这个问题是有争论的,格林斯潘就任美联储主席之后,就开始关注资产价格,但还是在

2001 到 2004 年间执行了过于松宽的货币政策,造成次按资产泡沫。但是我们知道,资产价格和商品价格都用货币政策来调节的话,实际上是非常困难的,一个政策只能管一个目标,货币政策的目标到底应该是什么,在理论界没有一致的看法,我倾向于采用弗里德曼的"固定规则",就是货币供应和 GDP 增长大致保持一致,票子发多了,超过实体经济的需要,不是 CPI 通胀,就是资产价格通胀。

宏观调控没有科学依据

我曾提出过一个观点,"宏观经济学是伪科学",之所以说它是伪科学,主要是因为它没有诊断就乱开药方。经济发生波动,政府去调控,减少波动,使经济运行更加平稳,这是人们想要实现的理想目标,但这样的做法存在两个问题:第一个问题是宏观经济的波动到底是怎么产生的,是什么原因引起的,应该不应该调控。第二个问题是政府能不能调控好。如果不知道周期波动是怎么产生的,高了就打压,低了就刺激、提拉,那就是没有周期理论的反周期政策,病因还没诊断清楚,药方就开出来了。

凯恩斯主义是一个头痛医头、脚痛医脚的宏观经济学,所以说它是伪科学。他不问病人到底为什么病了,为什么发烧,为什么发冷,只是物理疗法。烧了,让你洗冷水澡;凉了,就让你蒸桑拿,不问背后的原因是什么。宏观经济学要想成为科学,首先要研究的问题是经济周期的波动到底是怎么回事,是什么因素引起的? 只有回答了这个问题之后,我们才能看清楚政府能做什么和不能做什么。

如果经济周期波动是新技术引起的,比如说互联网,或者铁路,铁路在一百年前是一项重大的技术创新,把运输效率一下子提高了不知道多少倍。那时候大家全都上铁路投资,投资驱动下,经济增长速度上来了。政府一看,说经济过热,要紧缩调控,有道理吗? 毫无道理! 不仅没有道理,而且会阻碍铁路这项技术的推广应用,会阻碍生产力的提高。碰到这样的经济增长高峰时,政府应该做什么? 什么都不应该做! 乐见其成。当铁路的建设基本完成以后,投资下降,经济跟着就下去了。政府一看说经济下滑,赶快刺激需求,财政增加开支,央行大发钞票。这政策有道理吗? 铁路铺完了,全国性的铁路网已经建完了,你刺激什么呢？没有新的投资机会，钱往哪儿用啊？

第二，就算是头痛医头、脚痛医脚，政府能不能消除头疼？答案是消除不了。政府的政策在很多场合下非但没有使经济平稳发展，反而加大了经济周期波动的幅度，原因是政府不能准确预测未来经济的趋势。

政府想把震荡波的波峰削掉，想把波谷填平，前提是要对波动有很准确的预测，在准确预测的基础上，能够在正确的时点上使用正确的力度，推出正确的政策。如果时间、力度选择不对，工具选择不对，宏观调控有可能放大而不是减少波动。比如今年一季度的 GDP 增长11.9%，我怀疑是 12%以上。一看到".9"这样的数字，就像想起到商店里面买东西，9.99 元，就是不上 10 元。12%的增长就是去年的货币发行过度，造成了在全球萧条期间中国经济的过热，所以它才把数字拉下来，"11.9"让大家觉得还没上"12"。

去年烧钱太猛了，结果经济大起，大起后面跟着的就是大落。说宏观经济是伪科学，就在于政府能不能精确地、有预见性地操作宏观政策，起到稳定经济的作用。

稳定汇率和抑制通胀只能二选一

央行现在有很多政策目标，既要维持人民币汇率稳定，又要控制通胀，这根本不可能。我个人赞同防通胀是第一目标，也是我们《人民银行法》里规定的，维持人民币币值的稳定。一石二鸟的事在经济学中是没有的，既要马儿跑得快，又想马儿不吃草的事不存在。你想一个政策工具管多个目标，最后的结果是哪个目标也管不住。那么在多个目标当中，你进行选择的话，我会选择通货膨胀，别的目标只能放弃。

人民币汇率稳定和抑制通货膨胀是冲突的，熊掌和鱼是不可兼得的。我赞同人民币汇率升值，从经济学的原理上来讲是没有疑问的，学界也取得了共识。

紧缩银根才能挤泡沫

解铃还需系铃人

现在国务院和央行都在着手挤泡沫了。我们先要问一下，泡沫是从哪儿来的？挤泡沫的时候大家都说"政府做得不错"，我们有没有想到，泡沫就是政府自己制造的？消防队灭火成了英雄，我们想没想到，纵火者就是正在灭火的政府自己。第二，它能不能灭火？这就取决于灭火的方法。灭火的最好的办法就是想一想当初火是怎么放的，大火起于货币供应失控！如果现在想灭火，就得坚决紧缩银根，把过去倒出去的汽油都收回来，否则的话，火会继续燃烧。如果只是在火上拿一床湿被子盖一盖，而没有把过去放的汽油都抽回来，火还会烧的，最后把你这床被子也烧掉。

资产泡沫的产生有两个最重要的原因，我在我的文章里也讲过：第一货币供应过度，通胀预期起来了，老百姓感到自己的储蓄在贬值，为了防止储蓄损失价值，他们要把钱从银行拿出来，购买实物资产。现在国内能买的实物资产除了房子就是黄金，没有别的，所以房价、金价哗哗地往上涨。第二个因素是房屋供应严重不足，这个是和土地政策连在一起的，而土地供应又被地方政府牢牢地控制着，因为地方政府的财政靠土地吃饭。供给和需求的最基本的因素没变，只是采用行政手段打压楼市，你想想能打下去吗？打不下去！真正解决资产泡沫的问题，要把去年多放的货币抽回去，加息、提高准备金率，不管用什么样的措施，把过去放的汽油抽回去。第二，增加土地供应。土地供应不增加，房屋供应不增加，房价怎么可能下去啊？价格是供给和需求的反映，仅仅靠行政手段打压，越打越坏事。

你想一想，在政府打压的情况下，地产商怎么办？它减少开发量，推迟开发，推迟买地，因为未来的不确定性提高了，等等看再说吧。开发商都是这个心态，未来房屋的供给更少，房价一旦涨起来，将比过去涨得还凶。现在需求也被打下去了，购房者也觉得不确定性太高，房价说不定会降，如果看到房价没降，这些被压制的需求一下子爆发出来，那是不得了的事。所以你不改变根本的供给和需求的关系，仅靠行政手段，解决不了根本的问题。

央行的紧缩力度远远不够

今年以来，央行通过公开市场操作，发央票回收了6040亿元，三次上调存款准备金率，冻结了资金9000亿元。这个力度不够大？去年发了10万亿元贷款呢，现在抽回去了多少啊？还有，动了那么多政策手段，为什么不动利率？现在的实际利率是负的，就按政府的数据算，CPI 是 2.8％，存款利率是多少？最高一点几吧？

换句话说，老百姓现在银行存的钱，每天都在亏。老百姓很理性，如果存钱每天都在亏，当然要拿出来购买实物资产了。如果你不把利率抬上去，不把真实利率变成正的，老百姓对于实物资产的需求会继续非常旺盛，打也打不下去。

保"8"毫无意义

有人担心，打压楼市、加息会降低中国经济增速，造成失业，这个说法是毫无根据的。为什么就非要保"8"呢？广东人喜欢"8"，因为觉得吉利，政策制定者喜欢"8"，道理在什么地方？依据在哪里？如果中国只有"8％"才能保证充分就业，那其他的国家早就发生社会动乱了。哪一个国家的经济增长有中国这么快？他们是怎么解决就业问题的？解决充分就业的关键不在保 8、保 9、保多少。保证充分就业的关键，实际上总书记最近讲过了，是转变经济增长模式。

政府靠"铁公机"——铁路、公路、机场拉内需，投资那么多，创造了多少就业？你拿出数据来。我们重型机械制造业、钢铁、水泥、汽车，解决了多少就业？全都是资本密集型的，生产过程高度自动化，不能有效地创造就业。要解决中国的就业问题，一定是要转型。转型到劳动密集型的服务业，中国经济不需要"8％"，也许"5％"就能够实现充分就业。"8％"是对一个旧的框架、一个旧的增长模式讲的，如果用发展的眼光、改革的眼光、转换经济增长方式的眼光来看，这"8％"是没有道理的，不用那么高的 GDP 增长，完全可以实现充分就业。

改革阻力来自政府

2009 年我提出一个观点，"中国需要邓小平，不需要凯恩斯"，意思是中国还需要进一步的市场化改革，光靠政府烧钱解决不了问题。但进一步改革很难，阻力来自政府，政府在市场经济中已经成为一个利益集团，改革要触动利益，政府又是最大的利益集团，所以很难推动。

例如土地供应，刚才我们讲了，为了降低房价，必须增加房地产的供应量，增加房地产的供应，必须增加土地供应，而要想增加土地供应,必须把土地从地方政府手里解放出来,让土地进入市场,通过市场配置土地。楼价高、地价高的时候,土地自动进入市场,土地供应增加了,地价、楼价也就下来了。现在市场机制不能发挥作用,因为政府紧紧地攥住土地。土地都在政府手里,它不希望低地价,而想抬高地价,高地价意味着很高的卖地收入。因此,中国的房价连着土地制度的改革,土地制度的改革又涉及地方政府的利益,你不解决它的财政收入问题,土地制度改革无法推进,房价、房屋供应的问题解决受到牵制。

要打破这个僵局,就需要进行财税体制改革,不能让土地财政成为常态,不能让地方融资平台成为常态。

地方政府可能步希腊债务危机后尘

现在一个是土地财政,另外一个就是地方政府用各种各样的办法拼命借钱,根据政府自己的统计,有 8000 多个地方政府融资平台,这8000 多个中的每一个都有可能成为"迪拜"。

地方政府债务状况严重,甚至有可能步希腊债务危机的后尘。从整个国家来讲,中国成为希腊的可能性目前来说不是太大,但是沿着这条路走下去,最终就是希腊。很有可能在这里、在那里出现各式各样的"迪拜",地方政府破产。现在要不是这么捂着、盖着的话,估计有不少地方政府日子已经过不下去了。因此中央现在很着急,要清理,但是清理又涉及利益,哪有那么容易? 这都是去年我们执行凯恩斯主义留下来的后果,凯恩斯主义说,为了刺激经济,政府借点债没关系。但政府一借就上瘾,像抽大烟一样,抽着舒服啊,不像改革那么痛苦。凯恩斯主义害人不浅,把希腊害了,又来害我们。

对中国经济学界很失望

市场优于政府

我对市场的信念来自于两个地方:一个是社会伦理,另外一个是效率。从伦理的角度讲,一个社会必须具有对正义、对善的共同认识,如果没有,这个社会就会散掉。在现代社会,能够为所有社会成员认同的伦理标准是什么? 社会正义是什么? 我认为只能是对个人权利的尊重，对个人自由的尊重，而要想保证个人的权利和自由，只能实行市场经济制度。

在个人的自由中有非常重要的一条，就是个人交易的自由，这不是我说的，是亚当·斯密讲的。在法律的框架下，个人利用所有能够得到的手段谋求自己的经济利益，任何对于他谋求自己经济利益的限制都是非正义的，都是不道德的。为了保证交易自由，一定要搞市场经济，不能搞计划经济，政府不能干预经济，除非全体国民允许它这样做。任何对于经济的干预都是对个人交易自由的限制。

比如房地产，凭什么政府规定 70％以上的房屋都是 90 平方米以下的？政府这样规定了，就限制了消费者的选择自由。你要知道，住多大的房子，这是消费者的权利，你不能侵犯他们的权利。你做出这样的规定，也侵犯了房地产开发商的自主经营权。在现代社会中，消费者的选择自由、企业的经营自由，都是他们不可侵犯的权利。任何政府对于经济的干预，都会侵犯个体的权利、侵犯个体的自由。所以，从社会正义的角度来讲，一定要搞市场经济，只有市场经济才能够保证人们的交易自由。

第二个考虑是效率，从理论和实践上我们都可以证明，市场的效率远远高于政府。中国经济改革开放 30 年，已经一而再再而三地证明了这一点。我们没有任何理由再退回去，让政府越来越多地干预、甚至主导经济，没有任何理由！因为政府的干预，政府的主导，只会阻碍社会生产力的发展。邓小平的伟大之处就在这里，不要问姓资姓社，只要对社会生产力的发展有好处，咱们就干，就可以试，这就是他的伟大之处。

社会正义与效率，这两点是我坚信市场经济的原因。

经济学界让人失望

经济学界在 2008 年经济危机中的表现非常令人失望！但这是可以理解的。在上一次全球性的经济危机，也就是 20 世纪 30 年代的大萧条的时候，经济学界的反应也令人失望。那次大萧条之后，产生了凯恩斯主义。刚才我已经讲过，凯恩斯主义从学术的角度来讲，存在着很多致命的漏洞，到今天凯恩斯主义者也没有给出很好的回答。二战之后，凯恩斯主义流行了一二十年，大家看到不行，凯恩斯主义推行不下去了，于是才有西方、东方的改革。

在 20 世纪 70、80 年代，一个席卷全球的改革浪潮兴起，美国有里根推行的改革，英国有撒切尔夫人的改革，前苏联有戈尔巴乔夫的改革，中国有邓小平的改革。当然，在西方是对于凯恩斯主义的一种反省，否定凯恩斯主义，重新回到市场的轨道上来。在东方是对计划经济的否定，彻底抛弃计划经济，走向市场经济。

这一次危机之后，对危机产生的原因，到现在学术界没有给出令人满意的回答。如何防止危机再次爆发？也就是亡羊补牢的措施，经济学界也没有给出令人满意的解决方案，所以我本人对学界是极为失望的。

上世纪大萧条之后，起码有思想家出来反省、讨论、争论。一方以凯恩斯为代表，主张政府干预；另一方以哈耶克为代表，坚定地相信市场。相信市场并不意味着我们认为市场是完美的，市场不完美，市场有很多缺陷，但是有缺陷的市场和有缺陷的政府比起来，我们宁可选择市场。凯恩斯主义的问题正出在这里，他在看到市场缺陷的同时，假设了一个无缺陷的政府，这是凯恩斯主义方法论和认识论上最大的问题。

市场是不完美的，没有人说过市场是完美的，从亚当·斯密开始，从来就没有人说市场是完美的。我们能做的是不断地进行制度上的改革、制度上的调整、制度上的创新，来弥补市场的不完美，提高市场配置资源的效率。而凯恩斯主义者因为市场的不完美，否定市场，再假想一个完美的政府来代替市场，这是凯恩斯主义最大的问题。其实凯恩斯本人没这么说，也没有建议用政府替代市场，但是在世界各国凯恩斯主义的实践中，由于政客们自身利益的需要，就尽可能地扩充政府，形成了用政府替代市场的倾向，这是非常糟糕的，我们要为之付出沉重的代价。等看到代价的那一天，我们会想起来，哈耶克、弗里德曼这些经济学家对市场效率的论证、对市场公平性的论证，会看到他们的先见之明。

国内的知识分子不独立

国内的经济学界，最大的问题在我看来，是不研究问题，既不深入研究现实问题，也不思考理论问题。一些学者热衷于进宫召对，这是中国古代知识分子的最高理想，金榜题名，然后蒙皇上赏识，进宫献策。

现代社会要求的知识分子和古代的最高理想有很大的出入，现代社会要求知识分子是独立的，他要以发现真理、宣传真理为职责，跟利益集团没关系，跟政府没关系，跟民众也没关系，既不媚上，也不媚下。我们现在是有些人媚上，有些人媚下，他不独立。不独立怎么能做研究呢？不独立怎么能揭示真理呢？如果哥白尼跟着教会走，就不会有"日心说"。当然，知识分子不独立，原因不全在他们，我们也没有一个允许知识分子独立的环境。

经济学家要忠于自己的良心

我比较欣赏的经济学家是亚当·斯密，亚当·斯密之后是哈耶克，比哈耶克稍晚一点的经济学家，国内知道的并不多，是熊彼特，他们两位之后是弗里德曼。而国内的经济学家则乏善可陈。

经济学家怕的就是"一把剪子，一把票子"，凡是跟着剪子、跟着票子走的我都反感。在我看来，经济学家最重要的品质就是忠于自己的良心，最恶劣的品质当然就是违背自己的良心啰。

（2010年6月1日载于《网易财经》"意见中国——经济学家访谈录"栏目）

宏观经济学真是伪科学

　　刚才几位讲的意见我不敢苟同,预测宏观经济和政策是非常不靠谱的事。我一直在研究宏观经济,讲授宏观经济学,认为在商学院里,不要把宏观经济学搞成必修课,选修课就行了,甚至取消我也没有意见,因为这是一个伪科学。我做宏观经济预测,越做越沮丧,不是因为老输给北大教授,而是发现北大教授不过是跟统计局的关系好一点。

　　宏观调控也不靠谱,要求国务院恰到好处地调节经济,既不过分又不欠缺,这是件很难的事。宏观调控的前提是准确地预测未来经济走势,否则政策的超前性就无从谈起,政策实施到产生效果有个时间滞后,因此政策必须超前,超前就需要准确预测,而预测依靠个人的判断,充满了误差,有很多不确定的因素。在中国做预测,还有一个大问题,那就是真实、可靠的数据。

　　我们的数据有多可靠?谁说得清呢?我们最近的宏观调控神了,想让通胀下来时,它就真的下来了,CPI 可能是在下降,但 4.9％的数怎么也碰不上,把分项的通胀加总,得不到 4.9％。去年 GDP 增长 11.9％,电力消耗增长 14％,根本对不上,GDP 的增长通常大于电力消耗增长。按照 GDP 的构成也就是消费、投资、净出口计算,去年的 GDP 增长应该在 14％—15％之间①。如果数据也充满误差,有意识和无意识的误差,我们这些宏观经济学家还有什么好预测的?干脆失业算了。如果不能很好地预测将来,经济政策怎么可能恰到好处?所以我说宏观经济学是伪科学。

---

① 国家统计局后来将 2007 年的 GDP 增长数字调整为 14.2％,见 2009 年《中国经济统计年鉴》。

我认为当前应该讨论的问题不是 GDP 增长速度下降,要不要重新放松货币政策,这些不是问题的关键。关键是货币政策的时点和力度你能把握好吗?你知道什么是理想的时点吗?怎么保证既不早、又不晚?力度也是问题啊,小了不到位,大了又可能过头。数据误差、预测偏差,你预测不准,货币政策上就要犯错误。这次美国闹出这么大的事,就是它的利率过低,扭曲了资金价格,金融创新过度,流动性泛滥,造成资产泡沫,泡沫破灭引发金融海啸。追到根子上,都是格林斯潘的错。格林斯潘个人的历史地位在几个月内发生了戏剧性的变化,从有史以来最伟大的银行家,坠落到次按危机的罪魁祸首。格老这么聪明的人,大家过去当神一样崇拜,货币政策怎么捅了这么大的娄子啊?货币政策不出大麻烦,已经是万幸了,还谈什么恰到好处啊?!

政策目标不是调节和稳定经济,而是不犯大错误,保证国民经济在稳定的宏观环境中运行,这是个现实的也相当好的目标了。弗里德曼在《美国货币史》一书中,回顾了美国货币政策,用数据和事实说话,不像我们这几位今天在这里空口无凭地争论。他指出,美国 1970 年代和 1980 年代的货币政策根本就没有平滑经济,正好相反,货币的波动引发了美国的经济周期波动,货币政策不是经济的稳定器,而是经济周期波动的发生器,是经济不稳定的根源。因此弗里德曼讲,为了稳定经济,最好的货币政策是稳定的货币政策,不是一会儿松,一会儿紧。从这张图上可以看得很清楚,货币政策的波动在前,经济波动在后,谁是原因,谁是结果,一目了然。

我们在宏观经济面前、在市场面前,要有敬畏之心,不要幻想自己能够参破市场的奥妙。市场是什么?是超越我们认知范围的力量。什么是自然?自然就是超越人类的认知能力的世界。工业革命之后,人类的头脑发昏,说认识自然的目的是改造自然。现在不说了吧?为什么?我们终于意识到,大自然是无法改造的。货币学派的核心思想是什么?弗里德曼的哲学是什么?这个世界上有超越人类认知的力量,不要以为我们比市场高明,比自然、比上帝聪明,不要以为我们可以驾驭市场,改造自然。受到自然的严厉惩罚之后,人类学乖了,最好的办法是顺应自然,认识自然的目的不再是改造自然,而是顺应自然,保护自然,与自然和谐共处。

宏观经济学就是为驾驭市场而设计的,如果市场不可驾驭,还研究宏观经济学干什么？有微观经济学就够了。外部环境总在发生变化，不要问如何稳定外部环境，要问为什么我们的经济和企业缺乏应对的灵活性，要问如何以微观改革应对目前宏观环境的剧烈变化。为什么人民币升值5%，一些中小企业就活不下去？《劳动法》颁布后，为什么劳动力成本上升10%，企业经营就发生困难？为什么企业的利润率长期那么薄？怎样增加中小企业抗击风险的能力？微观改革的紧迫性远远大于对宏观形势的预测。

我想讲的就这些，下面讲什么？市场吗？其实该讲的全讲过了，他不听，赌注越下越大，最后看怎么收场。现在为了托市，把央企也弄进去了，就差国务院、财政部自己买股票了，还有什么招儿？你进去了，是在底部吗？如果市场还没有到底，央企停止购买的那一天，就是市场狂抛的时候，任何一个理性的投资者都会这样做，在央企买最后一笔之前全抛出去。怎么判断这个市场到了底部？首先要判断上市公司的盈利是否到了底部，这就要判断中国经济增长是否到了底部？刚才说了，不可能预测准，因此不可能有人抄到底，真正抄到底的都是坐在家里、睡梦中抄到的。如果你能算出底部在哪，这就不是市场了，市场有相当一部分是不可知的。

经济学中有一个定律叫做边际效益递减，托市政策的边际效益也是递减的。党刊发社论，中央电视台给市场鼓劲，央企入室，都没有反应，你才买了2500万，杯水车薪，忽悠谁啊？资本市场上也是国进民退，股市国有化之后再怎么玩？这还是市场吗？这些问题不考虑，老说美国救市咱们也救市。

美国救市和中国救市有什么区别？他要不救，他的金融体系就跨了！为什么美国财政部长鲍尔森给议长佩洛西（音译）下跪？求国会批准救市资金，救晚了，整个金融系统土崩瓦解。中国救什么呢？不知道在救什么，股指跌到2000点，我们的金融体系就要崩溃吗？中国经济就完了吗？请在座的记者报道时手下留情，要说我反对托市，明天我就上不了街啦。

我赞同于颖刚才讲的，小孩子开始走路了，你推出一个轮椅；他可以吃固体食物了，还喂他奶粉，而且是三鹿牌的。这样市场什么时候能成熟起来啊？市场成熟程度不看指数在6000点还是在2000点，要看投资者是否能够根据风险和收益给资产定价。眼看投资者开始研究基本面了，对经济的未来感到担忧时，股价下跌，股市开始反映经济的波动，就要成为经济的晴雨表了，政府又来横插一杠子，等于告诉股民：不要看基本面，看我的政策！大家于是又跟政策走，又回到政策市。只有价格反映价值，资本市场才能有效配置资源。现在市场好不容易有了些正常功能，政府的干预又要把它敲下去。

市场健康发展的根基是什么？是对资产价值的理性分析，在理性分析的基础上决定交易行为，形成价格，反映资产的内在价值，再通过价格信号指导全社会的资源配置。市场是有实实在在的经济功能的，不要把它当成工厂，当成民生工具，它是配置资源的。

就讲到这里。谢谢大家。

（2008 年 9 月 27 日，在由中国证券市场设计研究中心、《证券市场周刊》杂志社主办的"2008 中国宏观经济预测秋季论坛"上的演讲。2010 年 8 月 23 号修改）

央视曝光执法者犯法

近来很少看央视，因为它常让人想起"文革"期间的大标语。

前两天朋友来电，问看没看央视的报道，证监会工作人员涉嫌内幕交易。听说还没有，朋友叮嘱：赶快上网，慢了可能就看不到了。

上网一看，消息还在，视频不见了，而且没有股民跟帖。

不是股民觉悟高，就是政府的效率高。

政府不光效率高，而且廉洁。上次听说证监会官员出事是好几年前了，一位处长拿发审委的名单卖了钱，那数目换到今天都拿不出手。

在高效、廉洁政府的管制下，我们建成了具有中国特色的证券市场。看看外国的市场，怎一个"乱"字了得，今天内幕交易判两个，明天虚假信息抓一双，刚处理了安然的假财报，又去查麦道夫的老鼠仓，直把监管者累吐血。媒体还嫌不乱，狂曝内幕，动摇比金子还要贵的信心。瞧咱的市场，规范、清静、有序、和谐，除了印花税调来调去，就没有不稳定因素，除了指数跌破"政策底"，就没什么好调查的。

这么好的市场，股民不用担心。

需要担心的是央视记者，虽然做了该做的事，却要承受不该承受的压力，记者因说真话而受处罚、丢工作、遭恐吓、被打、被劫、被抓的，并非没有先例。

菩萨保佑，好人平安，慎言慎行，近期少在公开场合露面。

这是什么世道儿？做好事就像做贼似的。

（2010 年 3 月 29 日）

3　改革的瓶颈

清除经济中的堰塞湖

　　唐家山堰塞湖的排险牵动着亿万人心。在政府有效的组织和指挥下，解放军官兵夜以继日地奋战，爆破开挖导流槽，轰炸堵塞水流的巨石和漂浮物，终于使泄洪流量超过入湖流量，堰塞湖面水位下降，下游城市和民众免于一场后果难以想象的水灾。

　　唐家山排险的胜利，首先应归功于大力疏导的正确方针。如果不是疏导当头，而像传说中大禹的父亲鲧一样，加高加固堤坝，一味防堵，势必造成湖内水位的不断上升，溃堤的灭顶之灾就只是时间问题。

　　在市场经济中，制定经济政策的指导思想也应该以疏导为上。

　　近期原油价格暴涨，但因下游的成品油价处于政府管制之下，炼油企业无法将原油成本的增加传导出去，出现了数以百亿人民币计的亏损，亏损额随着原油价格的上升而越来越大，形势如同一个巨大的堰塞湖。

　　面对亏损，企业理所当然地要减产，这不仅是对股东也是对社会负责的表现，诚如弗里德曼所言，企业最大的社会责任就是为股东赚钱。看到炼油厂的巨额亏损和沉重的财政补贴负担，人们当然要怀疑价格管制政策的可持续性，相应提高对解除管制的预期，也就是对未来成品油价上升的预期。在价格看涨的预期支配下，炼油厂、零售商和消费者理所当然地要抢购和囤积，令原本就存在的供需失衡进一步恶化。这也是为什么近几个月以来，油荒狼烟四起。在笔者所在的北京地区，卡车排起长龙，等候购买柴油；加油站纷纷"检修"、"装修"，预示着汽油供应短缺的即将来临。

　　今日成品油困境的起因看上去在外部，就像唐家山周边的溪流雨水对湖堤一样，国际原油价格上涨给炼油企业带来了日益增加的经营压力。然而堰塞湖堤的形成却是成品油价的行政管制，这才是不折不扣的内因。

在多变的环境中，自己不调整政策，而将家里的问题归咎于邻居，此法虽简便易行，却对家里的事情没有任何帮助。我们可以指责国际投机商兴风作浪，借机炒作原油；也可以抱怨石油输出国蓄意限产，坐收渔利；或者怪罪美联储滥发货币，听任过剩的流动性推高油价。国际原油价格的确和这些因素都有关系，但问题在于，我们既无法监管国际原油交易，也不可能决定他国的石油产量，至于美联储的货币政策，更在我们的影响范围之外。道义谴责或许可以作为现行政策的辩护词，却无法使原油便宜一分钱，也改变不了国内经济的风险随油价节节升高的现实。

实际上，就连国际油价的飙升也和国内因素有关。看涨油价的国际机构无不援引"金砖四国"（中国、印度、俄国、巴西）的高速经济增长，说明供给跟不上需求的步伐，油价的上涨乃必然结果。"金砖四国"中，对原油的需求又以我国为首，俄国和巴西自己拥有丰富的自然资源，印度经济以低耗能的服务业见长，而我国经济的增长一直靠高耗能的制造业带动，原油年平均消耗量为印度的 3 倍。1996 年我国原油基本还能自给，1997 年开始进口，十年间，进口量年平均增长 20％以上，2007 年达 1.5 亿吨，占当年全国消费量的一半。石油的勘探与开采需要较长的时间，即便世界上的产油国全力配合，也很难满足如此高速增长的需求。

如果这个逻辑成立，结论就非常清晰：在其他条件特别是美联储的货币政策不变的情况下，只要中国经济保持高增长，国际油价就会在高位徘徊。中国需求是否真的推高了油价并不重要，重要的是国际市场的参与者是否认同这个结论，只要他们相信油价和中国需求的联系，就会看着中国经济做多原油，油价当然也就居高不下。这个结论的政策含义也非常清晰，对于高油价引起的国内通胀，扛是扛不过去的，硬扛而不疏导，除了憋高堰塞湖的水位，不会有任何其他的作用。

堰塞湖高水位的危险是冒顶溃堤。当原油每桶 60 美元时，内外价格不接轨，到 100 美元时仍无动作，油价现已冲上 130 美元，国际投资银行预测 2008 年的价格为 150 美元，2009 年将到令人咋舌的 200 美元！难道我们一定要等到冒顶时才改变政策吗？须知国内外价差越大,解除价格管制的震荡越大,接轨的成本就越高,其道理和堰塞湖灾害的防治完全一样。如果迫于形势,最终不得不大幅提升成品油价,企业来不及调整,成本陡升,经营发生困难,而家庭开支的显著增加则有可能引起社会问题。

固守湖堤的政策带来另一个也是更为严重的后果,切断了上下游价格的传导,制造了能源廉价的假象,削弱了中国经济增长的可持续性,伤害了国家的能源安全。长期人为压低能源价格,高耗能项目因此而大量上马,企业缺乏开发和应用节能技术的经济动力,经济的总体能源利用效率长期低下。

据经合组织估计,按照购买力平价计算的单位 GDP 能源消耗,我国是日本的 8 倍,美国的 4 倍,印度的 1.5 倍。2007 年我国的购买力平价人均 GDP 为 5300 美元,日本为 35000 美元,美国为 45000 美元。如果不能提高能源使用效率,要想使我国国民的生活水平接近今天的美国,所需要的能源就是今天美国消耗总量的 30 多倍!我们到哪里去找这么多的原油、天然气和煤炭?国际能源价格将会涨到什么地步?那时又如何保证国家的能源安全?

为了实现经济的可持续增长和维护国家的能源安全,我们必须提高全社会的能源稀缺意识,必须尽一切可能降低能耗,而节能的最有效方法就是提高能源价格。解除成品油价格管制当然会使短期的通胀数字更难看,这就需继续紧缩银根,降低经济增长速度。在高油价的威胁下,周边的亚洲国家如印度、印尼、马来西亚、菲律宾纷纷提高成品油价格,减少财政补贴,同时运用加息等货币政策工具,抵消由此而来的通胀压力。我们为什么不能考虑同样的政策呢?

除了成品油外,我国经济中还存在着不少其他的淤堵。煤炭价格的大幅上涨和电价的管制形成了日渐扩大的另一"悬湖";粮价带动饲料价格上涨,牛奶价格的管制产生了同样的问题;而最为壮观的堰塞湖莫过于外汇储备。多年的贸易顺差使外汇洪水般地流入,但汇率管制的堤坝截断了宣泄的通道,于是外汇储备与货币供应齐飞,而货币供应的增加最终导致了通货膨胀。

堰塞湖要有泄洪渠,高压锅要有出气阀。市场经济中的均衡是相对的和暂时的,失衡则是常态。失衡所产生的压力要有释放的渠道,否则失衡的不断积累就可能酿成大祸,价格机制正是这样一个天然的压力释放器、供需协调器和经济稳定器。以价格管制应对国内和国际经济的变化,无异于加固堰塞湖坝,按住出气阀,假装一切正常,实则埋下日后决堤和炸锅的祸根。

我们什么时候能抛弃鲧的僵化,多一些禹的智慧呢?

(2008 年 7 月 28 日)

转变发展方式需制度变革

转变经济发展方式,在 1995 年党的十四届五中全会上明确提出以来,十几年过去了,现在重新提出,唯一的变化就是在前面加了"加快"两个字。这说明十几年间,中国在经济发展方式的转变方面没有取得实质性突破,我们已经耽误了很多时间。为什么过去十几年中,几乎每年都在讲转变发展模式,却又年复一年地复制传统模式?原因到底在哪里?我认为有两个方面:一是认识上问题,对转变发展模式迫切性认识不足,重短期、轻长期,重 GDP 增长、轻可持续性;二是落实措施出现偏差,重政府、轻市场,重规划、轻企业和民众在市场中的创造力。

转变发展方式的障碍

传统增长模式的一个特点是单纯追求增长速度而忽视效益,对于这种模式,多年来社会上存在着不以为然的态度,认为这不是什么坏事。另一个问题是,经济增长过分依赖投资和出口。对于这样的结构性扭曲,有人认为我国人均 GDP 在世界排名偏下,投资基础设施有很大空间;同时,我国科技水平总体仍然比较落后,劳动力素质差,短期不能放弃低端出口品。这些认识对发展模式的转变构成了很大的障碍。

经济增长若由投资驱动,发展的重点必然是资本密集型的重型制造业和基础设施,但这些资本密集型行业不能创造足够的就业机会,能够创造更多就业机会的是劳动密集型的服务业,而我国的服务业却长期落后。这就形成了一个恶性循环,就业越是不足,越是要拉高 GDP,拉动 GDP 就要靠高投资,但资本密集型项目上得越多,越是解决不了就业问题。依我之见,打破这种思路的办法不是"保八",而是加快转变发展增长模式,从制造业转向服务业。当我们的经济以服务业为主时,可能不需要 8% 的增长率,5% 也可以创造足够的就业机会,保持社会稳定。

发展的重点转向服务业,并不意味着放弃制造业,制造业需要升级换代,而升级换代靠的是研发、现代化的物流、资本和金融的操作,研发、物流、金融都是服务业。

至于传统经济增长模式中的出口导向,国内外形势已使我们低端的出口难以维持下去。在银行信用紧缩情况下,即使危机后,美欧对中国产品的需求也不会回到危机以前。这场危机所带来的波动,不是简单的周期性的,而是深刻的结构性的。即使欧美国家经济完全恢复,对中国产品的需求也不会回到过去的水平,不要以为危机过后一切照常,这只是一厢情愿的幻想。再加上国际贸易保护主义抬头,指责中国人为压低土地资金和资源价格,连发展中国家也加入了对华贸易制裁的行列。一个无法回避的现实是,如果不加快向国内市场的转移,势必将我国经济暴露在日益增长的国际风险之下。正如中央领导同志所言,国际金融危机实际上是对我国经济发展方式的冲击。

较之外部环境,内部形势的变化给我国传统出口行业带来了更大压力。内部压力来自于民众权利意识的觉醒,使我们过去低成本的增长模式很难再持续下去。例如征地,老百姓意识到,政府把他的地拿去卖了多少钱,就应该付给我多少钱,政府征地的成本越来越高,征地越来越困难。过去企业可以不顾环境成本,而现在同样由于民众权利意识的觉醒,环境成本显性化。此外,随着收入水平的上升,劳动力成本也在上涨。成本的上升使我国出口企业逐渐丧失了原有优势,作为传统增长方式的一大支柱,出口正面临着日益严峻的挑战,在这样的形势面前我们不能安于现状,更不能以增长模式转换的艰巨性、复杂性为借口,力图维持现状。

中国需要真正的制度变革

欲改变经济增长模式,单靠政策没有用,单靠中央号召没有用,真正需要的,是深刻的制度变革。没有体制上的重大突破,就难以实现发展方式的根本改变。

我们以消费—投资失衡为例,说明体制改革对于转变发展方式的必要性和重要性。传统的发展方式投资过重、消费过轻,现在外部需求疲软,国内产能过剩,由投资和出口驱动的传统增长模式这条路已经走不通了。分析一下 GDP 构成,只剩下一条,就是消费。尽快提升居民消费,已成为驱动中国经济增长的一个无可选择之选。但当我们需要消费支持经济增长时,却发现居民消费占 GDP 的比重,从 2000 年 46％滑落到 2008 年的 35％,在不到十年的时间里,降低了 10 多个百分点。

这个数字从另一个侧面说明,传统增长模式已经失去了目标。我们一直在为增长而增长,而不是为提高民众生活水平而增长,经济增长变成了目的本身。实际上,经济增长本身不是目的,而只是服务于终极目标的手段,终极目标毫无疑问地应该是老百姓的生活水平。但我们多年强调 GDP,已经养成了思维惯性,把手段当成了目标,结果是经济增长了,居民消费的比重却不断下降。换句话说,老百姓的相对生活水平在下降,在经济增长的蛋糕分配中,老百姓的消费份额越来越小。我们已经忘了经济增长的目的到底是什么。

造成消费不足的原因大概有四个。一是收入增长缓慢,尽管每年官方数字显示的收入增长速度与 GDP 大致相当,但这些数字多大程度上反映了真实情况? 谁也无法确定。二是社会保障体系落后,人们不得不自己存钱,以备不测之需,这也是中国的储蓄率为什么这么高的原因。三是房价暴涨,迫使老百姓不断增加储蓄,但存钱的速度怎么也跟不上房价的上涨。四是财富的积累向国有部门倾斜,而国有资产不能用于私人消费。

如果上述分析成立,那么将增长的动力从投资和出口转向消费就迎刃而解。

第一是减税,增加居民的可支配收入;第二是财政政策要从投资领域中退出,让更多财政支出用于充实社会保障体系,调整经济结构以及提升消费。第三是要增加土地供给,平抑房价。最后是资产的再分配,就是财富的分配向个人和家庭倾斜。

除这些政策外,城镇化是拉动需求的另一有效措施。城镇化一方面可以提高生产效率,另一方面可以创造新的需求。我国目前的城镇化水平是 46％,远远低于发达国家和新兴工业化国家,存在很大的发展潜力。去年中央经济工作会议提出，要以城镇化为依托，将需求拉动从投资和出口转到消费上来。

对于提高城镇化水平，仅发给农民城镇户口是不够的，要提供他们负担得起的医疗服务、教育和住房，为此就需要解除管制，开放在这些领域里的投资，鼓励社会资金进入，增加供给。作为促进消费的手段和拉动中国经济增长的引擎，城镇化需要我们跟着农民进城，而不是这样和那样的"下乡"，我们这几年的政策是不是把方向搞反了？需要重新检讨，与转变发展方式相适应的政策应该是向前看的，着眼于将农民转变为市民，将小农经济转变为集约化经营的大农业。

提升消费，抑制投资，需要制度改革，因为投资过重存在着深刻的制度根源，如 GDP 挂帅的干部考核指标体系等等。除此之外，还有人为压低土地价格、资金价格和能源价格，鼓励投资，鼓励上新项目。我们的税收以增值税为主，各级政府因此对投资乐此不疲，多多益善，企业赚不赚钱没关系，只要一开工，税收立即就有了。过度投资实际是一种制度病，单靠政府发文限制和严格审批解决不了问题，治标不治本，创造寻租机会而已，真正能够抑制过度投资的是综合性的制度改革。

首先就是要改变官员的考核体系，放弃考核 GDP，改为民众满意度。启动土地制度改革，建立真正的土地市场，让市场决定土地价格，让市场价格反映真实的土地成本。政府和国有企业应退出竞争性行业的投资活动，由市场决定投资规模和投资方向，让企业和投资者自己去平衡投资风险和投资收益。

传统增长模式中，还有一个明显的问题是服务业的落后。中国的服务业占 GDP 不到 40％，这同样是体制和制度造成的。现有体制中危害最大的是政府管制，重要的服务业如交通运输、空运、海运等，基本上是国有为主体，电讯服务业国有，金融服务业国有，医疗卫生、文化教育等行业，能够创造大量就业、提升中国经济素质和效益的服务业都处在政府严格管制之下，人为制造进入壁垒。政府要放松管制和解除管制，依靠市场和民众的力量，使我国服务业得到尽快的发展。

所有这些改革都是困难重重的攻坚战，因为每项改革都涉及了方方面面的利益，在众多利益中最大的就是政府自己。改革会触动政府各个部门的利益，利益重新划分，困难可想而知。为了克服政府部门的阻力，国家不妨成立一个独立的、直属中央领导的、与各部门、地方政府没有关系的国家改革委员会,摆脱政府部门以及社会利益集团的干扰。每个公民都可以对国家事务提出自己的建议,国家改革委员会广泛采纳各方意见,研究设计国家在经济、政治、文化、社会等领域体制改革方案。

如果有一天这个委员会能够成立或征召工作人员,本人愿意成为第一个报名者。

(2010 年 3 月 5 日载于《财经网》,8 月 16 日修改)

制度刚性阻碍经济转型

我讲的主题，如同报给大会的，是在经济转型过程中的金融开放，主要是金融的对内开放，而不是对外开放。当然，对外开放也是开放的一个重要内容。

正如有些同志讲的，我们处在近年来最困难的时期。外部环境发生了剧烈的变化，下一个礼拜，将是非常关键的时刻。如果美国政府应对金融海啸得当，或许可以避免美国金融体系的崩溃。如果最坏的情况发生，将不仅是华尔街的一场灾难，而且是世界金融体系的一场灾难。

国际金融体系发生剧烈的震荡，对于中国经济而言，我感觉直接冲击是有限的。我说的直接冲击，就是中国的金融机构买了多少雷曼兄弟的债券，中国的投资者包括政府，买了多少"两房"的债券，我们遭受了多大损失。这样的直接损失，我认为是有限的，不会对中国的经济构成重大的威胁，而间接冲击是我们目前要面对和认真研究的，间接冲击就是金融危机后的全球经济衰退对我们的影响。危机后，美国的经济衰退看来是不可避免的，而且是深度的衰退。美国经济衰退，会把欧洲、日本拉下来，日本二季度的经济已经负增长 3%，欧洲经济也正在下滑，西班牙和英国的房地产泡沫破灭，德国经济制造业指数下跌……这对我们国家的经济意味着什么？意味着长期以来外贸拉动经济增长的这条腿，现在已经虚弱无力，靠不住了。广州、珠三角的大量中小企业发生了困难，外部需求疲软，订单减少，劳动力成本上升，人民币汇率升值，等等。

中小企业目前的困难，表面上是宏观形势引起的。实际是微观层次上的问题，多年来从事低端的、简单的制造业生产，利润薄，抵御风险的能力差,无法对环境的变化做出及时的调整,调整自己的经营策略和产品方向,所以现在感到很困难。

外部需求减弱的同时,国内的投资增长速度正在下降。我们过去拉动经济的三架马车,一架熄火,一架减速,还剩一架是国内消费。但居民消费只占 GDP 的 35%,要想靠消费抵消外部需求和投资拉动力的损失,短期内可能性不大。今年下半年和明年,经济形势会更加严峻。

在这样的情况下,我们怎么去应对?外部经济环境的变化,永远会发生,你不能幻想在一个稳定的、一成不变的外部环境,这是不可能的。应对外部冲击,我们需要增加经济的弹性,增加经济的灵活性,增加我们企业的弹性和灵活性。但由于存在着制度的刚性,受到制度的束缚,我们的经济和企业不能对外部环境的变化做出及时的反应,这是我们最为忧虑的。

以中小企业融资为例,尽管中央银行增加了 5% 的贷款额度,戴着帽子给中小企业,但这 5% 的额度,很少会真正放到中小企业那儿去。做银行工作的都知道,现在你敢不敢给中小企业放款?敢不敢给房地产企业放款?不是信贷额度的问题,也不是银行的资金紧张,银行有大量的可贷资金,可是不敢放,在经济下行期,放了怕收不回来。

宏观形势变化,激化了微观层面上的矛盾。中小企业融资,从来就是一个难题,不光现在,过去就是,将来也还会是个难题。这不是宏观问题,不要把微观问题宏观化。同样,也不要把宏观问题微观化。我们现在老是把这两类问题混在一起。中小企业融资明显是个微观问题,我们偏要把它看成一个宏观问题。控制通货膨胀明明是宏观问题,我们偏要把它微观化。

中小企业融资问题的解决,是要靠解除金融管制。我不愿意讲金融创新,世界上为中小企业服务的金融机构,到处都是,用不着创新。中小企业融资难,根子在于过度管制。投资基金、PE、VC 发展不起来,也是卡在审批上。为什么 PE 要审批呢?我搞不清楚。PE 两个字,是私人股本的意思,私人股本为什么要政府批准呢?企业需要钱,有人愿意投,这是民间私下的契约,自愿基础上的个人行为,为什么要政府批呢?今天晚上我吃上海菜还是广东菜,需要政府批吗?今天VC、PE 在我们国家形不成气候,原因就是审批这个拦路虎。凭什么要你政府批准？你是出资人吗？我个人的钱涉及公众利益吗？这个"P"，指是私人(Private)，不是"Public"，不用政府管。

政府过度管制。为中小企业融资的信贷机构，到现在也不能形成气候。孟加拉的穷人银行可以拿诺贝尔奖。我说这个奖，本应该是我们的，中国有5亿农民，有多少中小企业，穷人的银行应该首先在中国出现。结果孟加拉的穷人银行拿了这个奖。我们拿不到诺贝尔奖也就算了，在江浙、沿海地区非常活跃的钱庄，运行得很好，对当地经济的发展，发挥了不可替代的作用，没有这些地下钱庄，哪有我们今天的民营企业？政府应该做什么事儿？不能抡起"非法集资"的大棒子，把他们都赶入地下。什么叫"非法"？因为你没有法，我很愿意合法集资，但是法律在哪里？政府要做的不是打压，而是解除管制，颁布一道法律，比如说从下个月开始，所有地下钱庄一律合法化，让它浮出水面，到工商去注册一下，要满足最基本的监管要求，也就是资本充足率的要求就可以了。把地下钱庄合法化，让它解决中小企业的融资问题，这不挺好的吗？为中小企业融资从法律、监管上打开一条通路。不需要你搞什么创新，创什么新啊？市场上已有的就很好，你承认它，就带有创新的意义。不用审批，政府只监管，但不能是像现在这样的监管。

现在哪里是监管，已经变成了行政管理。管金融机构的操作，管人家的风险控制，管人家的机构设置，管人家的人事安排，这是过去计划经济体制下主管部门干的事儿，又把行政管制和监管混为一谈。

在新的环境中，要想让中小企业的发展进入一个新的阶段，政府要做一系列的法律、监管、制度上的配套。不需什么特殊政策，你就让我在市场上自由经营就对了，别动不动就扣"非法集资"的大帽子。改革基本都是非法的，要完全合法的话，中国的经济改革走不到今天。中国的改革大潮是由安徽小岗村的农民发起的，他们包产到户、分田单干的时候，完全处于非法状态。因为非法，大家都知道这里的风险，所以农民晚上关起门来，把窗户堵上开会。大家商量好，如果村长、书记这些带头儿的出了事儿，被抓起来，我们有责任把他们的子女养到成人。看到这一段，让人心酸。农民为什么冒这么大的风险？不过是为了吃饱肚子啊，为了有口饭吃啊。最后风声还是透露出去了，县委写了一份报告，说走资本主义道路，要严肃处理。幸亏当时省委书记是万里同志，幸亏当时主持中央经济工作的是小平同志，否则中国的经济改革从哪儿开始我们都不知道。包产到户,分田单干,到1989年才合法化,我们修改宪法,承认家庭联产承包责任制是社会主义生产方式的一种形式。这已经是十几年以后的事情了。十几年的农业改革都是非法的。中国民营企业的发展,哪一个不是非法的?刚开始的个体户,哪一个不是资本主义道路?雇佣工人7个以上,就构成剥削行为。

如果你到处卡得这么死,不要说创新了,就是市场中原有的、能够推动我国经济发展的组织形式、生产方式、金融机构,都没有办法生存下去。所以现在我们的当务之急,是要解除管制,要让市场发挥作用。在市场中,个人和企业知道如何应对外部环境的变化。我们的过度监管,把经济个体的灵活性、弹性、应变能力,全给管住了。这对中国经济的转型,是非常不利的。经济形势的变化和制度刚性之间的矛盾,将会长期地困扰我们。环境变了,经济的微观单位,个人也罢,企业也罢,知道如何应对,但不能应对,因为手脚全被捆住了。

现在外部需求不行了,经济要转向内需驱动。内需中投资也不行了,只能转向消费,而我们的消费只占GDP的35%,美国是70%。老百姓为什么不消费而总是存钱呢?他不存不行啊。你到农村去看看,家里有人生病,这个农民家庭就破产了,他花不起钱看病。我在当年下乡的村里,见到一个农民生病,问他怎么办,他说扛着呗,扛得过去就扛,扛不过去也没办法,他不敢去医院。很多农村的孩子,考上大学了,5000元的学费交不起,只好放弃。这反映出社会保障跟不上社会的需要,只能自己存钱,自己保自己。社会保障不到位,就没有办法把经济增长的动力从外需转向消费。

另一个转型是从制造业到服务业,同样碰上刚性制度的问题。我们的经济结构严重地向制造业倾斜,制造业占了GDP的50%,而服务业的比重不到40%,不仅远远低于美国80%的水平,日本的65%,就是和经济发展程度不如我国的印度相比,也低了10个百分点,印度的服务业占GDP的50%。可是我们向服务业转的时候,遇到了困难和阻力。因为我们大多数的重要服务业,都处在政府的严格管制和控制下。我想发展服务业,但进不去,因为有准入壁垒,有审批制。比如说金融服务,你要想搞金融业务,第一件事就是跑北京,拿批文。电讯服务、交通运输、港口机场、文化教育、医疗卫生、媒体娱乐等等,都是如此。

服务业是未来我们解决就业的出路所在，就业靠制造业是靠不住的。尽管我国的制造业占了 GDP 的 50%，可是它在就业方面的贡献，只有 27%。而服务业虽然占 GDP 的 40%，但它在就业方面的贡献是在 30% 以上，其余的就业还是在农村。但中国的城市化进程会继续下去。农村人口持续地进入城市，到哪里就业？希望都在服务业。在经济增长放缓时，为了创造足够的工作机会，维护社会稳定，一定要把发展的重点从制造业转到服务业，而要发展我国的服务业，首先要解除对服务业的过度管制，降低准入壁垒，以使资源、人力、财力能够更快地进入服务业。

我们确实要面临着挑战。经济环境确实在发生着剧烈的变化。我们怎样去应对？我们如何增加中国经济和中国企业的灵活性？如何增加中国经济和中国企业的应对能力？关键在于继续深化改革。而在深化改革的过程中，解除管制，又是一个极为迫切的任务。当然解除管制，也是说起来容易，做起来难。难，就是难在既得利益。这就需要形成社会共识，将中国的改革推向一个新的阶段。

谢谢大家！

（2009 年 9 月 20 日在"2008 上海陆家嘴金融博览会暨第五届中国国际金融论坛"上的演讲，原题"经济转型过程中的金融开放"。2010 年 8 月 13 日修改）

错在定价机制和政府垄断

今年以来,国家发改委四次上调成品油零售价,招致社会上的一片批评之声,民众纷纷抱怨国内成品油价已超过美国。为此发改委出面澄清,指中、美油价差在税收上。两大石油巨头之一的中石化更是罕见地拿出了数据,说明扣除税收因素后,国内零售价仍然低于美国。对于这样的辩解,社会各界并不领情,有学者进行了更为精确的计算,反驳官方的说法。

究竟谁对谁错?

双方都错了。错在问题本身,而不是答案。争论的问题应该是成品油的定价机制,而不是具体价格的高低;应该是价格管制的合理及合法与否,而不是政府所定价格的合适与否。

合适的成品油价是多少?我们谁也不知道,市场说了算。美国的成品油价不能作为中国的定价标准,因为美国市场上的供需形势和中国大不一样,比较中、美的价差是毫无意义的。生产成本也不是定价的基础。市场经济中,价格由供给和需求决定。

市场供给和需求决定的价格是最优的,在市场价格下,社会福利——生产者和消费者福利之和——实现了最大化,任何对市场价格的偏离,无论偏高还是偏低,都将导致社会福利的下降。这是一条经济学的基本原理。

如果政府定价高于自由市场的价格,不仅消费者受损,而且部分消费者嫌价格太高而退出市场,社会需求萎缩,石油公司的销售收入减少。这时即使高价带来的利润增加能够抵消产量下降的影响,厂商作为一个整体是受益的,我们也可以严格地证明,厂商利润的提高不足以弥补消费者的福利损失,也就是社会总福利必然下降。如果政府定价低于自由市场价格,厂商利润减少,部分生产商因价格无法覆盖成本而退出市场,供给减少,同样会造成社会福利的损失。

只有在市场失灵时,政府干预价格才有改善社会福利的可能性。人们熟知的市场失灵有外部性、公共品、自然垄断和信息不对称等原因,石油石化行业和哪一条都对不上,成品油价格管制得不到任何经济学原理的支持,因此是不合理的;第二,我国的《价格法》规定,政府决定价格之前,必须举行公众听证,而成品油价的调整从来就没有征求过公众的意见,因此也是不合法的。

对于一个既不合理又不合法的行政定价,争论高低有什么意义呢?这与逃兵的五十步和百步之争有什么本质区别吗?应该争论的是定价机制,是成品油价格管制的经济学基础与法理基础。

政府部门常以克服"自然垄断"为名调控价格,且不论石油行业是否自然垄断,就算此说成立,政府的介入应以降低价格为目标,防止垄断厂商伤害消费者的利益。为此,政府必须在降价的同时,向亏损厂商提供大量的财政补贴。然而在现实世界中,我们看到的却是行政定价给石油公司带来了高额利润,与克服自然垄断的初衷完全相反。

另一价格管制的理由是"综合平衡企业的成本和消费者的承受能力",在石油公司和公众的利益冲突中,政府扮演仲裁者的角色。如果接受这个逻辑,政府就应该"综合平衡农民的成本和城市家庭的承受能力",管制萝卜的价格和白菜的价格了。如此延伸到所有的产品和服务,我们岂不是要退回到三十年前的计划经济吗?

政府不能以协调利益为由管制价格,因为这将破坏社会公平与公正。如同体育比赛的裁判一样,居中的协调者必须是利益无关的第三方,而我国的石油公司都是政府拥有的。因为是利益相关方,在厂商和消费者之间,政府不可能保持中立,利益上的联系促使政府偏袒厂商。认识到这一点,就不难理解,为什么成品油价上调容易下调难。从这里也可以导出政府管制价格的前提条件:石油公司民营化,否则就无社会公平可言。

自由市场中的价格可能不"合理"、不"合适",或者不"理想",但毫无疑问是最公平的。如果规则是市场参与者一致同意的,如果规则的维护者与任何市场参与者的利益无关,市场价格就是最公平的博弈结果。至于具体的价格,永远是有人高兴,有人抱怨,"合理"与"合适"没有绝对的客观标准,随着人们的利益而转移,永远不会出现人人满意的状况。

在关于社会公平性的讨论中,民众、学界和政府不应该将注意力集中在具体价格的高低上,而应抓住关键的问题——规则是否公平？在规则的制定过程中,社会的所有成员是否得到了同样的发言权？在市场博弈的过程中,所有的参与者是否得到了同样的机会？

从这个角度分析成品油价格,现有体制的不公平是显而易见的。对成品油价的管制从未进行过论证;消费者在定价的过程中毫无发言权;政府既是定价者,又是石油公司的所有者;成品油的供应基本上由政府的公司垄断。所有的这些不公平并非石油行业所特有,电信服务价格、金融服务价格、电价、水价、铁路运输价格等等,政府管制不仅破坏了社会公平和公正,而且降低了资源配置的效率。

不要在中、美油价的比较上浪费时间了,探讨一些实质性问题吧。

(2009 年 8 月 3 日载于《财经》杂志第 16 期,原题"油价'错'在哪里？")

走向权贵的市场经济？

——《南风窗》专访中欧国际工商学院经济学和 金融学教授许小年

    自 2008 年全球性金融危机爆发以来,许小年一直在不断地抨击全球范围内的政府救市方式,批判凯恩斯主义思潮,同时否认中国存在金融危机,认为中国根本不需要积极扩张的财政政策。而纵观其多年来的言论,无不在反对政府对经济的过度干预。在国内经济学界,他与国务院发展研究中心研究员吴敬琏都给外界留下了市场经济坚定信仰者的印象。

    今年上半年宏观经济数据公布以来,各种关于中国经济会否二次探底,政府是否该出台二次刺激政策,货币政策是继续放松还是紧缩,中国经济何去何从的讨论也甚嚣尘上。本刊为此对许小年教授进行了专访。

历史的教训

    《南风窗》 当大家都在谈论金融危机的时候,您认为中国不存在金融危机,当政府出台扩张货币政策的时候,您否认刺激政策的必要性,那您如何看待目前关于中国经济是否放缓,中国所受金融危机影响何时过去,是否需要二次刺激这样的讨论和担忧? 不管有没有金融危机影响,中国经济本来的结构性问题也会导致二次触底?

    许小年 我对这些热点问题没有太大的兴趣,这样的讨论是舍本求末。学界争论这些东西,因为他们以此为生,有了凯恩斯主义以后,学经济的人算是有了就业机会,能混碗饭吃,分析分析经济形势,给政府出出招，货币政策、财政政策怎么操作啊之类的，但这些问题根本就不是中国经济和世界经济当前的关键所在。

美国政府搞了经济刺激，现在怎么样？一样是二次探底。现在美国的新房开工率已经二次探底了，房价回升后也二次探底，失业率高居不下。奥巴马政府采取所谓凯恩斯刺激方案，它的作用就像兴奋剂，现在药劲过了，而病人的根本问题没有得到解决，二次探底不可避免。凯恩斯主义就是头痛医头，脚痛医脚，发烧了泼冷水，温度低了蒸桑拿，不问体内的病灶是什么，如同江湖郎中。

《南风窗》 病灶是什么呢？

许小年 美联储在货币政策上犯了重大的错误，这是人们公认的。从2001年开始货币政策过于松宽，偏离了泰勒法则，基准利率长期保持在低位，资金太便宜，鼓励借钱，美国的家庭、企业和金融机构过度负债。危机之后，美国人不得不削减负债，这就是我们讲的"去杠杆化"过程。在"去杠杆化"未完成之前，财政刺激带来的复苏是暂时的，不可能持续，政府一旦停止烧钱，经济就又掉下来。

《南风窗》 如果凯恩斯主义解决不了问题，为什么眼下它仍然很流行呢？

许小年 现在的情况和上世纪20—30年代的"大萧条"非常类似，在"大萧条"的早期，人们处于恐慌的状态，华尔街崩盘了，能够挽救危局的看上去只有政府。当年西方的知识分子跟今天是同样的心态，认为市场本身存在问题，需要政府干预。有些人在悲观绝望之余，将苏联视为希望和榜样，因为计划体制下的苏联经济避免了"大萧条"。有些人走得更远，甚至鼓吹向纳粹德国学习，因为在集权政府的强力干预下，德国经济很快就恢复了。针对这种思潮，哈耶克写了《通往奴役之路》一书，他警告世人，为眼前救急而放弃市场经济的原则是危险的。德国人很快以他们的实际行动教训了西方各国和知识界，人们这才发现哈耶克是对的，一个不受约束的强势政府意味着战争和奴役，而凯恩斯主义的危害正在于助长了政府的强势。

今天西方也是病急乱投医，一个现成的郎中就是凯恩斯主义。西方不少人对中国的应对政策大加赞赏，就像当年在苏联那里看到希望一样，这不是荒唐可笑吗？改革开放的中国怎么能和旧时的苏联相提并论呢？

《南风窗》 中国也在采用凯恩斯主义的救市方案,这和其他自由经济体相比,有着怎样的区别? 所造成的影响有什么不同之处吗?

许小年 救什么市啊? 西方的房子着火了,大厦要烧塌了,只好靠政府灭火。我们的房子没着火,金融体系基本上是健康的,没有系统崩溃的危险,你慌什么呀? 你学着美国人拼命泼水,到处撒灭火剂,干什么呀? 我们的问题是经济结构失衡,财政刺激、货币政策治不了结构的病,凯恩斯主义用在中国是文不对题,莫名其妙。

发展模式的固化

《南风窗》 历史在重复。靠政府主导的投资和出口拉动的结构失衡的问题也说了很多年了,危机一来好像又把这些问题抛在脑后了。这种经济增长模式改变的难点在什么地方?

许小年 传统增长模式有着深厚的制度基础,现在的经济和政治体制不变,增长模式就不会变,投资拉动、政府主导就不会变。转变发展模式,必须推动改革,在经济、政治体制上取得实质性突破。

近些年,改革停顿,甚至出现倒退,打着改革的旗号,扩大和巩固政府部门的利益,原因在哪里呢? 我们陷入了改革的两难困境——改革需要政府来推动,而改革又要触动政府的利益。这就是难点所在。

我们的改革早期是自下而上的,安徽小岗村的农民首先发动农业改革,农村改革不是政府规划的,而是在民间自发产生的。邓小平为首的党中央看到了民间对旧体制的突破,及时地承认了民间的创造,以政策和法律的形式推广到全国。这就是邓小平的伟大之处,不是以高明的领导自居,规划这个、指导那个,而是相信民众,相信市场,总结和推广民间的创造。

现在的改革和30年前不一样了,由民间启动、取得局部性突破的机会少了,改革的整体性、系统性提高了,而且经济体制改革越来越多地涉及政治体制,民间的力量就不够了,民间推不动,要靠政府来推动。但任何体制的改变,都会触及政府的既得利益,政府已经深深地卷入经济,卷入市场。改革要求政府退出经济,那它的利益怎么办呢? 卡壳就卡在这里,政府利益这一关过不去。

《南风窗》 自下而上的改革动力在这种情况之下也失掉了?

许小年 自下而上的动力还在，但在现有体制之下，把民间和市场管得太死，不允许民间进行尝试。这就像蛇一样，要把身上的一层皮蜕掉，才能进入新的成长阶段，但现在这层束缚经济进一步发展的皮蜕不掉，因为它和政府的利益紧密相连。

例如我们现在城里的房价成了大问题，主要原因是楼盘供应跟不上，而楼盘供应又取决于土地供应。土地的一级市场是由政府垄断的，要打破这个垄断，让市场机制发挥作用，在地价高楼价高的时候，土地进入市场，供应增加，平抑地价楼价。如果让市场调节地价，就要把地权还给农民，改变现在名为集体实为官员所有的土地制度。改革土地制度，把土地所有权还给农民，这样一来，地方政府的财政收入怎么办？官员个人的收入怎么办？改革动了政府的奶酪，它会主动去改吗？

《南风窗》 有一些地方在推行农地入市和农地确权，中央也提出来同地同权同价。

许小年 要从立法上明确农民个人的产权，取消集体所有制，土地才能入市。现在农地入市，流通的是经营权，而不是所有权，解决不了问题。我在湖南做过调查，农民自发组成了合作社，他们反映，合作社发展中最大的问题是得不到银行融资，不能用土地作为抵押从银行获得贷款，因为农民只有土地经营权，没有所有权。银行问他们，你贷款还不了的时候，我能卖你抵押的土地吗？如果不能卖，我就不能接受土地作为抵押品。所有权是绕不过去的，市场经济一定是以个人所有权作为基础的。土地制度改革推不动，原因就是政府与民争地，政府与民争利。

半市场半管制的现状

《南风窗》 去年以来的扩张货币政策中，您认为最大的得益者是谁？国有企业甚至被认为是中央政府在此轮金融危机中宏观调控的有力武器。目前这种货币投放方式是否会加强国企对垄断利润和低利率的依赖，这也是您所说的利益集团吗？地方国企数量在减少，央企占有国有资本的比重在上升，怎么看待这种现象？

许小年 央企资产扩张得很厉害啊，从 2002 年的 7 万亿增加到 2009 年的 21 万亿，还说没有国进民退，睁眼说瞎话。市场经济不需要央企,它垄断资源,垄断经营,没有效率,政策饭、垄断饭吃得很舒服,谁还会费神去提高效率? 央企是赚钱,但有多少是垄断利润? 如果放开竞争,它还能赚钱吗? 它垄断了,别人就没机会,这就破坏了社会公平。既没效率,又不公平,要央企干什么? 什么国家安全啦、支柱产业啦,种种为央企垄断辩护的说辞都经不起推敲,言外之意就是民企经营不能保证国家安全,民企不能发展支柱产业,从根子上和源头上歧视民企。

谁说央企是宏观调控的工具? 这话连凯恩斯也没有说过,经济学上有理论依据吗? 如果调控经济成为政府经营企业的理由,那我们就回到计划经济好了。楼价调不下来,是不是要把房地产业国有化? 然后命令国有地产商降价? 是这个逻辑吗? 国企就能执行调控的任务吗? 如果真是这样,为什么国有地产商不但不降价,反而接连拍出帝王? 大蒜、绿豆涨价,是要成立国有大蒜公司和国有绿豆专业户吗? 现在的胡说和辩护已经到了不讲理的地步。

《南风窗》 上半年在控制通胀的过程,我们似乎看到发改委和国务院在一再地强调农产品价格上涨是有人在囤积和炒作。

许小年 市场经济中,定价权是企业最基本的经营自主权,凭什么由发改委来管? 凭什么剥夺人家最基本的经营自主权? 你去查查我们的《价格法》,哪一条说发改委有管农产品价格的权力? 管大豆价格、大蒜价格,符合《价格法》吗? 你管这些价格,举行过听证会没有? 西南干旱,农民惜售,不卖粮了,你能说他们囤积居奇、哄抬物价吗? 你能罚他们的款吗? 现在是看谁不顺眼就打谁,不讲法律程序,也不讲理了。

《南风窗》 整个的宏观调控中,我们看到一是发改委不断地上新项目,投资拉动,又限制新项目,治理产能过剩;二是国资委不停地在进行央企的调整。这两个部门最忙了。

许小年 市场经济不需要这两个部门,发改委管规划、管价格、管投资审批,不就是过去的国家计委吗? 国资委管企业,不就是过去的国家经委吗? 计委、经委都解散了,怎么换了个名字,又回来了? 这不是走回头路又是什么呢?

经济结构是靠市场调整的,不是靠政府的部委,部委从来就没调整好结构。结构调整通过市场的择优汰劣完成,是在市场竞争中实现的。政府怎么知道哪些行业应该发展,哪些行业不该发展,哪些企业有竞争力,哪些没有? 即使知道,它会扶持优秀的民间企业吗? 它只会扶持国家队、"共和国长子"（国资委领导语），也就是央企，因为央企事关国家安全和支柱产业嘛。

改革开放以来，农业生产的大发展是政府规划出来的吗？城镇民营经济的繁荣是规划出来的吗？外向型企业的成长是规划出来的吗？大家公认具有国际竞争力的企业是政府扶持出来的吗？汽车行业政府重点扶持"三大三小"，现在能出口的只有两个"偏房"，吉利和奇瑞，都是民间自己干出来的。不竞争哪来竞争力？吃垄断饭是吃不出竞争力的。

央企进了世界 500 强，其实那不是 500 强，按资产排名，只是 500大。能不大吗？政府给了多少资源，给了多少特殊政策？中国的电信服务价格不知道比国外高多少，老百姓总是抱怨成品油价，政府定价，央企能不赚钱吗？不让长子赚钱，还让谁赚钱呀？

我们现在大步往回走，走向计划经济，走向权贵资本主义。

《南风窗》 权贵资本主义怎么理解？

许小年 经过 30 年的改革开放，政府在市场中成为特殊的利益集团，对这个利益集团而言，目前这种半市场半管制的状态是最理想的，通过管制和审批"造租"，然后拿到市场上"寻租"，就是在市场上把审批权套现。如果推动市场化的改革，就会限制它"造租"的能力，但它也不会取消市场，没有市场，手中的审批权就没地方套现。权贵转化为经济利益，这样的市场经济发展下去很危险，这是印尼苏哈托的路子，菲律宾马科斯的路子，压制民众的权利和企业的权利，与邓小平的市场化改革方向是背道而驰的。

（2010 年 8 月 30 日载于《南文窗》杂志第 18 期，记者邢少文采写）

"三化"的瓶颈

经历剧变,世界经济经历了代价高昂的调整,触底之后渐趋稳定,在疗伤和喘息中,等待复苏的到来。中国经济则似乎具有抵抗地球引力的魔法,凭借着强大的动员资源的能力,政府一掷亿万,在凯恩斯主义的伴奏下,上演了传统增长模式的令人晕眩一幕:中国经济不仅避免了痛苦的调整,而且保住了增长 8% 的幸运数字。

这是华彩乐章的神奇续曲,还是杜鹃啼血般的终场谢幕?

出口和投资驱动的经济增长,在 2010 年极有可能成为强弩之末。外部经济即使走出衰退,对中国产品的需求也不可能回到危机前的水平。全球金融危机引发的不是常规的商业景气循环,而是深刻的结构改变,复苏并不意味着回归原有均衡,而是在更低的水平上实现新的均衡。在新的均衡中,以美国为代表的发达世界再也无法像过去那样,靠借债维持繁荣,正在进行的"去杠杆化"从根本上改变了西方的消费习惯,中国将面对一个萎缩了的世界市场。

展望 2010 年,更无理由对传统增长模式感到乐观。政府部门已开出了长长的名单,列出产能过剩的行业,包括钢铁、水泥、玻璃、煤化工、多晶硅、风电设备、有色金属、电力、煤炭、造纸、皮革、印染、造船、化肥等。人们不禁要问,还有什么行业产能不过剩呢? 连基础设施也出现了明显的供大于求的迹象。政府可以在明年大规模举债,也可以继续督促银行放贷,但制约投资增长的瓶颈因素不是资金,而是能够产生效益的投资项目。

如果出口与投资疲软,到哪里寻找新的增长引擎?

为了回答这个问题,笔者五年前做了一项研究,对全国各省、自治区和直辖市的 GDP 增长进行回归分析,试图找出中国经济增长的驱动因素。分析结果表明,各省的财政开支与它们的 GDP 增长无关,政府花钱不能促进经济增长,从实证上否定了凯恩斯主义的政策效用。决定各省 GDP 增长的是民营化(民营部门产出/总产出)、城镇化(城镇人口/总人口)和全球化(出口/GDP),简称"三化"。作为一个大致的统计规律,某省的"三化"指标越高,该省的 GDP 增长就越快。

"三化"与中国经济增长的关系不仅仅是统计意义上的,两者之间有着紧密的内在逻辑联系,不必动用复杂的计量经济模型,简短的历史回顾即可说明这一点。

民营化始于 1978 年,中国农民的伟大创举——包产到户提高了农业生产的效率,为农业人口向城镇的转移奠定了基础。到了上世纪 80 年代,城镇个体经济萌生,民营化迈出新的一步。城乡经济的民营化突破了僵硬的计划体制的束缚,为个人致富开辟了虽然有限但毕竟是崭新的空间,极大地激发了民众的经济活动积极性。通过各种形式的劳动,包括开办企业、尝试新的生产组织方式、改善经营管理、研究与开发以及每个人在自己岗位上勤奋工作,民众以前所未有的速度创造和积累着财富。

民营经济迅速发展,吸纳了大量的农村富余劳动力,推进了城镇化的过程。城镇经济比农业有着更高的效率,城镇就业人员因此获得比农民更高的收入,高收入又带来更多的需求和更大的市场,吸引更多的农民进入城市,民营化和城镇化交互作用,形成了良性循环。

2001 年,中国加入世界贸易组织,资源的优化配置超越了国界,在供应能力急剧增加而国内市场渐趋饱和之际,国际市场的开拓正逢其时,推迟了过剩产能的调整,延长了中国经济的高速增长期。实际上,全球化对中国经济的作用,不只是提供了一个巨大的销售市场,外资的引进和早年经济特区的建立为我们打开了一个窗口,透过这个窗口,当时还不知市场为何物的民众和政府了解市场经济的运行,观察和体验市场经济,并逐步学会了用市场替代政府进行资源的配置。

经过 30 年的发展,中国的"三化"取得长足进步,民营经济的产出从几乎为零增加到接近 GDP 的一半,城镇化指标从 18% 上升到 46%,进出口总额则从 GDP 的 10% 大幅提升到 60% 左右。尽管如此,中国的"三化"水平仍然较低,暂且不论欧美,与东亚国家相比,也存在较大差距。虽然中国进出口总额对 GDP 之比已超过日本,但考虑到日本企业的大规模海外投资，进出口并不能真实反映经济的国际化程度，而且中国的这个指标也还低于韩国的80％—90％。至于城镇化指标，日本是66％，韩国为81％。差距最大的当属民营化，除了公用事业，日、韩两国基本上没有国营企业。

"三化"的差距就是经济增长的潜力，如果能够提高"三化"的程度，中国经济不仅将保持增长的动力，而且结构也会更加合理，近期召开的中央经济工作会议指出，"要以扩大内需特别是增加居民消费需求为重点，以稳步推进城镇化为依托，优化产业结构，努力使经济结构调整取得明显进展"。问题是如何进一步推动"三化"。正是在这里，我们遇到了不改革现有体制就无法突破的瓶颈。

"三化"是改革开放的产物，中国改革开放的成功，在于自下而上的渐进道路。改革的初始萌芽来自于基层和民间自发探索，例如农村的包产到户和城镇的私营个体户，而非政府的有意识设计。政府的作用体现在及时发现民间的制度创新，并将这些创新总结提高为政策和法律，在全国范围内推广。

然而，"福兮，祸之所伏"。随着市场化改革的深入，这一具有中国特色的改革模式渐行渐远，尽管民间的制度创新依然不断涌现，政府对改革的兴趣却日见衰退。过去的改革推广者，今天更多地由利益驱动，凡涉及自身利益，改革就寸步难行。不仅如此，规则的制定者还利用无人可及的特殊地位，越来越深地卷入市场上的利益博弈，规则的设计以政府部门的利益为中心，公众利益沦为堂皇而虚伪的说辞，在"加强监管"、"有序竞争"、"规范市场"、"标准化"等旗号背后，隐藏着部门利益的强烈冲动，甚至整治色情低俗也成了不同部门争夺寻租权的战场。当裁判员下场踢球时，胜负在开局前就已决定。

"国进"之处必有"民退"，各级政府和国有企业挟政策和资金的优势，在钢铁、煤炭、民航、房地产等行业中大力扩张，民营企业则退让回避，或者主动改造自己，引入国资，以求生存。为应对金融危机，政府执行了拉动内需的政策，10万亿元的贷款和数万亿元的财政资金大部分流入了国有部门，强化了"国进民退"的趋势。持续了30年的民营化则基本陷于停顿，虽有保证民营经济平等待遇的各种文件，在现实中却是口惠而实不至。这是可以理解的，平等意味着国有部门特权的丧失，平等的政策因此命里注定只能停留在纸面上。

城镇化也碰上难以逾越的障碍——高得离奇的房价，房子贵到了连城镇工薪阶层都买不起，遑论进城的农民工！他们不得不将妻小老人留在农村，自己住在拥挤的集体宿舍中，春节前后潮水般地往来于城乡之间，成为永久的流动人口。发给农民工城市户口是必要的，但这远远不够，要想产生城镇化的效应，农民必须在城里定居，需要解决他们的医疗、子女教育以及最重要的住房问题。

凡商品太贵，一定是供应短缺所致，房子的供应由土地决定，高房价的背后是土地供应的不足。目前中国土地一级市场由政府垄断，作为理性经济人，政府所追求的目标当然是卖地收入的最大化，而不是"安得广厦千万间"。在政绩和寻租的驱动下，地方财政开支不断增加，对"土地财政"的依赖也越来越大。这也是为什么每当房价下跌时，地方政府总要出手托市。中国地产业存在着诸多问题，追本溯源，都和政府的土地利益有关。

政府与民争地，则城镇化遇阻；政府与民争利，则民营化受挫。规则制定者参与利益博弈，不仅破坏社会公平，而且使经济增长潜力无法得到充分发挥。要想继续推进民营化和城镇化，就必须改变政府的利益机制。

改变政府的利益机制，除了胡锦涛总书记在十七大报告中指出的"深化政治体制改革"，别无他路。政治体制改革就是要"坚持国家一切权力属于人民，从各个层次、各个领域扩大公民有序政治参与，最广泛地动员和组织人民依法管理国家事务和社会事务、管理经济和文化事业"；同时要"加快推进政企分开、政资分开、政事分开、政府与市场中介组织分开，规范行政行为，加强行政执法部门建设，减少和规范行政审批，减少政府对微观经济运行的干预"。

问题是清晰的，解决方案也已给出，缺的只是勇气和魄力。

（2010 年 2 月 24 日）

改革难在触动政府利益

中国发展模式确实到了迫切需要变革的地步

在实践中,往往需要遭遇较大危机,才是终止传统发展模式的时机。否则,我们还会依照原有惯性继续走下去。中国强势政府的发展模式搞增长可以,搞创新不灵。中国经济在现有模式下的增长潜力还能有多少? 还能走多长时间? 说不清楚。但是,我们知道现有的体制搞创新不行,而创新是所有亚洲发展模式碰到的最大问题。日本经济缺乏创新能力,韩国经济缺乏创新能力,最后都是以危机的形式爆发出来。

难在转变政府利益格局

创新不行,经济增长乏力就靠印钞票。最典型的就是日本人。拼命印钞票制造资产泡沫来维持经济增长,但到上世纪的 1989 年,泡沫破灭。中国不一定即刻发生像日本 1989 年泡沫大破灭的事情。但是中国产生小泡沫、中泡沫是有可能的。所以,在中国,转变经济发展模式从官方到学界已有共识。问题是怎么转化? 这个题目我们谈了几十年,原因就在于我们现有体制成为阻力和障碍,如果不做改变,发展模式转换不了。

中国经济体制的特点是什么呢? 第一,政府在资源配置方面有着非常大的影响力。第二,政府对整个经济全方位管制,而且管制有越来越严的趋势。第三,迄今还没有一个比较健康的要素市场,由于各种各样的管制，再加上政府对资源配置非常强的影响力，我们的要素市场极度扭曲，价值和信号也是扭曲的。第四，民营企业发展受到了强大的国有经济的阻碍。

那么，改变体制的难度在哪里？难在利益格局。在这些体制下形成了众多的利益集团，30年的改革开放，各种各样的利益集团都已形成，从公民社会的发展看是一个健康正常的现象，公民社会的发展就是要有多元化的利益集团，而不能是过去的铁板一块，全国一盘棋。但是，不健康的是什么呢？两个方面：第一，现在的制度框架不能提供一个各利益集团公平博弈的平台，这是需要研究的问题。过去都是全国一盘棋，和中央保持一致，但现在由于利益不同，再保持一致不可能了。由于利益集团的形成，众多的利益集团之间进行利益博弈，而社会又没有一个公平的博弈平台，这是不正常的。所以，博弈的结果往往由政府来裁决，而不是按照所有利益集团所同意的、事先确定的规则来裁决博弈结果，这是不健康的。第二，在形式众多的利益集团中，政府成为最大的利益集团，这是非常不健康的。谁都可以组成自己的利益集团，唯独政府不可以组成自己的利益集团，因为政府是游戏规则的执行者，他是裁判员，是吹哨的，他现在下场自己去踢球，很不正常。

经过了30年的改革开放，政府已经成为市场经济中最大的利益集团，转变经济增长模式就碰到了障碍和阻力，因为转变体制要触动政府自己的利益。涉及到政府利益，单靠经济体制改革没有用处，必须推进政治体制改革。在历届党的代表大会上，包括十七大的报告，总书记都提到要推进政治体制改革，而且讲得很具体：政企分开、政资分开、政市分开等，但目前的趋势是非但没有分开，而是结合得越来越紧密，政企结合越来越紧密，政资结合得越来越紧密，政府和市场结合得越来越紧密，变成了一个利益主体。

目前这种半市场、半政府管制、半干预的模式对政府的利益集团来说是最优格局。通过对经济的管制可以造出很多"租"来，先造"租"，然后通过市场交易去寻租。用各种名目管制，例如"有序竞争"、"维护市场秩序"甚至"标准化"等等都作为进行管制的理由。其实，管制说白了就是先造租，造完了以后再来寻，这是一个很现实的问题。

关键是如何面对政府"寻租"

我认为,政府的经济利益没有必要去回避,它是很现实的存在。不能采取鸵鸟政策,假装没看见,假设政府应该全心全意为人民服务。其实,我们应该实事求是,面对现实,应该假设政府就是要在市场经济中利用公权力寻租,然后再谈如何找到解决办法。

十七大的报告中所提到的政治体制改革、政企分开、政资分开,在现有法律框架下,我认为还是有很大改革空间的,比如说放松和解除政府对要素市场的管制,过去我们也做过,如放松市场管制,取消各种各样的审批制度等,只有取消不必要的审批制度,解除政府对各种要素市场管制,市场才能正常发展,而要素市场其中很重要的一个就是土地市场。另外,在现有法律框架下可以缩小国有经济的规模,这都可以做,我们曾经做过"抓大放小",但现在的困难是既得利益集团和个人不愿意放。

等待危机倒逼政府进行改革,这种思路不太对;但是,假设政府应该退出经济,不应该在市场中谋利益,应该严守职责的假设也没有任何现实意义。我们现在就应该假设政府确实在经济当中有利益,并将此摆到桌面上来谈怎样解决这个问题。

我坚信,如果我们能够对传统增长模式进行调整,中国经济就不会像日本在经济上陷入衰退。我们的发展潜力尚在。但问题是半政府、半市场的结构已经阻碍了经济的进一步发展。这种阻碍也许不会出现全面的大危机,但小危机会不断出现。比如,房价问题,中国已经绕不过去。近期,中国不会出现像日本那样泡沫破灭后的整个国家经济20年萧条,但一些中小危机还是会给我们局部的改革形成压力和面临困境。

学术界要完成三大任务

在这样的情况下,学术界有三个任务需要完成。

第一,要研究政府与市场的边界到底划在什么地方? 现在很多似是而非的说法都经不起推敲,很多政府不应该做的事,打着各种各样的名目都在干。比如,学术界自己造出一个公益性概念,而政府机构也都打着公益性名号来干预经济。但实际上,公益性在经济学中根本没有定义,翻遍全世界教科书也找不出公益性的定义是什么。再从定义出发来论证,凡是带有公益性的事就让政府来干,那吃饭是最大的公益,为什么政府不管?学术界很糟糕,非但没有研究市场与政府边界到底划在什么地方,反而把边界搞得愈加混乱不堪。

第二,要批判凯恩斯主义。凯恩斯主义对中国极其有害,不仅在宏观经济上非常有害,而且对中国经济的转型也是非常大的障碍。

第三,重塑社会价值。现在,中国人的社会观念非常混乱,社会价值的重塑也需要学术界来完成。将来我们社会核心价值观到底是什么?传统那一套已经不行了,我们上小学时所接受的教育,今天已经不信,怎么办?信谁?信儒学?似乎中国目前只有民族主义和民粹主义,但世界上没有一个民族能够靠这两条作为精神支撑的。

(2010 年 4 月 12 日载于《财经网》)

三十年改革前无古人
唯增长论需要改变

——答网友问题

问　今年是中国改革开放三十周年,如果说让您给我们三十年中国的经济改革打一个分数的话,您会打多少分?

许小年　没有办法打分的,这三十年的改革不光在中国经济发展的历史上,乃至在中华民族的发展历史上都是一个极为重要的转折点,像这样的转折点是不可能打分的。

问　这三十年取得了一个辉煌的成绩,不可能用分数来形容。

许小年　对。

问　我们知道今年是中国改革开放三十周年,我们看下一个三十年,如果中国还保持一个合理的增长速度的话,您觉得哪些问题是需要解决的? 从短期和长期来看。

许小年　首先要澄清,经济发展的目的不是增长,改革的成就,中国经济的成就,是不能够完全用增长来衡量的。我们现在得一种病,这种病就叫做增长病。没有增长好像就没有成绩,不是这样的。有可能你百分之十几的经济增长,这个经济中蕴藏了很大的问题,有可能你百分之五的经济增长反而是健康的,所以不能够用经济增长来衡量。当然中国改革开放以后,在过去三十年间平均每年的 GDP 增长大概在 10% 左右,这在世界各国的发展史上是少见的,但不是独有的,日本在战后二十年,韩国在战后二十年都实现过年平均 10% 的增长,大概高增长持续了 20 年,所以我们不是独有的,但确实是少见的。这是改革开放获得的经济成就之一,但这不是改革开放的全部故事,也不是改革开放的终极目标。经过增长我们讲只是一个手段,终极的目标是什么,终极的目标是提高人民群众的生活水平，这是发展经济的终极目标。所以要谈就应该谈改革开放三十年，老百姓的生活水平发生什么样的变化？中国的贫困人口消失了多少？这是最关键的。作为一个经济学家不是太愿意上来就谈增长。

问　这是一个比较片面的概念？

许小年　这是一个片面的概念，这是一个迷失的概念，这是一个由政府多年倡导而在大家脑子里形成的一个习惯性的思维，似乎就是高增长，高增长。你看我们过去几年的高增长，到现在麻烦来了，就是因为片面地追求高增长，使得经济内部结构严重失衡。失衡的结果是现在国内外的需求一发生变动，你看我们的失业率也上去了、工厂的开工下降、企业倒闭增加，面临很大困难。什么原因呢？过去片面追求高增长。忘了经济增长的目的是为了什么？我们不是为增长而增长，不是为数字而增长，我们应该是为可以持续的、稳定地提高老百姓的生活水平而增长。我们把目的忘了，把手段当目的。

问　您认为我们经过一个怎样的转变才能转变过来？

许小年　这种转变往往是有了教训才能转变过来，甚至有了教训以后都不能转过来。比如说日本，日本战后高增长，也是每年10％，一点不比我们差，非常快。但是到了80年代增长速度从10％左右降到了4％左右，到90年代的时候，又从4％左右又降到了1％左右。在这样的情况下，你日本人要想想为什么经济增长速度下来了，为什么衰退，而且是常年的衰退？即使有了教训，它在经济结构改革的时候，也是推进的速度非常慢。所以我说日本的经济发展是"L"型的，就是一掉下来以后，在谷底停了很长时间，到现在走不出来。原因在哪？它不能够继续推动改革，使得它结构失衡长期存在，不能得到及时纠正。

未来经济增长　消费是保障

问　现在我们也看到中国的宏观经济正处在严峻的时期，最新的一个措施是下调了成品油的价格。一方面表现出政府为刺激经济增长的一个信心，是不是另一方面也表现出对现在一两年的宏观经济走势不是很乐观。

许小年　成品油调价和经济形势没有什么太大关系。成品油价格的改革早就应该开始了,现在我们已经是太晚了,而且我已经说过多少次了,成品油的价格不是下调还是上调的问题,而是形成市场化的定价机制,要根据市场需求来决定成品油价格,不能够把成品油价格当成工具控制来控制去。

既然今天是谈改革,我想我还是愿意讲一下改革的事情。我们三十年改革,中国经济焕发了很大的活力,这个活力主要表现在民间的活力上,我们涌现出一大批企业家。有一大批的民营公司,这是中国经济中最有活力的一部分。要摆脱目前的这些困难,关键还在改革,而不在于调这个价,调那个价,而且也不在于推动什么刺激计划,什么四万亿的刺激计划。

问 您认为这不是很关键的?

许小年 这不是很关键,而且效果怎么样是很难讲的。像这样的财政刺激计划,我们过去在其他的地方也看到过。比如日本,日本在80年代以后,泡沫经济破灭以后,经济进入衰退,日本在过去十几年间,推出了三四个大规模的财政刺激计划,经济今天恢复了吗? 到今天经济仍然没有恢复,所以凯恩斯主义解决不了中国的问题。

问 您觉得现在来说的话,我们应该做什么呢?

许小年 推出四万亿的计划目的是什么呢? 目的是想拉动需求。现在民间需求不够,这四万亿用在什么地方?

问 主要是投资铁路和公路,投资于这些项目。

许小年 投资这些项目,它基础设施的产业链比较短,它对经济的拉动作用是有限的,而且这些基础设施的投资项目有没有效益,能不能回收我们都不知道。在这么短的时间这么匆匆忙忙就宣布有这么多的投资计划,有没有做可行性研究,有没有做项目的效益分析? 能不能回收? 如果有回收,谁出钱? 这钱能够得到回报吗? 如果这些基础设施的项目是银行贷款,没有效益的话,将来这些贷款就会变成银行坏账,这些问题有没有想过?

中国的基础设施已经很不错了,中国基础设施在新兴国家市场里不是第一也是一流的。你再投往那投? 边远山区农村基础设施需要不需要呢? 确实需要。但是作为经济决策,作为商业决策,你首先要问这些基础设施投资的项目有没有效益,能不能回收? 要说需要的地方多了。但是我们既然是搞经济的,一定要做成本效益分析。如果不能够回收,国家财政资金花下去,如果没有回收,将来怎么向老百姓交待?如果不是财政资金,如果是银行资金,没有效益的话,产生坏账怎么办?这些问题考虑了吗? 现在经济增长速度下降,失业增加,确实要有一些应对,但是应对的方法不是政府花钱,应对的方法是怎么样让民间多花钱,特别是要让老百姓多消费。但是为什么中国老百姓不消费? 我们的储蓄率接近 50%,为什么中国老百姓不消费?

问　但是刺激消费的口号以前就提出来了,为什么效果始终看不见?

许小年　始终看不见,为什么? 你要问一下老百姓为什么不消费,家长为什么不消费,因为想到孩子要上学,因为想到将来医疗保障,因为想到失业的可能,因为想到退休。他未来的不确定性太高了,所以他不消费。美国的储蓄率为什么接近零? 中国的储蓄率为什么接近50%,为什么? 因为美国人生来潇洒吗? 不是的,作为经济动物,我们都是一样的,是周围的环境所决定的,中国的老百姓之所以不消费,储蓄率这么高,是因为未来的不确定太高,他不敢消费,他多存钱,说明什么问题,说明我们的社会保障体系不到位,教育改革不到位,我们的医疗改革不到位。另外,一个大病可以把一个家庭拖垮,家里人不敢生病,农民不敢生病,城里工薪阶层不敢生病;一个大病就可以把一家拖垮,医疗保障体系不到位。孩子上大学,很多农民子弟,辛辛苦苦考上大学,最后放弃入学机会,为什么? 学费付不起。孩子的教育,医疗卫生,将来我们的退休,整个社会保障我们现在跟不上,所以中国老百姓不消费。你为了刺激消费你有钱,你有四万亿,你四万亿拿出来把社会保障充实一下。

授人以鱼

问　假如给你四万亿的话,你会如何去做呢?

许小年　我会把四万亿直接发给老百姓,十三亿人口每个人三千块,一个三口之家一万块,发给他,他去消费,这是多大的需求拉动啊? 你想想一个家庭忽然拿到一万,这是非常大的消费拉动。你为了防止他存起来,你为了防止他一万块钱存起来,你可以发消费券,不发现金。

问　成都就是这样的操作模式。

许小年 我认为这种方式非常好,我认为这种需求的拉动是直接的拉动。我认为这很好,发消费券,你不用过期作废,成都、香港、台湾都是这样做的。

问 但是把这些投资于一些工程,是不是就会促进一些就业岗位产生?

许小年 老百姓花钱,我去买衣食住行,衣服的服装厂不就增加就业了吗?我去买食品,食品厂不就增加就业了?而且有可能增加就业比建铁路还要多,因为铁路的机械化程度非常高。你现在修铁路修公路不像是 50 年代那个时候人海战术了,现在都是高度的机械化操纵,能创造多少就业?非常少。我们衣食住行能创造多少就业?

关键的不同在什么地方呢?关键的不同在于中国的经济结构本来已经失衡了,这个失衡表现在投资占 GDP 的比重太高。我们投资占 GDP 比重 45%,这是世界最高的,世界主要经济体中最高的,而消费,特别是居民消费这块,居民消费占 GDP 只有 35%,美国消费占 GDP70%,他有可能太高,但是我们有可能太低,我们只是它的一半,100 块钱我们创造的财富只有 35 块钱用于老百姓的消费,用于老百姓生活水平的提高,你说这不是结构失衡吗?这个结构扭曲非常厉害。而美国的经济里 100 块钱里面 75 块钱用于老百姓的消费。他们是有点过度消费,我们是严重消费不足。在这样的情况下你四万亿往哪花?当然用在消费上了。投资已经 45%,老百姓的消费才 35%,100 块钱里才占 35 块钱。所以我们现在如果四万亿全都花在这个投资上,将使得国家经济结构进一步扭曲。

问 但是用投资来拉动经济,我们过去有一些经验,比如倒退十年,1998 年当时遇到的亚洲金融危机,我们也是作出这样一个政策,把几千亿的资金投资于铁路,这样的操作模式是否更成熟一点?

许小年 我们这是一种习惯做法,而且 1998 年的财政支出我们做过研究,1998 年我们确实执行了积极的财政政策,对拉动经济起到了一定作用。但是我想再强调一下,经济政策的终极目标不是拉动经济增长,而是通过拉动经济增长,提高人民生活水平。

1998 年财政虽然花了一些钱,但是真正使得中国经济在 1998、1999 年摆脱增长低位的状态,关键不在政府花钱,关键在 1998 年我们启动了住房改革,这样房地产需求起来了,房地产的投资起来了,老百姓开始花钱买房子了，房地产商开始在地产业进行投资，这个是更为重要的因素。

到了 2000 年的时候，我们又得到了另外一个推动，另外一个对于需求的拉动，这就是中国加入 WTO，对外出口一下拉动起来了。所以 1998 年的经济政策对经济增长，阻止它下滑了起到一定的作用。但是真正起作用第一是房地产，第二是外贸出口。第一房地产，要归功于 1998 年住房改革，2000 年外贸的出口归功于开放，所以答案是什么，答案是继续改革开放，来释放经济内部的需求，中国还是一个中等的发展中国家，内部的需求非常大，关键是你要通过体制改革把它释放出来。如果住房不改革的话，巨大的住房需求怎么能释放出来呢？ 释放不出来的，永远压在那，你政府花四万亿，花十万亿，住房需求也起不来，但是住房一改革就释放出来了。所以今天我们的思路，在今年改革开放 30 年的时候，应该是继续开放，把经济内部的潜能充分释放出来。

开放金融领域给中小企业

问 哪个行业可以具体实施呢？

许小年 我在多少场合都讲了，中国经济将来需求的潜力，将来创造就业的潜力，不在传统制造业，是服务业，我一直强调是服务业。不在基础设施，不在制造业，我们的制造业已经是过剩了，有没有注意到最近钢材价格怎么跌的，有没有注意到租金煤炭的价格怎么跌的。为什么？ 为什么钢材的价格跌成这个样子？ 供大于求，严重过剩。制造业很多部门的产能严重过剩。你再投资干什么呢？ 你这不是浪费资源吗？ 不过剩的在哪里？ 不过剩的是服务业。服务业的需求潜力非常大。现在没有把它释放出来。为什么呢？ 我们僵化了体制。你要把它释放出来能创造多少就业！

比如金融服务，金融服务的潜力非常大，我们 80% 的中小企业没有金融服务。我们六七亿农民基本没有金融服务，这市场有多大？ 为什么不能够开放对中小企业的金融服务，为什么不能开放对农民的金融服务？ 中小企业的金融服务，农民的金融服务是现有大型国有银行不能做的，不可能做的。这些大型的商业银行它的客户一定是大型企业。不管你怎么喊，你说怎么样支持中小企业融资，没用，经济规律决定的，因为它成本太高。你想一想它在城里这么豪华的大楼，雇了这么多高薪的人，你让他去给农民放一笔两万块钱的贷款能赚钱吗？成本太高。所以中小企业的金融服务，农民金融服务不能靠大型银行，必须靠草根性的，这种游击队式的，社区型的，低成本的民营的金融机构。

问　但是这样也有人说，这样会不会金融风险增大？

许小年　什么风险？

问　他们的资产得不到保障，这样的话有人会怀疑你所说的这个观点。

许小年　我给你举一个例子，以为只有政府才能控制风险，这是一个错误概念。市场可以抑制风险。

你看过《乔家大院》吧，是在雍正年间出现的钱庄，钱庄出现的时候没有中央银行，没有银监会，没有政府这些那些管制，他们资产质量为什么这么好呢？他们的风险是怎么控制的？没有准入壁垒，没有各种各样的政府管制，民间就发展起来了。我们要相信自己，要相信市场。

要相信中国人的聪明才智。那时候也没有互联网，也没有电话、电报，你说信用审查是怎么审的？人家的生意是怎么做的？不仅在中国做得很火，而且中国第一个海外金融分支机构是中国民间的钱庄开的，山西的钱庄开到日本去了，人家的信用是怎么建立起来的？

问　辛亥革命以后，钱庄濒临破败的局面，而新兴的银行取代了它。

许小年　山西钱庄的衰落和它最后做了朝廷的生意有关，它把它的生意转到朝廷去了，朝廷的钱好赚，没有想到朝廷的风险也是最高的。另外，跟当时国内的形势也有很大的关系，我们内忧外患不断，对山西钱庄的一个沉重打击是八国联军侵华，对它的打击非常大。

市场化改革还要再走三百年

问　我们现在说说中小企业，很多中小企业破产了，有一个观点说中小企业破产是产业升级必然的趋势，您如何看待这个观点？

许小年　我们都知道人生来是要死的，企业也是一样，如果现在这个世界全是老年人的话，人类没有办法向前发展了。谁见过千年企业？它生存不下去破产，中国人很懂得辩论法，中国人把丧葬叫做白喜事，虽然是丧事，但是中国人把它叫喜事，这是非常有生活辩证法的。企业也是一样的，这个世界上没有千年企业，新生企业的不断产生，才使我们经济充满了活力，新生企业不断产生，意味着有一些老企业不可避免要关掉。在这种自然生死面前有什么好大惊小怪的呢？哪一天什么地方死了几个人，你说你下个命令不许死？这个企业已经是产品技术不对路了，在市场竞争面前生存不下去了，你命令它不许死？

问　所以说这是一个处于新陈代谢的必然选择？

许小年　很自然的过程，当然企业倒了，会引起社会上的疼痛，它的成本就是失业，这时候就是政府的责任了，政府要把失业保障搞好，但是我们的政府不做失业保障，而是命令企业不许死，这是把政府的职责推给企业。保证社会就业不是企业的责任，保证充分就业是政府的责任，你不能推给企业。不许裁员，不许关门，哪有这样的道理？

问　但是现在来说很多中小企业确实充满压力，比如对外出口现在效果不是很好，您觉得这些企业破产是一个新陈代谢的必然选择？

许小年　你说正常也叫正常，不正常也叫不正常。

经济形势是永远在不断变化的。在这个变化中，谁能够跟得上变化，谁能够及时调整自己的经营战略谁就能活下去，但是不可避免有一批人有一批企业，它因为无法很快调整自己而倒下去了，在这个意义上讲是正常的。

你说不正常也是不正常，为什么不正常？就是这么长的时间，我们的中小企业，没有进行差异化竞争，所以他们抗击风险的能力非常低。因为它没有进行差异化的竞争，没有进行差异化竞争的结果是利润非常薄，你做的事情我也能做，他做的事情你也能做，比如外国订单来了，我说压价格 10%，你说我不压，你不压好了，别人那可以压。这种同质化的技术，使得中国的中小企业利润率非常薄，没有定价能力，因此利润率薄到了 5%，薄到了单位数，如果原材料价格涨了 10%，马上就倒了；劳动力成本涨了 10%，马上就倒了；人民币升值 10%，它又活不下去了。反映出它抗击风险的能力非常弱，而它抗击风险的能力非常弱小原因就是同质化竞争，原因是不去做研发，不去做自己特有的产品和技术，这是不正常的地方。

并不是说所有的中小企业都无法抗击风险，我们在欧洲看到很多中小企业。欧洲的一个家庭企业，它可以持续一百多年，为什么呢？瑞士表做了多长时间？这都是因为小手工作坊发展起来了。

问 有独特的产品。

许小年 为什么它可以经久不衰？它有它的特点，这样的表你只能在我这儿买到，到别人那买不到，或者这个价位，这个质量的表你只能在我这儿买到，因此我就有一定程度的市场定价能力。原材料价格一涨，就跟我的客户说对不起我的原材料涨了，我得提价。你得让我提啊，因为你喜欢的表只有在我这儿才能买到。

不是这种大路货哪都能拿到的，有特点的。我们中小企业就不愿意在研发上投入。

问 您觉得这个事情的产生是因为什么呢？

许小年 我为了研究这个事情，特地在我的班上做过调研，我说咱们在场的有很多企业家在这里学习，你们告诉我，你们为什么不做研发？

问 他们的回答是什么呢？

许小年 有一个说，教授，我是一个民营企业家，我为什么要做研发，我做研发开发出一个产品，我今天推出市场，明天满街水货，水货的价格是我的五分之一，你说我降不降价，我不降价卖不出去，成本没有办法回收。所以我说算了，就做点短平快的项目算了，我没有什么长期打算。反映出什么问题？

问 产权问题的保护还是存在一个缺陷。

许小年 产权保护，所以市场经济离不开制度支持，产权的法律保护，全社会尊重产权，保护产权的意识，不仅是政府的事情，而且跟全体的国民有关，政府对产权保护不到位，这是它的失职。我们的法律体系大家都知道，大家不愿意打官司，知识产权如果发生纠纷，谁都知道法院怎么判法，所以都不愿意去，成本搞了一大堆，花钱花了很多，最终还得不到一个公正的结果，所以大家不愿意去。

而这种对于产权的侵犯，在我们社会上也没有形成声讨的局面。我记得鲁迅哪一本小说里讲的，叫做"秀才窃书不算偷"，中国人对产权很多地方没有概念，"秀才窃书不算偷"为什么？他好学，偷圣人之书，所以偷一本书不叫偷。把产权没有摆在一个至高无上的地位，我为了一个什么其他更高的目标而侵犯别人的产权，这是可以说得过去的，我记得这是《孔乙己》里的吧。

又比如说我们用计算机软件,大家拷贝软件,拷贝来拷贝去的时候,谁意识到这是违法行为,这有什么啊? 有没有意识到拷贝来拷贝去,软件公司将来怎么做呢? 为什么美国人对于好莱坞大片的盗版碟在中国十块钱五块钱卖很恼火? 造成他几百万的损失,我们还觉得这有什么啊,美国人在这指手画脚什么啊。没有认识到这种用盗版碟实际上受损的是我们自己,是我们自己的创新能力。

问　产权制度的建设确实是非常重要。

许小年　产权制度没有社会基础。

问　但是您这样的说法是不是很悲观啊?

许小年　不是悲观,就说明我们改革开放前面的道路还很长。要建设一个完善的市场经济体系我们要做的工作还有很多,30 年只是破了一个题,只是一个工程做了奠基,这个大楼要盖,这个大楼工程还远远没有结束。我们市场到现在为止只有商品市场,没有要素市场,或者说要素市场不发达。资本市场、劳动力市场、外汇市场、土地市场。土地现在基本上一级市场国家垄断,没有真正意义上的市场。我们资本市场你看看,政府对资本市场的各种管制,各种干预,到现在我们离一个真正的资本市场还远着呢。我们没有形成一个全国的高度流动的劳动力市场,这个在经济学中称为生产要素,生产要素市场的建设和发育工作量还大着呢。市场经济运行所需要的制度体系,刚才我们所讲的产权制度只不过是一个。市场经济运行离不开高效的法制体系,我们法制体系的建设,我们知识产权体系的建设,还早着呢! 这些制度建设都离不开国民意识的配合,都离不开社会观念的支持。我们这个社会观念的形成,能够适合市场经济的观念还早着呢。所以再往前看 30 年,我觉得应该再往前看 300 年,不是 30 年,中国市场化的改革再往前走还要走 300 年。

投资有风险　自己应买单

问　您刚才也提到了中国其他的很多市场,我想就一个具体市场请问一下。我们知道今年中国的股票市场走过了 18 年的风雨历程,您觉得在未来 30 年,中国股票市场首先应该需要解决的问题是什么?

许小年　你没有产权观念,你没有产权意识,这个市场就没有基础。我不想就事论事,研究金融的对热点问题没有太大的兴趣,但是就拎一个你所关心的热点问题,大小非。

大小非突出反映了我们的投资者根本没有产权观念。没有产权观念的社会环境中怎么建立一个健康的资本市场?资本市场的基石是产权,我这 100 块钱是需要回报的,这 100 块钱的权利是任何人不得侵犯的。过去我们国有股一股独大,欺负小股东,侵犯小股东的产权,把小股东的 100 块钱拿走了,大股东占用了,那个时候一定是要严厉声讨这种现象。但是反过来小股东就可以侵占大股东吗?首先在国有股流通的改革中,你十送三的对价,送的这三股,产权上是不清晰的。我送你三股,在我看来有点像打土豪分田地,这叫白送啊。

问 流通的成本,这算吗?

许小年 什么叫流通的成本啊?国有股当时不许流通,你投资人在市场上买股票的时候已经知道是不流通的,并不是说你买股票的时候,我告诉你要流通,结果你买了股票以后我说不能流通了,我要付出补偿的,这属于大股东的违约,这属于国家股东的违约。你买的时候就知道不流通,我怎么补偿你呢?这个法理我怎么能够说得过去呢?当然可以勉强说得过去,就是因为国有股不流通造成了整个市场的估值偏高,市场风险过高,这是由于国家在那个时候不合适的政策造成的,这个时候国家对小股东作出一些补偿,勉强说得过去,法理上我觉得说不过去,情理上勉强说得过去。

当时宝钢就说我们不付对价,万科就说我们不付对价,为什么啊?我凭什么把 30% 的权益白白送给你,为什么啊?他们是有他们的道理的,这些企业是有他们道理的,这些企业的股东是有他们道理的,从法理上你哪一条能够说得过去,从我这里白拿走 30%,你这不是打土豪分田地吗?对产权更不尊重的是我付了 30%,你还不让我减持,现在就是这种状况,这比打土豪分田地更恶劣了。你分了我们的田还不让我们走,你什么道理?

问 但是现在很多人可能考虑到现在整个市场行情不是非常好,如果全部减持,这行情是不是会好一点?

许小年 产权跟行情无关,产权跟今天下不下雨没有关系,你不能说今天天下雨我的产权就变成五块钱了,你不能说今天大太阳天我产权就 10 块钱。什么叫产权,中国人有产权概念吗?你提这个问题本身就说明你没有产权概念，产权是绝对的，是不可侵犯的，产权至高无上，是无条件的。产权只有产权之间的交换，谁说我 100 块钱的产权在市场形势到股指 2000 点的时候，就变成 50 块，我把另外 50 块让给你，谁说的？等到 6000 点的时候，我 100 块钱变成 200 块了吗？是吗？什么意思？哪有这么不讲道理的？

在这样的社会环境里，怎么可以建设一个健康的资本市场？你今天小股东剥夺大股东，你觉得你有道理，好了，明天大股东说了，他反过来了，明天大股东说今年公司盈利很差，公司眼看就过不下去了，我再占用你们点资金吧，行吗？不行。

问　产权制度没有建立起来，所以说大家可能都会利用这个空档。

许小年　你当时一股独大，你用大股东的地位剥夺小股东，现在小股东又挟人多势众去欺负大股东，你这么打来打去，中国的产权制度永远建立不起来。

问　您觉得现在这个问题怎么办呢？

许小年　你承诺的必须兑现，你承诺的必须执行。

问　这个就是您的观点。

许小年　你当时承诺了十送三的对价以后，必须根据当时契约的约定，如其按照当时的约定执行，执行的结果所有人都承担。因为当时定契约的时候大家已经说好了，我现在没有任何契约修改，现在是小股东提出修改契约，你修改契约也行啊，你把我十送三的对价给我送回来，还给我行不行？没有人说这个事，我付了钱，我这个路条是花钱买的，有没有搞清楚？你现在要把路条扣起来，就算你把路条扣起来，行，你把买路钱还给我啊，买路钱从来没有人说还。你得还给我，你不让我走可以啊，你再把我挂起来，你还给我啊。你又要把我挂起来，又要把我的买路钱收下，有这个法理吗？产权是这样的吗？产权像橡皮泥一样爱怎么捏就怎么捏吗？这样的产权意识我们怎么能建立一个健康的资本市场啊。

问　现在来说的话，我们还是处于新兴的市场阶段，可能很多东西都不是很完善，这样的话是不是需要政府出手，现在很多人呼吁政府出手，成立一个平准基金也好，或者如何来提振一下股市，你怎么看？

许小年　我根本不愿意评论这些话题。

问　您觉得这是错误的？

许小年 我不能说是正确和错误的,跟我的研究没有关系,这是非常愚蠢的行动。我们没有在世界上任何一个地方看到平准基金能够研究一个健康的资本市场,没有看到。

正好相反,平准基金会破坏这个市场的基础。什么叫平准基金,平准基金就是我炒股票,收益我来拿,风险国家兜着,这个市场能做好吗?一个健康的市场上收益和风险能够得到很好的平衡,当你把收益和风险破坏的时候,平衡也就破坏了,市场也就破坏了,天下有这样的事吗?炒股票收益我收着,风险国家兜着,天下有这样的事吗?你炒股票之所以能够获得收益,因为你承担了风险,收益是对风险的报酬,你想把风险全甩给国家,你就没有资格获得收益。而风险和收益的平衡一旦被破坏,这个市场就失衡。

这个市场完全失衡,你想想收益全归你拿,风险别人兜着,后果是什么呢?你的行为是什么行为?你是一个疯狂的赌徒,你是一个不计后果的赌徒,因为没有风险平衡你,市场机制完全破坏,所以平准基金是破坏市场的行为。

问 现在很多人说 1997 年的时候,香港也成立一个平准基金进行救市。

许小年 去了解一下事实。我跟你谈香港政府的入市,我起码要上一节课。我在跟学生讲香港为什么入市一节课我都没有讲完。香港政府入市不是为了支撑股指,香港政府入市是为了保卫联席汇率制度,当时对冲基金在卖空恒生指数股,在卖空港币,是想打垮联席汇率制度,从中获利。香港政府入市干预是为了保卫联席汇率制度,而不是对恒生指数自己有一个政策底,不是的。为了保卫联席汇率制度,而且它在入市的时候,它就讲是为了保卫联席汇率制度,港府决定入市干预,但是香港的自由市场定位不变,一旦当局势稳定下来以后,港府会尽快退出市场,港府这样说了也这样做了。当对冲基金攻击的浪潮退出之后,港府就把手中的恒生指数股建立了一个盈富基金,而且香港的老百姓凭着自己身份证每个人都可买到一份,还富于民,港府退出了市场。自从退出以后,港府再也没有对股市进行干预。那是危机时刻,为了保卫联席汇率制度,不得已采取的措施。

问 中国现在跟当时的情况并不一样?

许小年 中国有危机吗?中国有什么危机啊?港府退出以后再干

预过股市吗？港府成立过平准基金吗？没有。港府是用外汇储备买了这些股票，然后再把买到的股票在形势好转以后、恒生指数反弹以后又把它卖掉。到今天港府没有平准基金，那是属于紧急状态下的一种干预，不是常态下的经常性操作。我们现在的平准基金要把它变成常态下的经常性操作，完全是两回事，概念根本不同。而且，港府不是说对指数有一个心理价位，要托指数，而是跟汇率联系在一块的。我们现在有一个倾向，就是不懂装懂，假装专家，根本没有研究过，进行简单的类比，误导公众舆论。

问　像您刚才说的建立一个产权制度是最关键的，产权制度建立需要未来的 30 年甚至更长的时间。

许小年　未来 30 年能建立起来就已经很不错了。

许小年　这个就涉及到经济改革和社会转型，要从传统社会转型到一个现代社会去，不光是一个物质生产领域的转型，包括了制度层面上的转型，而且还包括了社会观念上的转型，都需要从传统社会转向现代社会。这个道路是非常长的。从一个几千年的人治传统转型到法治社会，不是一天两天的事。整个法律体系的建设，法律体系的改革，从一个以情理判断是非的传统社会，转到以权利判断的现代社会也不是一天两天的事。我们现在老用情理代替法理，你用情理代替法理，你在制度层面上就不可避免是人治代替法治。

问　感谢您参加我们这次访谈，谢谢您，老师。

许小年　谢谢。

（2009 年 1 月 11 日载于《网易财经》"100 名经济学家会诊中国"专题）

源 与 流

为了避免概念的混淆,有必要严格区分发明和创新。发明是技术上的突破,而根据熊彼德的原意,创新是新技术的大规模商业化应用。斯蒂格里茨的政策建议或许对促进发明或基础研究有一些作用,于创新却无法收到其宣称的效果。今天发展中国家的当务之急不是发明,而是创新,是如何将技术应用于生产与生活,如何将技术转化为生产力。

斯蒂格里茨认为应建立奖励制度以及由政府支持创新活动,但他没有想到,如果是事后奖励,市场其实是最有效的机制。资本市场使盖茨成为世界首富,对于刺激创新而言,这样的奖励强过所有的高科技证书和委员会颁发的奖金。如果是事前奖励,则必须回答"奖励谁"的问题。在技术的商业应用未经市场检验之前,任何委员会或个人都无法确知创新将会出现在什么地方。汽车的大规模生产是一项重要创新,哪个委员会准确地找到了亨利福特并给予奖励?

市场经济中,创新的主体从来就是企业和个人,他们所需要的外部支持,不是什么委员会的认可或政府的资助,而是斯氏不以为然的知识产权保护。

斯氏正确地将知识和技术划入公共品的范畴,却错误地用边际成本为公共品定价。科斯早就批评过这种生搬硬套是"黑板加粉笔的经济学",不是现实中的经济学。不错,蜡烛照亮别人的边际成本等于零,但如果因此令蜡烛的价格为零,世界上根本就不会有人生产蜡烛。

同理,假如没有专利制度的保护,技术免费使用,还有人投资开发技术吗?专利保护过严的确可能阻碍技术扩散,但如果没有专利保护,企业就没有积极性从事创新。这里原创是第一位的,扩散是第二位的,两者不是对等,而是源与流的关系。专利制度的设计必须在企业的原创和向社会的扩散之间保持平衡,而不是根据边际成本等于零,取消专利保护以求最大程度的扩散。如何把握原创和扩散之间的"度",要根据市场实践并经过实证研究决定。

对于中国而言,最紧迫的任务是原创而不是扩散,这就需要建立起基本的知识产权保护制度。目前的问题不是知识产权保护过度,而是保护不足。

至于发达国家向发展中国家的技术转移,问题主要不在 TRIPS 是否过严,而是政治因素的介入。我们希望发达国家能够放松对技术出口的限制,但也没有过高的期望,根本之计仍在于提高我国企业自己的研发和创新能力。

(2007 年 3 月 30 日载于《财经》杂志)

附： **创新的制度设计**

约瑟夫·斯蒂格利茨

知识产权制度作为社会创新体系的一部分,可以为创新活动提供动力。在知识产权制度下,创新者可以限制人们使用其所创造的知识,由此获得创造知识的投资回报。

但是,社会创新体系还包括其他内容。大学或政府也可以为研究项目提供资金;像软件业中"开放源代码运动"这样的做法,也可以创造出新知识;奖金制度也能给学者提供激励,甚至金钱本身也只是对科学家的激励体系的一部分,而且,在许多领域,尤其是基础科学研究中,专利制度只能发挥很小的作用。

所以,关键问题在于,应当如何设计创新的激励机制? 专利制度在这样一个更为广泛的创新体系中,究竟应扮演一个什么样的角色?

显然,专利(或知识产权)制度的设计应该考虑到:什么样的创新可以得到专利、专利的范围、创新性的标准;授予专利或挑战专利的程序;专利的执行规则;专利持有人的责任;对专利的限制,如不能滥用反竞争性规则等。

关于这些问题的解答，将影响一个经济体的效率及其创新能力。对中国而言，这些问题尤其重要。中国目前所面临的主要挑战之一，就是缩小与发达国家的知识差距。虽然中国已经取得了飞速的进步，但差距仍然很大，不当的知识产权制度将会令中国的追赶过程更为困难。

在知识产权保护方面，西方的制度体系是高度有效的，这主要是基于政府对基础研究的强大支持。但由于中国各方面条件的差异，照搬照抄并不合适。例如，西方现有的知识产权制度以节约劳动为核心，可能导致较高的失业率。而中国需要的，是根据中国所处发展阶段设计的、以发展为导向的知识产权制度，应着重于提高资源的使用效率。

而且，西方知识产权制度本身也存在高度的扭曲。最根本的问题在于，知识是一种公共品，而且是一种全球性的公共品，对其使用不会产生边际成本。托马斯杰斐逊曾说，知识就像蜡烛，点燃别的蜡烛并不会使自己受损，反而会带来更多光明。因此，知识产权的存在会限制对知识的利用，并必然造成对效率的损害。

不仅如此，知识产权和专利制度还会产生更为严重的扭曲。例如，它会带来暂时性的垄断。当这种垄断涉及到挽救生命的药品时，其社会成本就特别地高。而微软这样的企业则可以利用专利制度来巩固其垄断优势。此外，人们常常用动态效率来为专利制度做辩护，即它可以激励人们的创新活动。但近来工业组织理论的进展表明，专利制度的成本可能比原先估计的要高，其收益则没有预想的大。熊彼特关于"垄断是暂时性的"观点可能是错误的，垄断一旦被建立起来，就可以较容易地转变为持续性的。而专利对研发的激励可能没有那么大，且会对研究方向造成扭曲。专利制度进一步的成本还包括其所引发的诉讼风险及成本，以及创新的高度不确定性——除了科学研究天然的不确定性，还有专利侵权所导致的不确定性。

在考虑效率问题时，我们应该问的是，能否在更低的静态成本下达到动态有效率？专利制度的问题在于，专利的回报与其边际社会收益并不匹配。对社会而言，创新的边际收益是让它尽早地被社会所利用，但专利制度有时候恰恰起到了相反的作用。例如，人类基因组计划本应让人类更好地了解自己的基因信息，但某些企业收取每人次3000美元的费用才提供基因检测服务，这一费用对于大多数人都过于昂贵。另外，专利的回报很大程度上来自"限制公共物品共享"，这实际上是一种社会成本而不是福利。将已经使用了上千年的草药申请专利，便是一个极端例子。

因此，专利制度可能减缓了创新的步伐。在知识生产过程中，知识本身是最重要的投入。在存在知识垄断的情况下，创新的激励比在更具竞争性的市场环境中要小。垄断者可以采取一些手段来挫伤创新，从而提高其利润，如微软对网景公司等的限制。其次，专利冲突（所谓"专利丛林"）也可能阻碍创新。例如，重复的专利申请一度严重阻碍了商用飞机的研制，直到"一战"前美国政府强制推行专利共享制度，这个问题才最终得以解决。另外，在专利制度下，大量的研发行为都以获取或加强垄断力量为目标，而不是以创造新的产品并降低成本，从而提高社会福利为目的。

对于创新体系而言，其所承担的关键职责包括：遴选研究项目和研究者；为研究筹资；减少创新的风险；为创新提供激励；推广创新成果。在评价一个创新体系的时候，需要综合考虑以上各项因素及其带来的经济成本。

照这样的评价体系，专利制度具有巨大的静态和动态效率扭曲，在资金来源方面也存在研究经费来自垄断利润的弊端。而且，过度的专利保护使得许多专利成为限制知识共享的屏障，打击这种不良专利可以让社会从中获益，但由于"打击不良专利"自身的正外部性，人们在这方面的努力是不够的。如果专利程序存在缺陷，问题可能还会更加恶化。

现有的知识产权制度和法律体系也存在着加剧不平等的倾向。例如，实施知识产权的成本很高，挑战已有专利的成本也很高。特别是对于发展中国家而言，其自身研发投入不够，本应从知识创新中获取溢出效应，享受作为全球公共产品的创新成果，但现有的知识产权制度往往使得发展中国家和发达国家之间的知识差距进一步拉大，从而被置于不利地位。例如，现有制度对于解决那些困扰发展中国家的疾病，几乎没有提供任何研发激励。由于支付不起高昂的医药费，部分发展中国家变得愈发贫穷。发达国家医药企业和发展中国家政府在药品专利上的矛盾，也是这方面问题的表现之一。

知识作为全球性的公共产品，应该由那些最有能力支付的国家来筹资。但知识产权制度不会考虑到不同国家条件的差别，它只管能在何种程度上获取利润。将发展中国家和发达国家区分开来的，是知识的鸿沟。但世贸组织知识产权协议（TRIPS）却让这条鸿沟的消除变得更加困难。事实上，TRIPS 从来都不应该成为世贸协议的一部分。

设计良好的创新体系，应该是一个混合的系统。对专利制度的一个可能的替代，是"奖励机制"（prize system）。在奖励机制中，可以核算创新带来的社会福利，从而给予研究人员相应规模的奖励；而且，还可以在这一成果的商业收益中提取一定百分比，奖给研究人员。这是一种开放的激励机制，竞争性的商业应用市场将保证创新成果的推广更为有效，而且不存在广告等反竞争行为所造成的浪费。

对于专利制度、奖励机制和政府支持这三种创新机制，我们可以做一个比较。专利制度在研究项目选择上是分散性的，由研究人员自我选择，彼此缺乏协调；其筹资方式将带来高度的扭曲和不公平；诉讼风险较高；对创新的激励很强，但存在扭曲；推广的激励比较有限；交易成本较高。奖励机制在项目选择上也是分散性的，缺乏协调；比起专利来，其筹资较少扭曲性，也更为公平；诉讼风险较低；创新激励强，且扭曲程度较轻；推广激励很强。政府支持方式在选择项目时，是由官僚系统决定的，但可以得到更好的协调；其筹资最为有效，诉讼风险也最低；如果政府以社会福利为目标，其推广激励也很强；但是当研究目标缺乏清晰的定义时，这一方式就难以运作。

在社会创新体系中，知识产权的重要性被夸大了。可以考虑将专利（知识产权）制度、奖励机制和政府资金支持三种方式作为创新制度的一个组合，知识产权只是其中一部分。对于西方国家而言，需要做的是降低专利制度在这一组合中的分量，增加奖励机制和政府资金支持的力度；并且对知识产权制度重新设计，以增加其收益，降低其成本。

（附文作者为美国哥伦比亚大学经济系教授，2001 年诺贝尔经济学奖得主。本文根据作者 2007 年 3 月 8 日在北京大学中国经济研究中心的演讲整理）

徒有学术外表的公立医院辩护词

——评《公立医院的经济学实质和依据》

《公立医院的经济学实质和依据》（以下简称《实质》）一文引用了诸多前卫的经济学名词，以表面上的专家声势和混乱的逻辑，令人无从搞清这些概念和文章的思路。在读者一头雾水之际，作者便抛开了逻辑推理，随意地得出事先设定的结论——医院应由政府来经营。

借助公共产品、外部性、垄断和信息不对称等概念，《实质》断言（而不是论证），"医疗领域是一个市场机制全面失灵的领域"，在政府必须干预的前提下，文章比较了各种政府干预的方式，认为从交易费用的角度考虑，公立医院优于其他干预方式。

《实质》一文的错误在于，(1)即使存在着公共品、外部性、垄断和信息不对称，也无法得出市场全面失灵的结论，更不能将政府干预作为无可争辩的确定前提。首先需要论证的，不是各种政府干预手段的效率高低，而是政府与市场的优劣，是政府在市场中的职能与定位。(2)在不同政府干预手段之间，选择的依据应该是成本和效益的具体分析，而不是貌似高深的制度经济学理论。特别需要指出的是，交易费用和企业理论与《实质》想得到的结论没有什么关系，对这篇文章而言，这些理论仅仅是华丽的聋子耳朵。(3)即使依照《实质》的说法，公立医院的实质也不是降低交易成本，而是政府的仁慈和无所不能。(4)在分析市场和政府时，方法论上的前后不一致。

医疗行业的问题不等于市场全面失灵

如同其他行业一样，医疗卫生行业的确存在着公共品、外部性、垄断和信息不对称等问题，但这并不意味市场机制的全面失灵，不能由此得出政府应全面干预的结论。对具体情况要做具体分析，仅在市场失灵的那些地方，政府干预可以作为备选却不一定是必选的方案。下面我们逐一考察造成市场失灵的这些因素，并以此为基础，严格地界定政府的职能。

绝大多数医疗产品和服务不是公共品，而是私人品。私人品具有"竞争性"，甲吃了一个面包，乙就不能再吃同一个面包。与此相反，公共品是"非竞争性"的，甲在一条街道上散步，并不影响乙在同一条街道上骑自行车。药品显然是私人品，大夫的诊断也是私人品，因为在给甲看病的大夫不可能同时为乙把脉。医院是提供药品和医疗服务的机构，药品和服务都是私人品，市场能够有效地供应，市场并未失灵，为什么要由政府经营医院呢？对于私人品，讨论哪种政府干预手段更有效是毫无意义的，私人品市场根本就不需要政府干预。

医疗的外部性表现在传染病上，治愈一个传染病患者，不仅恢复了病人的健康和工作能力，而且降低了其他人得病的概率。另一方面，非传染病的治疗就没有什么外部性，肿瘤、心血管系统和外科等疾病只与患者个人有关，不影响其他社会成员。这也是为什么政府要介入传染病的预防和控制，例如"非典"和禽流感，而没有必要干预非传染性疾病的治疗。政府更没有理由以外部性为名，自己经营医院。

在经济学中，导致市场失灵的是自然垄断，而医疗卫生行业中的自然垄断现象并不严重。自然垄断的根源是规模经济，即单位成本随生产批量的增加而下降，药品的生产和医疗服务的提供显然没有什么规模经济效应。国内一些学者以为需求刚性造成垄断，这是一个高级而又十分明显的错误。食品需求比看病更具刚性，却基本没有垄断的问题。

和其他行业一样，对医疗的供给产生最大负面影响的是行政垄断，人为的行政准入壁垒阻止了资源的流入，使供给长期落后于需求，造成了看病难、看病贵的局面。《实质》一文却认为这样的担心是多余的，因为"政府所有者作为垄断者也不会剥削消费者，即使有盈余也属于全社会所有"。真的如此吗？从我国电信业的现状可知，行政垄断下的高费率给运营商带来了每年几百亿甚至上千亿的利润，这是否构成对消费者的"剥削"？由于没有关于"剥削"的准确定义，无法在这里讨论。一个不可否认的事实是,这些盈余仅在名义上属于全社会所有,一般百姓无从过问,更不要说受益多少了。

公立医院"不占便宜"的假设不成立

医疗行业中的确存在着严重的信息不对称,但这并不能给公立医院留下很大的理论空间,因为公立医院同样有信息不对称的问题。公立或私立,信息不对称的程度不会因所有制的不同而改变。对于公立医院的优越性,《实质》一文试图从所有者的激励来解释,和私立医院相比,"政府所有者不会利用信息不对称占消费者的便宜"(以下简称为"不占便宜")。

请注意,"不占便宜"是另一个关键的假设,如果这个假设成立,争论到此结束。由于政府所有者不会占公众的便宜,公立医院将为消费者提供真实和准确的信息,而不会像私立医院那样,利用消费者的缺乏知识,提高价格以赚取更多的利润。在政府所有制下,医院和病人享有完全相同的信息,两者之间的信息不对称完全消失。

《实质》一文本来可以到此收笔,后面洋洋洒洒的交易费用和企业理论不过是摆设,在装饰自己的同时吓唬别人。倘若医院和病人之间的信息是对称的,交易费用几乎为零,交易费用理论也就与《实质》一文的主题无关。科斯在谈到企业的性质时,虽然没有明确提出交易费用和信息不对称的关系,但如果买方和卖方信息完全对称,交易费用就简化为差旅、谈判、律师等可预测的实际成本支出,这显然不是科斯或者威廉姆逊的原意。同理,如果信息是对称的,就不存在"可测量性"的问题,张五常的"要素交易契约代替产品交易契约"就失去了前提。如果信息是对称的,买卖双方就可以制定完美的合约,格罗斯曼-哈特的剩余控制权就变成了无的放矢。

在"不占便宜"的假设下,公立医院的实质既不是用要素交易契约代替产品交易契约,也不是掌握剩余索取权和剩余控制权,而是仁慈与无所不能的政府的化身,是政府的一心为公消除了信息的不对称。什么"交易费用"啦,什么"可测量性"啦,什么"不完全契约"啦,什么"资产的专用性"啦,根本就不需要这些学术名词的堆砌,也不需要煞有介事地引用经济学文献,说到底就是一句话:私立医院想赚钱,会利用信息优势占消费者的便宜;而公立医院没有营利动机,不会利用信息优势占病人的便宜。

公立医院不占消费者的便宜,听起来合乎情理,其实却是一个非常强的假设,未经合理性和实证检验,是不能接受的。《实质》应当但没有从理论上回答,政府所有者为什么不会像私立医院那样,利用信息不对称占消费者的便宜? 是由于公众的有效监督,还是政府所有者的天性仁慈? 第二,即使政府所有者最大化社会福利,公立医院也有可能违背政府的意愿,追求自己的利益,这时将如何保证两者的目标一致? 换句话问,政府所有者和公立医院之间的委托—代理问题是如何解决的? 如果政府所有者一心为公,而且能够以零成本令公立医院贯彻自己的意图,信息不对称引起的所有问题岂不都可通过国有化来解决么? 市场经济岂不是应该回归计划经济了吗? 从实证上看,如果"不占便宜"的假设成立的话,我国现有医院体系已然是政府所有制,为什么公众还在抱怨看病难和看病贵呢? 我们为什么还要改革现有体制呢?

只有在公立医院也会占消费者便宜的情况下,即公立医院并未消除信息不对称的情况下,《实质》所引用的交易费用理论才是相关的和有意义的。即使如此,我们也不能像《实质》一文那样,口念"市场失灵靠政府"的秘诀,再把其他方式的政府干预扔到地沟里,简单地宣布公立医院为最优对策。正确的方法是对可供选择的方案进行成本—效益分析,从中找出社会净效益最大者。可选方案包括市场化的私立医院、价格与品质监管、政府购买产品与服务、财政补贴消费者,最后才是政府所有制。这些方案的选择是一个纯粹的实证问题,而不是理论问题。我们不可能从理论上证明,政府所有制一定比监管好,也不可能从理论上证明,监管就比市场化方案好。到底应采取什么政策,完全看哪个政策的社会净效益更大。很有可能的一个结果是,各种政府干预的社会净效益都比市场化方案小,市场失灵仍然靠市场,因为找不到社会净效益更高的方案,政府干预将减少而不是增加社会净效益。

制定公共政策也要计算政府的成本

主张医疗行业由政府主导的文章有着一个共同的特征:逻辑和方法论上的前后不一致。这些文章在强调市场失效时,假设了政府有效;

在紧盯市场交易成本时，假设了政府的成本为零；在肯定私人的自利行为时，假设了政府官员的一心为公。市场与政府之争实际上变成了凡人和圣人的比较，市场与政府的效率高下变成常人和超人差别。研究还有什么意义呢？结论早已包含在假设中了。

在世俗世界中，制定公共政策要用成本—效益分析法，在私人和政府官员均最大化自己利益的前提下，将政府的成本计入社会总成本，而不能像《实质》一文那样，只算市场交易费用，不计政府费用。政府有收集信息的成本、监管的人力和物力成本、"寻租"腐败的成本，以及委托—代理等成本。

《实质》一文对交易费用和企业理论做了大体准确的简评，这几乎是它的唯一可取之处。但由于逻辑上有意和无意的混乱，文章前后矛盾，结论和理论处处脱节。例如文章在结尾处的第二个结论："市场缺失，需要政府投入资金"，这个观点和全文反复引用的制度经济学理论没有任何关系，作者只好牵强附会，把政府投资医疗类比为二战之后的经济重建，令人啼笑皆非。这还不够，《实质》又转向"高风险"，说明政府开办医学科学院的必要性，不仅完全脱离了文章的主题——常规医院，而且又犯了一个经济学上的高级错误。政府资助医学研究，不是因为基础研究的高风险，而是由于它的外部性。到了文章的第三个结论，作者已近乎颠三倒四，政府掌握医院的剩余控制权是"为国家筹资"，"为国家领导人提供医疗服务"，"避免消费者受到私人垄断者的剥削"。

谢天谢地，总算讲了两句实话，较之学术包装下的蹩脚，显得自然多了。

（2009 年 6 月 16 日载于《南方都市报》）

大力改善民营经济的生存环境

我想借这个机会谈一下民营经济的生存环境。

去年第四季度以来，我们开始执行扩张性的财政政策和货币政策，为应对当前的金融危机，这些政策有一定的必要性，但其负面效应也不可低估，起码有两个难以解决的问题。

第一是政策效果的可持续性，能否单纯依靠货币政策和财政政策拉动内需？我认为存在着很大的疑问。如果民间消费和民间投资不能跟进的话，单靠政府花钱、银行放贷，很难实现持续性的经济增长，因为政府的财力不是无限的，银行也不能永远这样发放天量信贷，这么放贷，不可避免地要产生银行坏账。今年的经济回暖能否持续到下一年，关键看民间资本能否跟进。在民营企业生存环境恶化的情况下，我认为民间投资跟进的可能性不大。

第二个问题是就业。在这一轮宏观政策的执行过程中，我们看到"国进民退"的倾向，与改革开放 30 年以来的方向背道而驰，资源配置向国有企业倾斜。银行考虑到经济下行的风险，为它的贷款寻找安全的避风港，有政府担保的国有企业和政府项目就成为首选，民营企业在资金和资源的获得上都处于劣势。"国进民退"对创造就业机会、保证社会稳定都是不利的，就业靠数量众多的中小企业，而中小企业的绝大多数是民营的。

我们呼吁决策层重新评价当前的政策，把政府花钱的指导思想，尽快地转变到启动民间需求，依靠中小型民营企业，创造足够的就业机会，依靠民营企业的可持续投资来拉动内需。为了达到这个目的，需要尽快采取措施，改善民营企业的经营环境。

我们建议，第一要放松管制，打破行政垄断，允许民营资本进入传统的垄断行业,比如石油、石化、电讯、交通、基础设施、电力、军工,等等;允许让民营资本进入新兴服务业,包括金融服务业、媒体娱乐、医疗卫生、文化教育等等。只有这样,才能鼓励民间投资,扩大民营企业生存和发展的空间。

第二,放松管制,促进金融机构的创新,为民营企业提供全方位的金融服务。现有的金融机构不可能解决民营中小企业的融资难问题,尽管中央高度重视,但由于缺乏机构创新,中小企业融资停留在口号上。大型的国有银行成本比较高,给中小企业贷款无利可图,需要社区性的、低成本的草根型中小机构,专门为中小企业服务,这就需要降低金融行业的准入门槛,允许各类的民营小型金融机构进行尝试和探索。实际上,最为便捷的方法就是将现有的各类地下钱庄合法化,政府出台法律和监管条例,让它们依法经营,在阳光下操作,充分发挥它们支持中小企业、活跃地方经济的功能。目前在办公室里面设计出来的小型贷款机构,只贷不存,闭门造车,没有生命力,将来在市场中一定会碰壁。为中小企业提供金融服务的第二点,是要尽快推广风险投资基金和私募股权基金,结束政府部门的利益之争,推出"合伙企业法实施细则",为民间的股权融资机构创造一个法律框架。第三点是取消审批制。企业的融资是自愿的市场交易活动,企业自己决定什么时候卖股票、卖多少、以什么价格卖、在哪里上市;投资者自己决定怎么买、买多少和以什么价格买。不需要审批,只要符合法律规定的信息披露要求就行了。

改善民营企业经营环境的第三个建议是减轻赋税。目前民营企业的赋税太高,增值税加所得税,40%以上的税率,是世界上最高的之一。当前企业经营困难,政府应当减税让利,减轻企业的负担,让企业有更多的资金来从事生产和投资活动。

第四,加强知识产权的保护,促进创新。民营企业的产品技术含量普遍偏低,附加值低,研发和创新的投资显著低于国外企业。创新不足的原因之一是我们的法律环境不完善,对于知识产权不能进行有效的保护,创新很容易被抄袭,假冒产品充斥市场,企业的前期研发投资就没有办法回收。为了促进企业的创新,一定要严厉打击盗版、仿制和侵权的活动。

我同意大家讲的,危机也是机遇,但是为了把危机转变为机遇,在这里空谈是没有用的，国家要采取切实可行的政策，改善企业的经营环境，只有企业发展了，需求才有可持续性，只有企业发展了，才能保住就业，才能维护社会的稳定。

我就讲到这里，谢谢大家！

（2009 年 5 月 30 日在浙商大会上的讲话。2010 年 8 月 20 日修改）

4 经济现象与经济政策

复苏之道

在"二战"之后的世界经济史上，金融危机屡次发生，但眼下这场席卷全球的金融危机，却史无前例，不仅规模和深度远远超过以往历次，而且将对世界经济格局产生前所未有的深远影响。

时下四处弥漫的乐观气氛，源于对危机成因缺乏认识或"无知者无畏"的社会心理学。这次危机不是一般的经济景气循环，而是全球化时代的第一次危机。危机反映了全球经济的失衡，而失衡源于经济全球化和政策本地化之间的矛盾，特别是美联储货币政策的失误，制造了美国战后历史上最大的资产泡沫。泡沫的破灭，不仅将美国经济拖入萧条，而且经由金融市场和国际贸易，冲击了世界上所有国家。

2001 年之后，美联储执行了宽松的货币政策，既要医治科技泡沫破灭带来的经济衰退，又要稳定"9·11"事件后动荡不已的金融系统。当金融系统崩溃的危险已经过去，美国经济显示出明显复苏迹象时，美联储未能及时收紧银根，将低利率保持了两年多之久。在宽松的货币政策下，流动性泛滥，人为造成资金的低成本，刺激金融机构不断提高杠杆率，家庭和个人争相借贷，房地产泡沫日益膨胀。

对于美联储货币政策的这一巨大失误，美国政府官员和凯恩斯主义者迄今讳莫如深。然而，数据清楚地显示，进入本世纪后，美国金融机构、家庭和整个经济的负债率出现了脱离趋势的异常上升，房价也在这一时期经历了超过收入的增长。经济学理论告诉我们，这些现象与美联储的低利率绝不可能只是偶然的巧合。

在制造资产泡沫的同时，宽松货币政策也刺激了美国的消费和投资需求，带动了世界经济增长。以中国为例，在 2001 年加入 WTO 之后的六七年里，出口达到年平均 25％ 的增长，出口占 GDP 比重从 2002

年的 20％,急剧上升到 2008 年的 37％。强劲的外部需求推动了国内的固定资产投资,民间的高储蓄又为投资提供了充裕资金,在出口和投资的双轮驱动下,中国 GDP 保持了多年的两位数增长。

宽松货币政策并没有造成通货膨胀,这使美联储困惑不解,出现了决策上的重大失误。全球化时代,一国的通胀水平已不完全取决于其国内经济参数,而是越来越紧密地和国际经济联系在一起。发展中国家对发达世界的廉价产品和劳务出口,不仅直接降低了发达国家的物价水平,而且从根本上改变了发达国家劳资双方的力量对比。美国的劳工现在不仅感受着墨西哥移民的竞争压力,而且还因"制造外包中国"和"劳务外包印度",面临着随时失去工作的危险。劳工讨价还价的能力降低,工资增长缓慢,美国通胀的最重要驱动力——劳动力成本受到抑制。在低通胀环境中,美联储的印钞机开足马力运行。

21 世纪初期的全球经济繁荣半真半假。全球化促进了跨国界的资源重新配置,提高了各国经济的效率,这是真实的;美联储的"高能燃料"注入全球经济增长引擎,透支了全球化的红利,则无法持续。到危机爆发前夜,世界经济已严重失衡。以美国为代表的发达经济体过度借贷,过度消费;以中国为代表的新兴市场国家,则为过度储蓄和过度投资而困扰。

"萧条的原因只有一个,就是繁荣",借钱买来的繁荣再也无法持续,美国到了还债的时候;中国靠超常的出口和投资维持经济景气,也到了须调整之时。萧条是对过度繁荣的偿还,对失衡的纠正,美国经济需要"去杠杆"(Deleveraging),即降低负债率;中国经济则需去除包括过剩产能在内的存货(Destocking)。只有恢复了经济的平衡,可持续的复苏才有希望。

2008 年第四季度以来,发达经济体经历了大幅调整,GDP 连续两个季度负增长,工业生产指数呈两位数下降,资产价格暴跌,消费收缩,银行倒闭,企业与家庭破产。这是"二战"后最严重的衰退。但正是在这些痛苦的调整中,金融机构和个人的负债率逐步下降,为未来的复苏和均衡发展铺平了道路。复苏何时到来,取决于金融体系和实体经济的调整速度。

金融体系恢复正常功能,起码需要三个条件。

第一,是资产价格跌到底,投资者在确认到"底"之后,才敢放心买入,反弹才具可持续性。从这个角度看,政府干预资产价格的调整,只能增加市场对是否到底的疑虑,于信心的恢复没有任何帮助。

第二,金融机构充分暴露其不良资产,并准备采取有效措施,处置和清理坏账,修复资产负债表。

第三,发达经济尤其是美国,家庭储蓄率从危机前的近乎为零,回复到历史正常水平。在抛弃了借钱消费的生活方式后,一定的储蓄是消费复苏的必要前提。

从这三个条件来看,发达经济体虽仍有下调的空间,但距底部已经不太远了。

例如,美国房价从危机前的峰值下跌了20%左右,以负担能力,即房价收入比衡量,还要再跌10%到20%,房价对人均可支配收入之比才能从目前的4回到历史平均的3.5。

关于金融机构资产负债表的修复,美联储经过"压力测试",基本上摸清了大型金融机构的资本金缺口,但资本金的补充需要时间,银行与资本市场恢复正常融资功能则会更迟一些。

最后,家庭储蓄率虽已从零反弹至4%,但要达到7%、8%的历史平均水平仍需时日,而且斯堪的纳维亚国家的经验证明,金融危机后,经过四个到八个季度,家庭储蓄率及私人消费方可稳定下来。

金融市场的稳定并不意味着危机结束,而仅仅是从金融领域转向实体经济。百年不遇的金融海啸基本过去,世界将面对常规但相当严重的经济衰退。目前对复苏构成最大威胁的,是不断攀升的失业率——美国失业率已达9%,市场普遍预期年内将上升到两位数。随着失业增加,占美国经济70%的私人消费必然会下降,而私人消费萎缩又会迫使企业削减产量和雇员。如果世界最大的经济体不能走出萧条,中国等发展中国家的外需就无法恢复。

与发达经济体的"去杠杆化"相反,中国经济所必需的调整是去除包括产能在内的过剩库存。若不减少投资,就不能增加用于消费的资源;若不降低库存水平和消化过剩产能,就不会有新的投资高峰。因此,调整的当务之急是纠正结构的失衡,而不是盲目地拉动内需,更不是通过刺激投资,来弥补外部需求的不足。

今年以来,中国的宏观经济出现某种程度的回暖,主要原因是库存调整告一段落,其次是国有部门的投资激增,以及配合投资的天量银行信贷投放。

有理由相信,这样的回暖是暂时的,难以转化为可持续的复苏。虽然经过去年第四季度的剧烈下调,库存周期有可能已进入了上行阶段,但另一个更大的周期——投资的调整才刚刚开始。当外部需求的大潮退去时,国内过剩产能便水落石出,多年来的高投资之所以没有造成严重供给过剩,是由于海外市场吸收了国内市场容纳不下的产品。但即使西方经济复苏,外部需求也不可能回到原有的水平,因为旺盛外部需求的最重要支持——美国信贷已不可能再如往昔一般无节制地发放了。

如何消化过剩产能? 目前,我们看到的对策都是更多的投资。新的投资需求短期内可使已有过剩产能得到利用,但日后将形成更多的过剩产能。试图以新泡沫挽救旧泡沫,结果是更大的泡沫,饮鸩止渴,只能推迟但无法避免泡沫的最终破灭。

投资拉动内需的效果甚至短期内都有颇多疑问,政府和国有部门的投资能否保持今年前四个月的势头? 即使回答是肯定的,这能否带动民营部门的投资? 国有部门可以在政府的号令下启动效益低下的投资项目,但在各行各业产能过剩的情况下,民营企业为什么要跟进呢? 另一个很自然的问题是银行信贷,贷款还能像一季度那样,平均每月新增 1.5 万亿元吗? 4 月份新增贷款已回落至 6000 亿元,缺少了银行支持,投资还有可能继续高增长吗?

危机始于失衡,复苏之道在于恢复平衡。发达经济体已大幅调整,中国经济的失衡则因刺激投资进一步恶化。率先调整者,率先复苏;拒绝调整,无异于对复苏说"不"。

(2009 年 6 月 8 日载于《财经》2009 年第 12 期)

价值 4 万亿的问题

为应对经济增长速度的下滑,政府以近期少有的决策速度,推出了"4 万亿"的投资刺激计划,分明、后两年实施,每年 2 万亿。对于这一凯恩斯主义的大手笔,国外的反应颇为热烈,国内却似乎疑虑重重。

首先,在这 4 万亿中,多少是预算中的,多少是新增的? 假设 2009 年各级财政的总预算是 6 万亿,现在有了"4 万亿"的计划,其中用于 2009 年的 2 万亿是否将明年的预算增加到了 8 万亿? 或者很多 2 万亿中的项目已经包括在 6 万亿的原有预算中了? 原预算中的投资无任何刺激作用,只有新增投资才能对经济产生额外的拉动,才能称为扩张性的。财政刺激的力度也必须基于新增投资的数字估算,而不能笼统地讲 4 万亿。

第二,4 万亿的法律程序疑问。4 万亿中的 1 万亿来自于中央财政,每年约 5000 亿。中央政府 2007 年的支出为 1.1 万亿,如果 5000 亿全部为新增,则中央财政支出将增加近 50%。如此大的变化,全国人大和政协起码应召开特别会议,进行讨论和审议,毕竟都是纳税人的钱。4 万亿中余下的据说由地方政府和企业承担,相信地方财政支出的增加也不是小数,而且 24 个省市自己报出来的数字已达 18 万亿,如此大量资金的使用,不经过任何法律程序,恐怕同样说不过去。

除了财政预算要走程序,根据国家的法规,大型投资项目的审批必须有可行性研究报告。在 4 万亿的项目中,多少已作过可行性研究? 如果已有可行性研究报告,项目就是原来计划中的,如上所述,原来计划中的项目不会产生任何刺激作用。如果项目是新增的,那么在这么短的时间里,不可能这么快就完成了可行性研究,项目的立案不是违反程序,起码也是过于草率。

第三,钱从哪来? 中央财政的 1 万亿似乎不难落实,依照 2007 年 25 万亿的 GDP 估算,中央政府每年多发 5000 亿的国债,仍有可能将财政赤字控制在 GDP 的 3% 这一国际警戒线附近。问题是剩下的 3 万亿如何筹集? 靠地方政府吗?

进入 2008 年下半年,各级政府的财政收入增长速度大幅滑坡。经济活动的放缓影响了税收,房地产市场的萧条更使"土地财政"难以为继。地方政府先后出台政策拯救楼市,背后可以看到财政的窘迫。由地方政府承担 3 万亿的大部分,估计只是一个美好的愿望。

允许地方政府发债吗? 由于缺乏有效的监督和制衡,在现有的官员考核体系下,追求短期政绩和寻租将引发强烈的投资冲动,巨大的资金需求有可能使地方债务从迅速膨胀走向失控。如果地方政府破产,中央怎么办? 不救则政府信用蒙尘,救了则有"道德风险"。有中央政府兜底,更多的地方政府会更大胆地发行更多的债券。

靠银行贷款吗? 在过去几年间,我们好不容易才清理了数以万亿计的坏账,通过充实银行资本金、改组上市,显著提高了银行抵御风险的能力。在当前百年不遇的国际金融海啸中,我国的金融体系和国内信心并未发生动摇,健康的银行体系发挥了中流砥柱的作用。现在为了刺激投资,又要银行放贷,政策导向,而不是风险和收益平衡的市场行为,将来再出现银行坏账,谁来承担责任? 如果因银行资产质量的恶化而出现中国的雷曼和"两房",进而发生信心危机,又该如何问责?

如果地方政府和银行拿不出足够的资金,就只能靠企业了。政府可以指令国有企业增加投资,但在经济下行期投资,风险高、收益低,与国有资产保值增值的目标相冲突,况且国有企业的盈利前景并不乐观,能有多少资金用于投资,是一个很大的问号。至于民营企业,看看近期各种信心指数的急剧下滑,就知道它们的投资意愿了。指望企业出资,其实是一个伪命题,倘若企业愿意投资,政府也就不必匆匆推出这 4 万亿的计划了,4 万亿本身就隐含了企业投资意愿不足的现实。

第四,钱往哪花? 从已公布的项目看,4 万亿的大部分将用于投资,这将使我国经济原本已很严重的结构失衡进一步恶化。进入本世纪以来,国内投资占 GDP 的比重不断上升,2007 年已达 42%,为世界之最;而居民消费对 GDP 的比率则从 46% 下降到去年的 35%,仅为美国的一半。我们的经济增长好像已失去了目标,或者说增长本身变成了目标,为增长而增长。

增长不是目的,而仅仅是实现终极目标的手段,终极目标是民众生活水平也就是消费水平的提高。从这个角度看问题,有必要将政策重点从"保增长"调整到"保消费"或者"保就业"。就业和收入为消费之源,保住了就业也就保住了消费,而且保住了就业也就保住了社会稳定。用"保增长"来保就业和社会稳定,岂不是舍近求远吗?何必兜这样的一个圈子呢?

保就业的有效方法不是基础设施投资,也不是向资本密集型的重型制造业投资,而是开放劳动密集型的服务业,促进资源从制造业向服务业的转移,创造更多的工作机会,吸纳从制造业和农村游离出来的劳动力。我国服务业长期落后,重要的原因是政府的过度管制,从金融、电信、交通运输,到文化教育、医疗卫生、媒体娱乐,哪个不是行政准入壁垒高筑? 发展服务业的关键是解除管制,吸引民间参与,未必需要 4 万亿的投资。

我国的基础设施在新兴市场国家中不是最好的,也是最好的之一,在农村和偏远地区建铁路、公路虽仍有必要,但要有长远眼光,要讲究效益。"三农"问题的根本解决办法不是增加对农村的投资,而是城镇化,将农民变成市民。你把公路修进村,他人已经搬到城里住了怎么办? 有钱多在城镇里盖些低成本的房子,多办几家学校和医院,进城后的农民可以得到更多的实惠。

政府如果追求短期刺激效果,坚持"4 万亿"的计划,更好的花钱方法是给老百姓减税,增加他们的可支配收入。实际上,最好的办法是直接发钱给大家消费,13 亿人平均每人拿到 3000 元,一个三口之家就是近 1 万元。为了防止老百姓存钱不花,可以考虑只发购物券而不发现金,限期使用,过期作废。台湾地区已经这样做了,我们为什么不能呢?

第五,会有什么作用? 从 1998 年到 2003 年,我们曾执行过积极的财政政策,对于扭转 GDP 增长的下滑起到了一定的作用,但那是在连续五六年的宏观紧缩之后,紧缩期间的投资增长为单位数,到了 1998、1999 年,各个行业中的投资机会已经显现,而且 1998 年的住房改革启动了房地产市场,2001 年中国加入 WTO,企业又找到新的海外市场,当政府改变政策方向时,民间资金自然踊跃跟进。

今天我们的财政刺激计划是在投资连续多年高增长的情况下推出

的,过去几年的投资增长率均在 20% 以上,各行各业产能过剩,库存积压,生产资料价格暴跌,房地产市场前景不明,哪里去找能赚钱的投资机会呢? 赚不到钱,民间怎么会跟随政府增加投资呢? 没有民间的跟进,即便落实了资金来源,"4 万亿"恐怕也难以独立支撑局面。

眼下中国经济缺少的不是资金,也不是信心,而是投资机会。制造业产能过剩,基础设施接近饱和,往哪里投呢? 真要像凯恩斯主义者所建议的那样,雇一些人来挖坑,再雇一些人来把坑填上吗? 为了创造有效益的投资机会,先要开放投资领域,特别是服务业和政府垄断的行业。一味花钱解决不了问题,反而拖延问题的解决,在这方面,日本就是前车之鉴。

1989 年日本的股市、地产泡沫破灭,经济陷入衰退。日本政府也以凯恩斯主义应对,推出多个财政振兴计划,执行了不能再松宽的货币政策——零利率,但日本经济迄今没有起色。政策的力度不可谓小,财政赤字多年超过了 GDP 的 5%,有些年份甚至 10% 以上,政府负债从 1990 年代初约 50% 的 GDP 上升到今天的 160%! 透支了一年多的 GDP,经济仍无起色。日本的问题也是制造业的投资潜力耗尽,国内的服务业同样处于政府的管制之下,缺乏投资机会。

在经济的周期波动中,凯恩斯主义的财政扩张政策充其量只是一剂退烧药,而不是去除病灶的消炎药。不问周期波动的原因,只拿财政和货币政策应付,如同医生看病只量体温而不验血,药方必然随着诊断出错。当前的困难表面上看是由外部需求疲软所致,深层次的原因是投资驱动的传统增长模式已走到尽头,只有进一步的改革和开放,才能带来新的增长模式和新的增长点。

4 万亿的退烧药,昂贵无比,又不能消炎,值得吗?

(2009 年 1 月 14 日载于《财经网》)

重建国际货币金融体系第一步

世界各国必须制约美国的货币政策，美联储必须采取负责任的态度。应以非主权国际货币例如 SDR 逐步替代美元等主要硬通货。

"二战"后曾发生过多次金融危机，如 20 世纪 80 年代拉美的债务和货币危机，90 年代初的斯堪的纳维亚和 90 年代末的亚洲金融危机。这些危机多局限于一个国家或一个地区，而且处于世界金融体系和世界经济的边缘地带。目前的金融危机则爆发于世界金融体系的中心——美国，并以山呼海啸之势，席卷全球，其范围之广，程度之深，对世界经济冲击之强烈，实为前所未有。

毫无疑问，危机的迅速扩散与全球经济的一体化密切相关。美国的房地产泡沫是这次危机的根源，泡沫破灭之时，美国房地产价格的暴跌通过资产证券化产品，经由早已连成一片的银行体系和资本市场，传递到世界的各个角落，从冰岛到日本，从俄罗斯到新加坡，几乎无一幸免。

在这场风暴中，中国不可能独善其身，危机通过另一传导机制——国际贸易，进入神州大地。对于一个进出口总额已超过 GDP70％的国家，发达世界的萧条造成外部需求锐减，不可避免地给中国经济的发展带来极大困难。

深究美国房地产泡沫形成的原因，美联储的货币政策乃始作俑者。格林斯潘推行低利率政策，致使流动性泛滥，银行信用无节制地扩张，政府、公司和家庭的负债不断攀升，美国经济靠借钱买来和维持了多年的繁荣。

作为一个整体，美国人借钱只有两个渠道：一是发行债券，向自己的子孙后代借；另一个是在国际上出售美国政府债券，向中国等贸易顺差国家借,形成你辛苦工作、节俭储蓄,他享受生活的局面。

更令人无法接受的是,当美国深陷危机时,美联储开动印钞机,大量增加货币供应,利用美元的国际储备货币地位,制造通货膨胀,通过美元贬值,迫使持有美元的世界各国分担美国人的金融救援成本和财政刺激的成本,这无异于他捅下了娄子,却要你来埋单。

美国人之所以这样做,是因为在现有的国际货币体系中,美国货币当局的风险和收益严重不对称,有着增发美元的强烈冲动。印钞票既可以刺激美国经济的增长,发生危机后又可以减少美国人的债务负担,而增发美元的成本主要是通货膨胀,却由全世界来分担。美国人之所以能够这样做,也是因为在现有的国际货币体系中,美元作为国际贸易、国际投资和国际储备的第一币种,在世界上的流通量巨大。基于同样的原因,各国政府和民间也持有大量的美元。

金融危机的事实证明,现有的世界货币和金融体系已不能适应全球经济一体化和全球金融市场一体化的形势,经济的全球化与货币政策的本地化这一矛盾已到了非解决不可的时候了。世界各国必须制约美国的货币政策,美联储必须采取负责任的态度。这个问题一天不解决,美国就会继续利用美元的国际通货地位,超发货币,以邻为壑,转移成本。收益与风险的不对称将继续在货币政策的层面上造成"道德风险",为下一次全球金融危机埋下伏笔。

从理论上讲,新的国际货币体系应减少一个国家货币政策当局的风险—收益不对称,将增发货币的危害尽可能地限制在该国之内,以通胀的风险制约超发货币的冲动,从而实现经济和金融的稳定。不仅如此,将增发货币的危害限制在一国之内,在发生危机时,还可以阻断危机的扩散,防止"城门失火,殃及池鱼"。

中国政府近日提出,以非主权国际货币例如 SDR(Special Drawing Rights,特别提款权)逐步替代美元等主要硬通货,作为国际储备货币,这是重建国际货币金融体系的正确的第一步。设想若中国的外汇储备都是 SDR,则美元贬值造成的中国外储价值损失就会小很多。如果各国的外汇储备都是 SDR,则美国人很难再向世界转嫁危机,滥发美元的后果将是美国国内的通货膨胀,美国人只好自己承担金融救援和财政政策的大部分成本。正因为如此,美国的奥巴马总统回应中国的建议,认为非主权货币是没有必要的,美元可以继续作为世界的主要货币。要拿走他的"免费午餐",他怎么会赞同呢?

非主权国际货币不仅有助于改善国际公平,而且纠正了美国货币政策当局的风险——收益失衡,以国内恶性通货膨胀的可能性制约美联储的滥发货币,铲除金融资产泡沫的温床——过剩流动性。

SDR 俗称"纸黄金",是国际货币基金组织(IMF)在 1969 年设立的国际准备资产单位,用美元、欧元、日元和英镑按照各经济体的出口权重(目前分别为 44%、34%、11% 和 11%)计算其价值。IMF 根据各国摊付的基金比例分配 SDR,IMF 的成员国出现国际收支逆差时,可凭 SDR 从 IMF 获得硬通货,平衡本国的国际收支。由于 SDR 的最重要成分是美元,仅靠 SDR 无法完全隔绝美国货币政策对世界经济的影响,但毕竟是一个显著的改进。

在重提 SDR 的作用时,IMF 必须考虑中国等新兴市场国家的要求,本着权利与义务对等的原则,分配和使用 SDR。中国可以考虑动用外汇储备,增加对 IMF 的资金支持,但同时要获得在 IMF 的更大代表权和发言权。因人民币还不是完全可兑换的国际通货,要求人民币进入 SDR,目前是不现实的。我们应创造条件,积极推动人民币的国际化。仅有贸易额和 GDP 还不够,拥有国际化的货币,拥有各国都愿接受和使用的货币,才能在国际经济和金融规则的制定中拥有更大的影响力。

国际货币体系的改革不可能一蹴而就,美元地位的降低将是一个长期的过程。在近期,为了减少美元贬值对中国造成的伤害,我们需要尽快转换增长模式,改变对外需的过度依赖,缩小贸易顺差,放慢乃至停止积累外汇储备,以国内市场为主,实现均衡的可持续发展。

金融危机给我们造成了困难,也给我们带来了历史性的机遇。狭隘的民族主义和保护主义是缺乏自信的表现,放眼世界,主动参与,建设性的批评与对话,而不是破坏性的指责与报复,才是一个理性民族所应有的,也是民族复兴的希望所在。

(2010 年 3 月 30 日载于《财经网》)

上海国际金融中心缺"软件"

一提起国际金融中心，人们就会说，上海背靠长三角洲，经济体量大，民间储蓄率高，交通便利，基础设施先进，银行等金融机构一应俱全，国际金融中心的地位似乎只是时间问题。实际上，上海的这些优势既不是国际金融中心的必要条件，也不是充分条件。建成国际金融中心一定要有透明、公正和有效的法律及监管体系，有稳定与有利的政策环境、开放的资本账户，以及国际化的操作与人才。

造就国际金融中心的是软件，而不是硬件，上海最缺的恰恰是制度和政策的软件，而这正是香港的优势。如果不进行制度改革和制度创新，如果国内的制度不能国际化，上海永远赶不上香港。

所谓金融就是资金的融通，有钱暂时不用，借给缺钱的和没钱的。要让人家借钱给你，必须保证资金的安全和赢利，有借有还，他才会放心地把钱交给你。保证资金安全，靠的是法律和法治的传统。法律必须公正和透明，并与国际接轨。你要搞国际金融中心，而不是国内金融中心，法律还是本土的一套怎么行？司法也要像国际上那样，独立于政府，若政府干预司法，就没有公正可言。司法系统要廉洁，如果"衙门口朝南开，有理无钱别进来"，或者"大盖帽两头翘，吃了原告吃被告"，投资者没有信心，就不会把钱放在你这里。与世界上国际金融中心的所在地相比，我们国家的法制还存在着相当大的差距，具体表现为政、法不分和司法腐败。

监管的作用是保护投资者利益，降低交易成本，促进资金的融通和流动。香港金融监管当局对违规、违法交易的打击不遗余力，大案、要案经常成为报纸的头条新闻；国内则大多停留在口号和文件上，很少看到对违规的曝光和惩处。另一方面，对于上市、增发等融资活动，香港的证券监管只要求发行人按规定披露信息;国内则实行审批制,甚至连价格、数量、发行时间、发行地点都管,监管变成了管制,不是从企业的发展和投资者的方便出发,而是官僚机构自我为中心,甚至设置障碍,以便"寻租"。

香港是自由港,资金自由进出,而我们实行资本账户管制,管制下的上海怎么可能成为国际金融中心? 设想巴菲特要在国内买 A 股,我们对他说:对不起,请先去外管局报批。一个月后,申请被批准,但他不买了,因为市场行情早就过去了。国际金融市场瞬息万变,出资人和投资者都希望保持资金的高度流动性,严格的外汇管制降低了流动性,国际资金望而却步。

人民币的不可兑换是另一问题,世界上所有国际金融中心的当地货币都是自由可兑换的,纽约的美元、伦敦的英镑、法兰克福的马克/欧元、东京的日元、香港的港币,没有一个例外。在人民币自由可兑换之前,上海很难有所作为。

税收政策也是一个障碍,香港没有资本利得税,个人所得税率 15%;上海的最高税率 45%。国际金融机构不愿把总部设在上海,高管的收入高,赋税太重,搬到上海收入就下降 30%,谁愿意来?

国际金融中心需要一支国际化的专业人才队伍,会计师、审计师、律师、分析师、交易员、管理人员等。上海有一流的专业人才,外语水平也比较高,问题是国际化程度低,不熟悉国际上的操作标准和规范。

这并不是说上海就无所作为,而是说应该将重点放在软件建设上。

我们建议仿效当年的深圳经济特区,在上海陆家嘴设立金融法律特区。在这个特区里开放资本账户,资金自由流入流出,有关金融、商业的法律和司法向国际看齐,监管基本上学习香港,个人所得税降到 15%左右。

受到体制和制度的束缚,上海现在还无法和香港竞争,如果放开手脚,大胆改革,上海建成国际金融中心大有希望。

(本文是作者 2010 年 3 月在"推进上海国际金融中心建设系列讲座"上的讲话,部分内容见《国际金融报》和《每日经济新闻》2010 年 3 月 19 日报道。2010 年 9 月 16 日修改)

如何面对二次探底

事实已经证明，二次探底正在西方发生，二次探底正在中国发生。

现在需要讨论的是，为什么会出现二次探底？二次探底以后，我们怎么办？出现二次探底的原因，主要是从去年下半年到今年上半年，全球和中国经济的复苏是没有基础的，复苏几乎完全是靠政府在短时间内大量投入资源进行的经济刺激。政府投入一放缓，经济就掉头向下。

在经济二次探底征兆非常明显的时候，世界各国政府正在讨论二次刺激，再一次启动财政政策和货币政策。这在逻辑上是讲不通的，如果各国政府采取二次刺激，我们就一定会有三次探底。

过去的几十年间，两大经济板块，以中国为代表的发展中国家或者是新兴市场国家，以及以美国为代表的发达国家，融合程度不断提高。标志性的事件是2001年中国加入WTO。中国加入WTO改变了中国经济的运行态势，同时也改变了美国经济的运行态势，其重要表现是美国更加依赖新兴国家的制造业。在新的经济运行规律面前，世界各国的政府，特别是美国当局对货币政策犯了严重的错误，错误导致了世界经济结构的失衡，表现为刚开始的资产泡沫。资产泡沫破灭以后，变成了席卷全球的金融危机和经济衰退。

从金融危机中我们可以看到，美联储过于松宽的货币政策，鼓励了美国的民间借债。次贷危机的直接原因就是没有偿还能力、不合格的按揭借款者，从银行贷款购买房地产。金融危机一发生，银行中断贷款，美国人的经济和日常生活立即出现困难。

金融危机发生后，奥巴马政府为此打了一剂强心针，政府花钱把需求拉上去，美国的经济出现了复苏的迹象。但是，政府的资源也是有限的，当政府资源也无法持续时，经济再次下滑。我国情况基本一致。我国去年上半年以来出现了复苏,主要是政府花钱,银行放贷带来的短期效果。现在政府投入和银行放贷都明显放缓,于是经济二次探底。

究其根本,是因为世界经济和中国经济的结构性失衡并没有得到矫正。在结构失衡没有得到矫正之前,任何复苏都是短暂的,它迟早都会掉下来。

美国的结构问题到底是什么? 美国的投资主要是房地产投资,没有什么制造业。房地产投资一下来,二次探底就难以控制。

中国经济的结构失衡,突出的表现是投资过重,消费过轻。现在国家的四万亿、十万亿刺激政策基本用在投资上,不仅没有矫正中国经济的结构性失衡,反而使原有的结构更加扭曲。

目前中国的投资明显放缓。原因是,第一,政府的资源有限,原来的刺激政策不可能重现;第二,各行业产能过剩,各行各业特别是制造业,如钢铁、发电设备、造纸、皮革、印刷、造船、化肥等行业,几乎无一幸免;第三,房地产投资过剩,国家出台新政调控。这三条决定今年下半年或明年投资增长速度都不会太高。此外,外部需求减少,也会导致国内的投资增长速度不会太高。

我认为二次探底未必是坏事,我们现在把增长速度放慢一点,来解决结构性的问题,为下一轮健康成长奠定基础。如果我们在这个时候重新启动拉动内需的政策,最可能的结果是内需无法启动,反而制造了通货膨胀。

按下葫芦浮起瓢

政府推出史上最严厉的楼市调控政策，猛砸房价，市场上交易量骤降，房价陷入胶着状态。应声而落的是钢材、水泥价格，立竿见影的效果出现在 A 股市场上。房子卖不动，钢材、水泥哪有销路？公司的股价自然一路下滑。股民想必一肚子委屈，我招谁惹谁了？凭什么你打他的棍子落在我的屁股上？

房价尚未整治到位，大蒜、绿豆又异军突起，辣椒也来添乱，价格成倍翻番。理财专家跌破眼镜，投资高手眼珠脱落，谁也想不到的小东西，竟成为今年表现最佳的资产类别。难怪股民管你们叫"砖家"，哪个事先预测到了？

"兵来将挡，水来土掩"，面对近年来最复杂的形势，救火队紧急出动。政府部门发出声色俱厉的文件，严惩"哄抬物价"和"囤积居奇"的少数奸商，号召广大不明真相的群众，不要听信流言，自觉维护市场秩序。不知少数人哪来那么大能量？居然蒙蔽了人民群众向来雪亮的眼睛。

大蒜、绿豆的宏观调控才初见成效，蔬菜又集体发难。顺便问一句，将来若调控到芝麻，还能算"宏观"吗？这回救火队以不变应万变，昨天下达的文件，今儿再重发一遍，只需把题头的"大蒜"换上"蔬菜"，还是投机商罪该万死的同一套词儿。要说毫无新意也不大公平，前两天就抓了家地方小报，杀一儆百，狠治"物价报道失实"的罪。只要媒体正面引导，群众买菜就不感觉贵。

这是怎么了？到处奸商，遍地坏人，连青菜、绿豆也跟领导过不去。

都是钞票惹的祸。

货币超发啦！超发是相对实体经济的需要而言，好比饭吃多了，消化不了，不是肠塞肚胀，就是胃疼腹泻。2009 年广义货币 M2 增长

27.7％,而名义 GDP 增长仅 6.8％。27.7－6.8＝20.9％,这 21 个点的超发货币泻到哪里去了?

先是股市和楼市。A 股指数从 2009 年初的 1900 涨到年底的 3400。房价据统计局说涨了 1.5％,民众的感觉是百分之一百五。玩笑开得有点大。2010 年楼市开打,驱赶资金涌向农产品,大蒜、绿豆鸡犬升天。政府追踪而至,资金又像李自成的流动大军,进入蔬菜、奶粉市场。真是个"乱哄哄,你方唱罢他登场";急切切,按下葫芦浮起瓢。

货币如同演员,总要顽强地表现自己,限制了电视剧,他就要上古装戏。根本的解决之道是回收多余货币,请演员回家安心休息。

紧缩银根,是否危及"来之不易的大好形势"? 也许,但不必因此而忧虑。形势得来没啥不易,绝招儿无非是打鸡血、抽鸦片。银行发放十万亿贷款,拿百姓的储蓄不当钱;政府一掷千金,用纳税人的银子豪赌反弹。鸦片烟换来一时的精神头儿,怎么能称为"大好"? 若形势真的"大好",为何又不敢断烟?

犹犹豫豫,患得患失,既不收银根,又不搞改革,滞胀的前景清晰可见。没有改革就没有新的增长点,经济焉能不"滞"? 听任钞票继续泛滥,价格岂有不涨之理? 而且实体经济越"滞",对货币的需求就越低,多余货币对价格的压力就越大。反过来价格越涨,实体经济中的真实收益率就越低,更多的资源离开实体经济,转向看上去赚钱容易的资产经营,如楼房、大蒜之类,实体经济就会因失血而越"滞"。"滞"与"胀"互为因果,形成恶性循环。

日本人在 1980 年代经历了这样的滞胀。为刺激经济,日本央行开闸放水,实体经济无法吸收的货币流向楼市、股市,造就了另一"日本奇迹"。然而"大好形势"终未逃过一劫,1989 年的大崩盘宣告了"鸡血疗法"的彻底失败。

按下葫芦浮起瓢,此乃物理世界的客观规律,绝无可能遵从政府的意愿。若想两者同时降,方法只有一个——抽去缸中漫溢的水。

这水,是去年政府自己灌的。解铃还需系铃人,怨不得小商小贩,也怨不得轻信流言的群众。商贩就是要赚钱的,群众就是很容易受伤的。不赚钱,还当什么商贩? 除了群众,还有谁受过伤?

(2010 年 6 月 12 日)

贷款高增长的风险

"4万亿"的财政刺激计划宣布至今,政府部门一直没有明确资金来源。媒体曾报道过,中央政府将于今、明两年发行1.2万亿国债,并准备代地方政府发行2000亿的债券,除此之外,未见任何其他说明。剩下的2.6万亿从哪里来,目前尚未有准确的官方消息。

从近几个月的银行贷款数字来看,商业银行有可能成为4万亿的主要资金提供者。全部金融机构的新增贷款去年11月份为4700亿,12月份7700亿,今年1月份的前20天创下9000亿的天量,整个1月份的数字是1.6万亿——这意味着在1月份的最后五个工作日中就放出了7000亿!市场分析人员估计,贷款会在今年上半年继续保持高速增长。

"4万亿"的财政刺激计划正在转变为信贷刺激计划,说到底是货币刺激计划,靠印钞票拉动内需。银行放贷虽然不影响基础货币,但贷款生成的存款将进入狭义货币M1和广义货币M2,从而增加货币供应量。照此势头发展下去,当银行的可贷资金出现短缺时,或者政府在"两会"后大量增发国债,银行成为购买的主力时,中央银行极有可能降低存款准备金率,也就是增加基础货币的投放,那时的"4万亿"就会变成三分之一靠财政,三分之二靠银行。

商业银行在如此短的时间内发放这么多贷款,显然是为了配合拉动内需的政策,但这正是我们所担忧的。商业银行在经济中的作用,本来是作为储蓄者和借贷者的中介,严格审查项目的风险和收益,在充分估计和有效控制风险的基础上,计算项目的商业收益,依此决定贷款的投放。商业银行首先要对它的股东和储蓄者负责,而不是对政策负责。虽然国有商业银行的大股东是政府,但政府股东作为出资人,它的目标是国有资产的保值增值，它关注的是贷款的安全性与盈利性，而不是贷款的社会效益。

商业银行在短时间内放出这么多贷款，要么降低了贷款标准，要么放松了项目评估与审核，要么两者兼而有之。无论何种原因，如此发放贷款，后果不言而喻，短则两到三年，长则三到五年，曾经困扰我们多年的银行坏账将卷土重来。

新增贷款中固然有相当大的部分为票据贴现等短期融资，但问题是，经济活动已显著放缓，近几个月的工业附加值、进口、电力消耗、财政税收等统计指标都证实了这一点。在这样的情况下，短期信贷增速不降，反而陡增，短期资金的供应超过了实体经济的需要，钱都到哪里去了？岂不令人更有理由怀疑信贷资产的安全性？

至于新增中长期信贷，据说主要投入了政府支持的基础设施项目和大型国有企业。即使这个情况属实，也不能认为这些资产就是安全的。我们不要忘记，政府支持与否，丝毫不会改变投资项目的风险和收益。银行给铁路贷款，能否安全回收，取决于铁路的建设成本、建设期、客流量、票价等经济因素，铁路的建造者是谁，无关宏旨，铁路的成本和收益参数不会因政府承办而好转，也不会因民营企业是投资方而恶化。实际上，同样一条线路，民企投资的收益可能更高，而风险更低，因为钱是他自己的，为了赚钱，他一定要精打细算，千方百计控制风险。

银行跟着政府和国企放款，不会降低经济的总体风险，只不过在发生坏账时有人埋单罢了。但正是因为坏账有人兜底，银行的"道德风险"上升。顺便说一句，"道德风险"有着严格的经济学定义，指的是隐性担保机制引起的金融机构的行为畸变，不能将"道德风险"和道德败坏画等号。面对政府和国企这样看似安全的大客户时，银行不再进行认真的风险收益评估，就此丧失了应有的识别和控制风险的功能。对银行而言，贷款或许是安全的；对全社会而言，信贷资产的总体质量下降了，不仅因为政府项目的收益低，而且因为银行不再严格把关。

历史上，中国国有银行曾积累了数以万亿计的坏账。在产生坏账的原因中，政策性贷款首当其冲，其他两个原因是工作失职和内外串通的犯罪活动。可见，政府和国有企业并非贷款的"避风港"。在经济下行时，国有企业的盈利迅速恶化，财政税收的增长速度在过去几个月间也一路下降，2009 年 1 月为－21％。盲目跟随政府和国企项目发放贷款，银行甄别风险的功能弱化，坏账增加只是时间早晚问题。

几年前，我们曾"背水一战"，进行了"只能成功，不能失败"的银行改革。剥离银行坏账，政府注资核销不良资产，以上市为契机，建立基本的公司治理机制和风险控制制度，将国有银行逐步改造为按照市场商业原则运作的、追求利润最大化的、真正的商业银行。这一工作到现在尚未结束，国家开发银行与农业银行的改革仍在进行中。在这样的时候，难道我们又要把银行推回政策性贷款的老路吗？为了拉动内需，甚至不惜制造新的银行不良资产吗？

现在回过头来看，幸亏我们早几年推进了银行改革，在金融海啸席卷全球的今天，中国的商业银行基本上是健康的，虽然在海外资本市场投资出现了一些损失，但由于资本金和拨备充足，不致影响国内金融体系的稳定。我们切不可因小失大，一味追求经济的短期表现，降低贷款标准，最终伤害到金融体系的根本。

在当前经济形势下，拉动内需是有必要的，但首先要搞清楚内需在哪里。在一个人均 GDP 不到 3000 美元的国度里，提高人民生活水平的空间巨大，说"内需不足"是天大的笑话，关键在于如何打破僵化的体制对内需的束缚，将以居民消费和服务业为主的潜在内需，转化为实在的购买力。这就需要减税，充实社会保障体系，将国有资产分配给民众，开放行政垄断行业，解除对服务业的过度管制，而不是靠政府花钱，更不是靠银行放贷。

（2009 年 2 月 23 日载于《财经》杂志。2010 年 8 月 23 日修改）

过剩流动性的危害

　　美国次级房贷危机爆发,全球股市剧烈震荡,没有人能够预料,下一波冲击会在哪里出现,对世界经济和金融市场又会有什么样的影响。无论这次危机的最终结局如何,人们已越来越清楚地认识到,过剩的流动性必然引起各种各样的失衡,这些失衡迟早要得到纠正,而纠正的过程可能是痛苦的和代价惨重的。

　　国际上的看法渐趋一致,美联储在"9·11"之后保持低利率政策的时间过长,驱使投资者和金融机构寻找更高回报的投资品种,"另类投资"(Alternative Investment)应运而生。另类投资包括次级房贷、对冲基金、房地产、新兴市场、大宗商品、艺术收藏品等,在这类投资中,金融杠杆的使用不仅非常普遍,而且数额巨大,信用经过层层放大,成为过剩流动性的主要来源,流动性又推动另类资产的价格节节上升,造成虚假的繁荣。

　　当次级房贷的问题暴露出来时,商业银行与投资银行纷纷收紧信贷,高杠杆操作的对冲基金难以为继,不得不抛售手中的股票与债券,触发证券市场的大幅下跌。对冲基金等金融机构的经营困难和倒闭,通过反向的杠杆作用,引发大规模的信用收缩,迫使各国央行紧急向金融体系注入流动性。

　　尽管对来源何处有着不同的观点,中国流动性过剩已是无争议的共识。过剩流动性所到之处,经济过热,通胀恶化,房价飙升,股市疯狂,金融资产的估值已超过了1989年日本泡沫期的巅峰水平。今天人们可以对"与泡共舞"津津乐道,可曾想到泡沫破灭对中国经济和金融的伤害? 日本的教训可能因久远而淡漠了,美国眼下正在发生的事情难道不值得警惕吗?

　　抑制过剩流动性,当务之急是紧缩银根,大幅度提高利率,或者小幅但频繁加息。无论何种方式,目的都是建立明确的市场预期。为了防止国内高利率吸引国际热钱流入,加息的同时需要扩大人民币汇率浮动空间,大到足以降低人民币的升值预期。

　　需要指出的是,紧缩性货币政策只能抑制而不能消除过剩的流动性,为了消除过剩流动性,必须推进金融体制改革,突破以银行主导的局面,开拓多种渠道分流资金。

（2007 年 8 月 20 日载于《财经网》）

流动性过剩中的资产估值

我在学校教书,是一个教师,不是什么大师。

我今天谈的题目是"流动性过剩中的资产估值",分三个小节。

1. 流动性过剩的根源。现在资产估值和流动性分不开,所以我先介绍一下流动性来源和实质。

2. 资产泡沫。

3. 投融资体制改革。如何推进改革,解决流动性过剩的问题。

一、流动性过剩的根源

最近几年,流动性在中国乃至世界上突然成为一个问题,引起了各方面的关注。不管用什么指标衡量,东亚国家都存在着过剩的流动性,和欧美国家相比,这个问题相当突出,而东亚国家之中,又以中国最为严重。

流动性到底怎么定义? 用什么指标衡量? 学界和业界有着不同的看法。我们用的流动性指标,是广义货币对 GDP 之比。用这个指标衡量,流动性确实过剩。下面图中这条细实线是中国广义货币对 GDP 的比率,2006 年已经高达 70%,在世界主要经济体中是最高的。虚线是日本,货币/GDP 之比也一直在上升,但是要比我们低 10 到 20 个百分点。流动性指标和金融结构有关,东亚国家的金融体系以银行为主,而欧美国家以资本市场为主,一般来讲,银行主导的国家流动性比率较高。

过剩的流动性是从哪里来的? 现在市场上有一个非常流行的说法,认为中国的贸易顺差是引起流动性过剩的主要根源。我们看一下

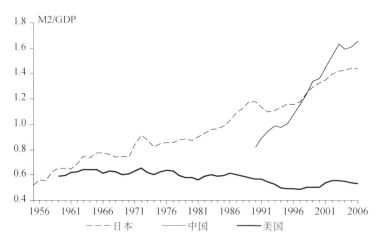

数据，觉得这个结论不能成立。尽管在最近几年，中国的外贸顺差急剧增长，引起了货币的超量投放，但中央银行在大量地投放货币，收购市场上多余美元的同时，也进行了对冲操作，结果是流通中的货币 M0 对 GDP 的比例并没有出现快速上升的迹象，反而稳中略有降低。

近几年广义货币 M2 超发，原因不在于贸易顺差。分解一下广义货币的组成，M2 等于流通中货币 M0 加活期存款和定期存款，以及其他的存款。如果 M0 没有因为贸易顺差的原因超发，M2 的过度增长必定来自于活期存款和定期存款。我们接下去问，活期存款从哪里来，除了居民收入的一部分变成了活期存款，另一个重要的来源是贷款，也就是企业借到贷款之后，当期没有用掉的那部分，回存到了银行。定期存款比较稳定，居民的定期存款每年以大约 15% 的速度增长。由此看来，广义货币超发的原因是贷款增长过快，贷款转化为存款，进入了广义货币。

胡锦涛总书记最近主持政治局会议，讨论经济问题，提出首要的目标是防止经济过热。在这个思想指导下，我相信贷款的增长速度将有所放慢，但让银行不放贷也很困难，因为它手上有大量的资金。银行现在的贷存比为 65% 左右，也就是 100 块钱的存款只贷出去 65 块，35 块钱趴在银行的账上，不仅没有产生收益，还要向储蓄者支付利息。这对上市银行是个很大的压力，它们要面对股东，股东要盈利，而银行有很多闲置资金，没有得到充分利用。

在下面这张图上可以看到，实线是我们整个银行体系的贷存比，十年间从大约 95％ 一直降到了目前的 65％，下降了 30 个百分点。这条虚线是美国商业银行的贷存比，在 95％ 到 100％ 之间波动，这是比较正常的状态。为什么在经济过热时，需要银行收缩贷款，银行却感到停不下来，原因就在这里，手中资金太多，不贷不行。

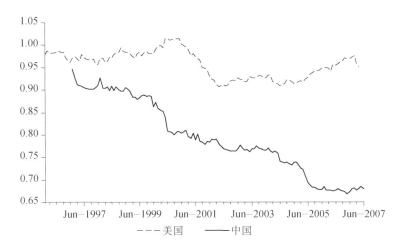

流动性过剩的根源是过多的储蓄资金进入了银行体系，这是结构上的根本原因。储蓄资金应该通过各种各样的渠道，转化为实体经济中的投资，但是我们国家的金融体系以银行为主，其他渠道要么缺失，要么过于狭窄，资金就涌入和积存在了银行。银行面临着很大的放款压力，而放款又会增加流动性的供应。

流动性过剩，表面上的原因是货币政策过于松宽，实际反映的是我们投融资体系和经济发展的不相适应，投融资体系不能满足居民财富积累的需要。所以我认为，流动性过剩是结构性的、体制性的，而不是周期性的。

要缓解供需失衡的矛盾，必须增加非银行资产的供应，例如房地产、私人股本基金（PE）、保险产品、公司债券、股票等等，要为银行无法消化的储蓄资金找出路。从这个角度看问题，不仅不应该限制房地产，反而应大力发展，增加房地产供应，而不是打压价格。应尽快建立私人股本基金的市场，加速推出保险产品，增加公司债和股票的一级市场发行。不增加非银行资产的供应，就解决不了流动性过剩的问题，资金还是大量积压在银行体系里。

二、资产泡沫

如果短期内资产供应跟不上，过多的流动性追逐过少的资产，价格必然上涨，资产泡沫就不可避免。

关于最近的牛市行情，有各种各样的说法，根据我们的分析，这轮行情最根本的推动力，仍然是第一节所讲的流动性。国有股流通等历史遗留问题的解决仅仅是一个诱发因素，基本的推动力还是资金。这个观点得到了数据的支持，货币供应和股市估值的相关关系，就是一个证据。

在解释股市估值的不同指标中，我们发现，活期存款这样的资金指标有着最好的解释能力。这轮行情出现在 2005 年 5 月份，第一个原因是抢筹码，获得国有股流通对价的免费午餐；第二个原因就是活期存款的反弹，从 2005 年 5 月份之后，活期存款的增速一路向上，这意味着资金的供应一路向上。其间出现过两次剧烈的下降和上升，都是由春节效应造成的，大家不必过于关注。活期存款的加速增长又和贷款密切相关。总体来讲，从 2005 年到现在，资金供应在不断增加，正是资金供应的充裕，奠定了本轮行情最坚实的基础。我们看一下上证 A 股的市盈率和活期存款的关系，以及活期存款和贷款的关系，结论不言自明。上市公司的业绩虽然对行情有一定的支持，GDP 增长加速，公司业绩改善，但是估值的上升远远超过了盈利的增长，这轮行情主要是估值的反弹。

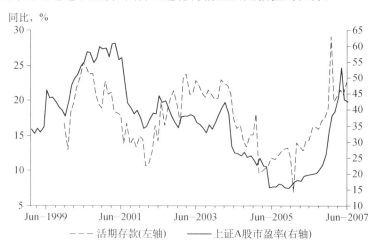

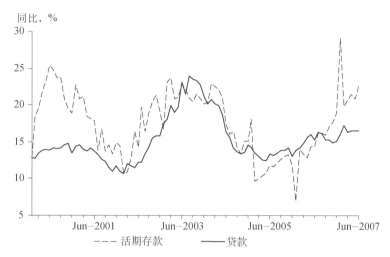

同比，%

我想特别澄清一个观点，一个误导性的观点，认为这次行情和日本的 1989 年类似，是由人民币升值所驱动的。这个观点在市场上非常流行，但我认为是没有根据的。资产的估值和本国货币的价值基本没有什么关系，从理论上来讲，人民币升值不会引起人民币资产组合的调整。对于大多数投资者而言，他们的收入、支出和所持有资产都是以人民币标价的，人民币对美元升值和这些人没有任何关系，他们手中根本就没有美元，不会因人民币升值而去购买更多的人民币资产，因为他们的资产已经 100％是人民币了。仅对那些持有美元的人，人民币的升值才会促使他们调整组和，减少美元资产，增持人民币资产例如 A 股，从而引起人民币资产价格的上涨。很显然，在人民币升值时，只有境外投资者希望购买更多的 A 股，他们可以通过 QFII 或者地下管道实现资产组合的调整，受到额度和监管的限制，他们对 A 股市场的影响是很有限的。

市场上有一个流行说法，日本股市的"黄金十年"和日元的升值是吻合的，其实这个说法并没有事实根据。在 1985 年之后的两年时间里，日元已基本升值到位，开始贬值，但是日本的资产泡沫继续膨胀，直到 1989 年。

那么是什么原因造就了日本股市的十年黄金期呢？十年的减息周期。1980 年代初，日本央行开始减息，股指随之上升。到了 1985 年，日本签订广场协议，在很短的时间里，日元从 1 美元兑换 240 日元，升到 1 美元兑换 120 日元。日本央行顾虑强势日元对日本经济产生的负面影响,用货币政策对冲日元升值,大幅度减息,基准利率从 5.5%,一直降到 2.5%。正是低利率和充裕的货币供应,推动日经指数不断创下新高。面对巨大的资产泡沫,日本央行也坐不住了,于 1989 年开始加息,紧缩银根。有意思的是,对于央行的前四次加息,市场每次都以大涨回应,和我们现在情况一样。直到第五次加息,日本的股市终于崩溃。这时日本央行又后悔了,慌忙减息,抬拉市场,但为时已晚。泡沫一旦破灭,信心如流水落花,再减息、增加资金供应也无法挽回了。

日本股市十年黄金期的根本原因是十年的减息周期,关键不在汇率、在利率,在于货币政策。

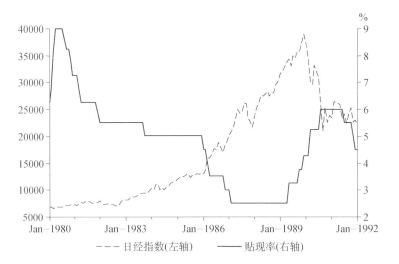

--- 日经指数(左轴)　——— 贴现率(右轴)

回来看看我们自己的情况,我认为现在的市场估值,已经高到不可持续,表现在高达 50 多倍的市盈率。A 股对 H 股的溢价早就超过了百分之百,市净率已经超过了日本 1989 年以及台湾地区 1991 年的水平。图中的虚线是东京交易所的市净率,在 1989 年达到最高值 5.5倍。台北综合指数 1991 年上到 12000 的顶点时,市净率是 4.5 倍。现在我国深沪两市的市净率,已经是 5.5 倍,相信昨天闭市的时候,接近6 倍。换句话说,我们现在的估值水平已经超过了日本和台湾地区泡沫期的顶峰值,超过了日本的 1989 年和台湾地区 1991 年的泡沫顶峰值。

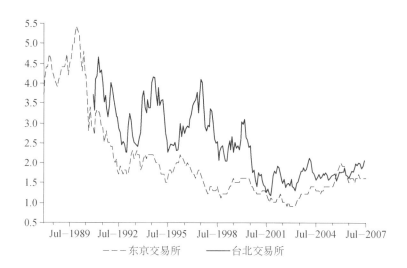

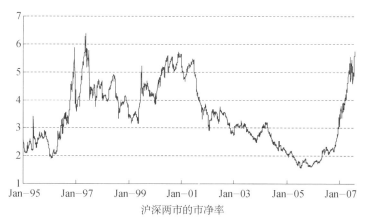

沪深两市的市净率

1989 年泡沫破灭之后，东京交易所的市净率跌了下来，长期保持在 2 倍左右。台湾地区的市净率下来之后又上去，经历了多次大幅度的振荡，最近才稳定在 2 倍左右。我们现在的市净率水平，不仅是自己历史上的高位，而且超过了世界泡沫纪录。

这样的估值无法持续，我们已经看到一些调整的征兆，当然这些征兆还不很明显。一个先兆就是换手率的下降，A 股历史表明，换手率通常是股票价格的先行指标。2001 年的调整前后，就是换手率先出现了萎缩，然后上证 A 股指数下降。现在换手率又从高位下来了，在过去的一周之内有一些反弹，但从总体趋势上看，很难再回到 5 月份那样的水平。我个人感觉,调整不可避免。

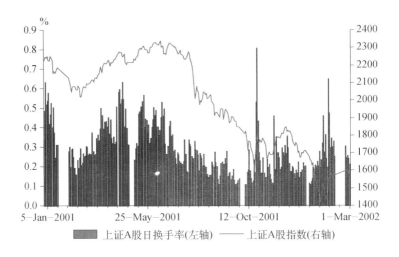

上证A股日换手率(左轴) —— 上证A股指数(右轴)

三、投融资体制改革

在流动性过剩的环境中,资产泡沫不可避免,如何解决这个问题呢? 刚才我已经提到了,为了吸收过剩流动性,要尽快推进投资和融资体制的改革,增加资产的供应,增加金融产品的供应,特别是要增加非银行金融产品的供应。老百姓现在财富积累主要形式还是银行存款,这与发达国家形成强烈的反差。

从短期来看,中央银行仍有必要采取收缩性的货币政策,包括加息和扩大人民币汇率的浮动区间。然而货币政策的作用是有限的,只能在短期内把流动性从经济中和市场上抽回到银行体系,货币政策无法从根本上解决过剩流动性的问题。如何疏导过剩流动性,将储蓄资金转化为实体经济中的投资,要靠金融改革和投融资体制的改革。

改革的具体内容今天没有时间介绍了,只是简单提一下。要放松对企业投资和融资的行政管制,放松对金融业的管制。需要推出大量的金融产品和实物资产,分流储蓄资金。特别要大力发展非银行金融机构和非银行金融市场,从以银行为主体的金融体系,逐渐过渡到银行和资本市场基本平衡的结构。

我就讲到这儿,谢谢大家。

主持人 我很关注许教授的观点,您从 2003 年开始一直在提醒大家警惕股市的泡沫,或者说资产市场的泡沫。但是根据我自己的体会,过去两年时间,不论我投资股票还是投资房地产,坦率地说,收益都非常好。作为一个普通的投资者,我有一个问题,如果说许教授的判断成立的话,的确现在风险很高,我作为一个投资者是否还要投资? 第二个问题,相对于房地产和股市这两个投资产品,许教授更倾向于做哪个选择?

许小年 我要特别声明,在这里的介绍都不能作为投资的依据,只是一个学者和大家的交流。我讲的更多的是中长期问题,而不是短期的问题,例如投融资体制的改革。在目前的牛市情况下,建议大家不投资是不明智的。我记得讲流动性是在今年 4 月份,很多学员下课之后第一件事就是把股票全卖了。过了"五一"长假,想想不对劲,节后一开市,股票非常强劲,就又捡了回来,结果被套住。有学员跟我开玩笑,说要起诉我,这个责任就大了。所以我今天讲的不作为投资依据,为大家思考问题提供一些数据和思路。

在估值过高的情况下,要不要参与,我觉得是在座各位自己的选择,不同的风险—收益偏好,有不同的选择。各位可以参与,但要知道价格已经脱离了基本面的支持,风险非常高。如果你愿意冒险,去博取高收益,当然可以继续参与。我没有关于参与或者不参与的判断,只是说现在的风险已经非常高了。

关于第二个问题,当前的情况下,我个人比较偏好房地产。因为它还有真实的需求,我们注意到这样几个数字:

1. 市场的供需关系。从 2003 年以来,市场上的销售面积年年超过投放面积,销售对供应之比一直在 100% 以上。全国的情况是销售面积超过新投放面积 50%。销售面积中当然有一部分是投机性购买,即使把这部分扣掉,销售对供应之比还是稳步上升,在近几年中都是超过 100%,说明是需求大于供给。

2. 房租收益率。北京的房租收益率据说还有 5% 到 7%,这样的收益率还是安全的。上海的房租收益率比较低,在 3% 甚至 3% 以下。房地产市场有着明显的区域性特征,很难讲全国,要看各地区的具体情况。我的建议仍是投资之前,一定要做研究,研究房地产市场的估值,就像研究股票的估值一样。

尽管当前市场风险过高,但我觉得有些公司还是不错的,现在没法投市场,而是投公司。

提问 刚才您提到换手率的下降,我认为是由"5·30"政策造成的,当时政府解释政策意图,就是为了降低换手率,鼓励投资者长期持有。由于"5·30"政策出台,大部分股民在高位被套,造成换手率的下降,而不是像许教授刚才讲的,换手率下降似乎是市场的自然规律。

许小年 "5·30"政策就是提高印花税,对于这个政策,每个人都有不同解读,这是正常的,市场上如果只有一个解读,那就不是市场了。有多种解读、多种观点,才有交易。

印花税增加了千分之二,引起市场的大跌,这正说明了市场的虚弱。我到现在也没有搞清楚,为什么几次 27 个基点的加息,市场不跌反涨,而印花税 20 个基点的提高就大跌。如果你们做研究,发现了其中的奥妙,请务必和我分享。"5·30"使我想起了 1991 年台北股市的崩盘,也是税收的调整捅破了高估值的泡沫。

提问 投资房地产市场和投资房地产股票有什么区别?

许小年 你要看什么样的房地产股票,房地产公司如果是一个项目公司,有一些土地,有一些楼盘在开发,你买股票和买楼盘没有什么太大的区别。如果是一个真正的房地产公司,比如像万科,超越了项目公司,已经形成了异地扩张的商业模式,为投资者创造的价值大于楼盘的价值,也就是股价对净资产出现了溢价。溢价反映了它的异地扩张能力,反映了它的增长空间和增长的可持续性超过了项目公司,买这样的公司股票和买房子是有本质区别的。

(2007 年 8 月 4—5 日在"第二届中国金融市场投资分析年会暨第二届中国注册金融分析师峰会"上的讲话。2010 年 8 月 21 日修改)

抑制通胀已到关键时刻

　　铁矿石国际价格上涨 65％,触发连锁反应,中国国内主要钢铁企业宣布涨价,以抵消成本的上升,而家电、汽车等下游行业也闻风而动,纷纷酝酿提价。与此相类似,在原油价格的推动下,国内农药和化肥的价格也不断上升。照这种趋势发展下去,社会上有可能形成稳定的通胀预期,成本推动的中度通胀就会经连锁反应,演变为难以医治的高度通胀。

　　及时和果断的紧缩政策已经刻不容缓。

　　通胀的恶化有两大原因。供给方面,大宗商品国际价格的快速上涨增加了国内的生产成本;需求方面,经济连续多年高增长,收入的提高和充裕的流动性使社会购买力急剧膨胀。至于今年的春节前后的天灾,只不过是雪上加霜,CPI 在去年第四季度已达 6％以上的增长率。以为灾害过后即一切太平是一厢情愿的幻想,仅以临时的物价管制应对,则极有可能错过时机,物价进一步攀升,未来的调控将会变得愈加困难。

　　近年来,国际大宗商品价格对国内价格的影响越来越大,这是中国融入世界经济的必然结果。粮食、原油等大宗商品价格的变动将继续在相当大的程度上决定国内价格的走向。为了制定反通胀的政策,有必要研究和把握国际大宗商品价格的变动规律。

　　当前大宗商品价格的上涨既是周期性的,也是趋势性的。周期性因素如粮食的播种面积和天气,或者美国的原油库存,引发粮价或原油价格的短期波动,而趋势性上涨意味着价格一旦上去,就不可能回到原来的水平。例如原油价格在几年之内就从 20 多美元涨到 100 美元以上,将来再回到 60、70 美元的可能性已经很小。这是因为原油的开采成本构成了价格的底线，陆上地质条件较好的油田均已开发，石油公司正从陆地走向浅海，再从浅海走向深海，寻找新的油田和气田。可以想见，勘探与开采成本如同芝麻开花，节节升高。

国际粮价的趋势性上涨也有结构性的长期因素推动，在可以预见的将来，不会跌落回一两年前的价位。为了替代不可再生的化石燃料，人们从玉米中提取酒精，对玉米的需求因此而陡增，玉米的国际价格从2007年初到现在上涨了33％。在一年多的相同时期内，大豆价格上涨了107％，原因之一是中国、印度等国经济的高速增长，民众的饮食结构发生变化，食物油和肉类的消费增加，大豆作为食物油的原料和生产饲料的原料，成为供不应求的商品。

通胀面对国际价格的长期趋势性上涨，采取临时性的价格管制和价格补贴控制国内通胀，显然是开错了药方。原油价格再涨怎么办？难道成品油、农药和化肥价格的行政管制要持续到国际油价回落为止吗？向大型炼化企业提供的财政补贴每年以百亿元计，国家的财力还能支撑多长时间？众多中小企业的亏损又由谁来埋单？财政补贴跟不上的地方，企业只好停产，供应出现短缺，与高价但仍可买到东西相比，对公众利益造成更大的伤害。这样的事正在乳制品市场上发生，价格管制令奶农无利可图，唯一的出路就是歇业。

供应短缺不仅损害消费者利益，而且令控制通胀的政策丧失信誉。在行政力量和市场力量搏击的过程中，短缺无声却坚定地宣告了前者的失败。成品油价格管制的前提是冻结原油价格，但政府可有这样的能力？同理，要管房价就必须管住钢筋水泥的价格，而要管钢价就必须管住铁矿石的价格。计划经济的逻辑就是这样，要管就都得管起来，而市场经济的逻辑也一样，要放就都得放开。半计划半市场的操作只能扩大供需失衡，带动预期通胀上升，刺激消费者在市场上抢购，促使企业竞相提价。在通胀预期的支配下，成本和价格呈螺旋式交替上升，用不了多长时间，就会形成恶性通货膨胀。

因此反通胀政策的关键不在管制现行价格，而在有效管理预期通胀。所谓有效，就是要使企业和消费者相信，未来的价格将比今天的低，至于今天的价格是否比昨天低，已经无关宏旨，大可不必为此伤神，当务之急是提高反通胀政策的公信力（Credibility）。

欲使公众相信未来价格走低，需要做的无非两件事：一曰增加供给,二曰抑制需求。要想增加供给,则必须解除价格管制,听任价格上涨,让企业有钱可赚。无需社会责任的说教,在利益的驱使之下,企业自然会增加产出。另一方面,要想抑制需求,则必须而且也只有紧缩银根。这也是为什么宏观调控永远是关于总量的,政策不以具体价格为目标,具体价格肩负着调节供需和恢复均衡的重任,不可随意干预价格体系的运行,政府只能控制需求总量。

如何紧缩银根? 准备金率如同麦田里的稻草人,稍有经验的麻雀都不会认真对待,商业银行仍有大量的超额储备。况且在利率管制的情况下,准备金率的提高不能反映为利率或者资金成本的上升,不能显著降低企业与个人的借贷需求。至于贷款的数量控制,早已退到了计划经济的老路上,不仅侵犯了银行的经营自主权,而且打乱了资金的市场化配置。

要紧缩银根就必须连续加息,每次加息的幅度可以小一些,给企业和个人留出调整的时间,但货币政策当局应明确无误地将其意图传递给市场:中国经济眼下的最大风险是通胀,除非通胀能得到有效抑制,加息不会停止。不断上升的国内利率当然会吸引热钱的进入,一石不可两鸟,人民币不得不加速升值。强势的本币降低了进口成本,也有助于控制国内通胀。

当前有一种议论,以美国经济衰退为由,主张放松从紧的宏观政策,刺激内需,保持经济的高速增长。殊不知,中国经济的问题正是增长过快,内需过于旺盛,多年积累的内外失衡表现为商品、服务和资产价格的膨胀,若不能及时纠正,就有可能酿成将来的大祸。

(2008 年 3 月 1 日载于《经济观察报》)

要遏制通胀必须继续加息

　　5月份8.2％的PPI数据和我预期的基本一致，但CPI（7.7％）的回落幅度却超出了我的预期。尽管不少分析人士认为，中国的通胀今后将呈现逐步回落的势头，但是在我看来，中国的通胀高峰依然没有到来。

　　毕竟PPI向CPI的传导，需要两三个季度以后才能显现出来，并且推动去年CPI上升的大部分因素也没有消失，特别是导致目前中国通胀的国际因素更是错综复杂。

　　从相关数据来看，PPI和国际油价的相关度非常高，而CPI和国际粮价的相关度非常高，那么在国际大宗商品价格没有出现显著回调的情况下，国内通胀压力就不会减轻。

　　从全球的视角审视目前的中国通胀，不少经济学家将其称之为"输入型通胀"，但是这个名词并不恰当。我更倾向于"出口转内销型通胀"的提法，而不是纯输入型的。的确，这种通胀看上去好像是输入型的，但是这种输入的高价格，是和中国自身的需求有关的。

　　比如在国际原油市场上，中国的采购对国际原油价格影响是非常显著的，在国际粮食市场上，中国大豆的进口直接影响到大豆的价格。

　　上述情况在铁矿石价格上则表现得更为明显。铁矿石价格2008年涨了70％到90％，表面上似乎是"输入型通胀"，实际上是因为中国的钢铁材料需求，在过去几年中翻了几番。这么大的钢铁生产能力，国内的矿石根本供不上，所以到海外去买矿石，国际上的矿石价格焉能不高。然后矿石价格的上涨，再输入到中国，迫使国内钢铁企业涨价。

　　如果国内的经济增长速度不放慢，世界的资源就没有办法支撑这么高的经济增长，大宗商品价格回落的可能性也就不大，国内的通胀压力也就不可能消失。严格来说,中国因素是造就 2001 年以来的商品市场牛市的最关键原因,和美元贬值的"功劳"不相上下。

对于目前的通胀形势,唯一能有效遏制通胀"猛虎"的方法就是不断的加息,将贷款基准利率拉高至 10％以上,中国要吸取当前越南恶性通胀的教训。越南日前加息 200 个基点,提升到 14％,这是在很短的时间里将贷款基准利率从 7％左右加到 14％。

越南在过去十几年间的通胀,基本上就是在 4％或 5％附近持续两三年,然后攀升到 7％或 8％,跟中国现在差不多。所以这种中等的通胀,如果政策上不能够坚决地应对,就很容易发展成像越南今天这样的恶性通胀,中国必须高度警惕。

正如温家宝总理所言,通胀是 2008 年中国经济最大的烦恼,要遏制通胀必须继续加息,让人民币更大幅度地升值。由于加息会鼓励更多的热钱进来,所以在这种情况下,汇率政策必须要进一步地放宽波动幅度,这是没有选择的选择。是想稳定住人民币汇率,还是想遏制国内通胀,两个得选一个,要这个就要不了那个,世界上没有"马儿跑得快,马儿不吃草"的事情。任何政策都是有成本的,到底是想要人民币还是想控制国内通胀,必须权衡利弊。

实际上,当前亚洲各国政策制定者都在做两件事,一是放开成品油价格管制,二是不断加息,越南和印度已经先行一步。长期的油价管制已成财政不能承受之重,而且价格信号的扭曲导致对能源的过度需求。

当然,价格管制放开后,物价自然就要上升,于是中央银行就必须紧缩银根。放弃成品油管制和不断加息其实是有着密切联系的,印度、马来西亚和印尼等国当前基本上都是在做这两件事,中国的政策制定者应该考虑同样的政策组合。

(2008 年 7 月 2 日)

全球化中的通胀与对策

大家上午好！

非常高兴能有机会在这里跟大家做一个交流，记得今年早些时候我写了一篇文章，题目叫做"控制通胀已到关键时刻"，报纸对这篇文章也比较喜欢，赶在"两会"之前刊出去，希望能够引起重视，非常遗憾的是没有引起重视。现在恐怕社会上对通胀已经没有什么太多的异议了，通胀已经为我国经济头号的问题，不仅是今年，可能明年也会继续困扰我国经济。

通胀也提出了一个非常严峻的挑战，在经历了多年的繁荣之后，依靠低成本的数量扩张型的经济增长模式现在碰到了非常严重的问题，迫使我们思考经济转型。

过去我们讲经济转型讲了很多年，就是没有什么效果。现在通胀的压力越来越大，我们不得不转型。转型是非常痛苦的。之所以痛苦，就是因为我们的经济模式不光是一个政策问题，不光是一个政府导向的问题，我们的经济增长模式有着深厚的制度基础，要转型的话，必须改变它的制度基础、必须要进行经济体制乃至政治体制的改革，这不是一件很容易的事。所以在可以预见的将来，通胀会进一步恶化，我们会沿着传统增长模式的轨迹，继续往下走，直到走不下去为止。

今天我要和大家交流的是三部分：

第一，对于通胀性质的判断。

第二，对于通胀的展望。

第三，政策应对。

刚才我已经讲了，通胀是 2008 年经济的第一难题，但是到目前为止，我们对通胀采取了鸵鸟政策。通胀刚露头时，官方用"结构性通胀"

的说辞否认价格的全面上涨，这是滑天下之大稽，连通货膨胀的定义都修改了。什么叫通货膨胀？通货是什么？通货就是流通中的货币。膨胀是什么意思？货币发得太多。所以通货膨胀的定义就告诉我们，通货膨胀是货币现象，货币发得太多，带来价格的全面上涨。货币有什么结构性问题？"结构性通胀"的说法是自相矛盾，缺乏最基本的经济学常识。在大家的批评下，终于看到政策制定者不再提"结构性通胀"，不说外行话了，这算是一大进步。

然而在"结构性通胀"之后，又有一个新的说法，叫做"输入型通胀"。根据这一说法，现在我们面临的通胀是由成本推动的，成本的上升又是从外部输入的。言外之意，这些外界的因素超出了我们能够控制的范围，我们无能为力，为政策上的不作为寻找理论依据，否认紧缩的必要性。有些学者我都不愿意称他们为学者，学者、文人起了很不好的作用，编出一些似是而非的"理论"，到最后耽误的是国家的事情。你越是不作为，越是不采取措施，将来控制通胀的成本就越大，下面我们会讲到越南的案例，通胀两位数了，再紧缩银根，为时已晚。

为什么我们认为"输入型通胀"的说法是错误的呢？从表面上看，通胀是从外部输入的，但从外界进来的通胀压力都和中国有关，所以不是单纯的输入型通胀。在下面这张图（图1）中，国内目前的通胀似乎是成本推动的，是由外界输入的，图中的虚线是国际油价，实线是中国的生产价格指数，这两条线高度相关，虚线的上涨在前，实线的上涨在后面，中国的生产价格指数随着国际油价上下波动。

图1

再看一下CPI也就是消费物价指数(图2),CPI最重要的推动力,实际上并不是南方的雪灾,也不是震灾、水灾,而是国际粮价。这条虚线是芝加哥的粮食价格指数,这条实线是中国的食品CPI。我们用数据说话,看看这两条线,你就知道中国的食品CPI和国际粮价密切相关。粮食的CPI是国内的消费物价指数中最重要的一项,现在食品开支占我们城镇家庭开支大约不到40%,而占农村家庭开支仍然是接近50%。粮食CPI左右着中国CPI的走向,而粮食CPI又和国际粮价密切相关。

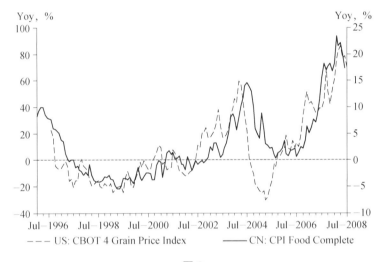

图 2

从这两张图中,我们似乎可以得出结论,国内的通货膨胀的确是因国际上的大宗商品价格上涨而引起的,的确是从外面输入的。但是接下去我们要问为什么国际油价和国际粮价在最近几年暴涨呢?我们发现,国际粮价和国际油价的暴涨都和中国有关。先看原油,美国投行高盛对今年原油的预测是150美元,对明年的预测是200美元。大家还记得不记得,去年当高盛报出了105美元原油的价格预测的时候,很少有人相信,大家都骂高盛,说你是做多仓的,你当然要看高原油价格。今年它预测的150美元很快就成为现实,最新的价格已经到143美元了。高盛预测明年是200美元,现在大家不敢不信,因为已经吃过亏了,去年它报105美元,有人不信,跟它对着干,做空原油,结果损失累累,高盛则名利双收。高盛的伦敦的石油分析小组是世界上最权威的油价预测机构,这个小组去年的奖金是以亿美元计的,它为高盛带来了丰厚的利润。

为什么敢于一再看多原油呢?在原油75美元的时候一路看多,直到现在,原因在哪里呢?关于原油价格,我们做过一个统计的分析,大概有这样几个决定因素:

第一,原油在全球范围内供不应求。

第二,美联储松宽的货币政策。

第三,投机因素。在任何时候、任何地方,世界上出现任何经济问题,我们都可以把投机分子拉出来,鞭打一顿,这是一个非常容易找到的靶子。

我们首先看需求,在全球原油的新增需求中,金砖四国是主力,而中国又占了大头,俄罗斯、巴西自己有石油。对全球新增原油需求中,中国的进口占了一半以上。新兴市场经济国家近几年经济高速增长,它们的原油需求随之激增。在1990年代中期的时候,中国的原油基本上自给自足,从那以后我们开始大量地进口原油,国内的原油已经不够使用。到2007年为止,原油进口平均每年增长20%以上。原油可不像我们的制造业,你多投资就可以增加供应能力,原油需要勘探,勘探了以后开发油田,一口井打下去,能不能出油还不知道。原油的供应存在刚性,跟不上全球原油需求的增长,造成了供需关系的紧张。

现在欧佩克(OPEC,石油输出国组织)国家的原油剩余产能已所剩无几,为了满足新增的原油需求,这些产油国必须发现新的大油田,已有油田的产能已发挥到了极限。最近沙特阿拉伯召开了一个全球石油大会,它是真心实意地召开这次大会,讨论原油价格问题,油价暴涨之后,世界各国都在互相指责,欧佩克国家指责美国的货币政策,指责国际上的石油投机;发达国家指责发展中国家经济增长速度过快。实际的情况是大家都有道理,又都没有道理。

在需求方面,刚才我们讲了全球的需求增长已经超过了现有的产能所能支持的范围,这是石油价格上涨的基本面因素,看一看这张图就知道(图3),这条实线是国际原油价格,柱状线是中国的原油进口。大约从1995年到1996年前后,我们从原油的净出口国便成了净进口国,去年我们进口1.6亿吨原油,占国内原油消费的50%,也就是说国内一半以上的原油消耗需要依靠进口来解决。随着中国原油进口量的增加，世界原油价格这条实线不断地上升。九十年代中期时，原油价格还在 20 到 30 美元，随着中国进口的增加，这条红线很快上到了 100 美元以上。今年一到五月份中国的原油进口增速又是 20％ 以上，如果你是原油期货交易商，你做多还是做空呢？我相信很少有人做空，大家都看着这张图做多。

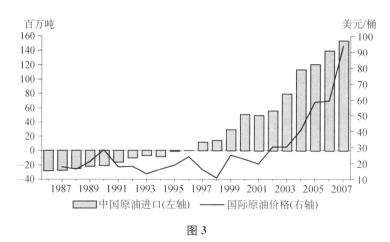

图 3

原油价格上涨的第二个因素是弱势美元，弱势美元又是因为美国货币供应的增加，美元和其他的商品一样，当供应增加时，价格就要下降，也就是美元贬值。美元贬值使欧佩克国家遭受了损失，因为原油都是用美元标价的，而中东产油国的本国货币又跟美元挂钩，中东产油国就提高油价，弥补由于美元贬值所带来的损失。所以最近我们看到一个现象，国际市场上美元跌多少，油价就涨多少。中东产油国可以提高油价，弥补美元贬值给它造成的损失，而我们是原油净进口国，我们没有办法，只能接受越来越高的原油价格。从图表上可以看出美元汇率指数和油价的关系，美元越弱，原油价格越高，这是原油价格暴涨的第二个原因，而弱势美元又是因为美联储的货币政策。

为什么美国人要乱发货币呢？因为次按危机，危机引起了美国货币金融体系的振荡，把美国经济带到了衰退的边缘。为了稳定金融体系，防止美国经济陷入萧条，美联储不得不减息以刺激消费和投资。有人说美国人有意把美元搞成这样，这是个大阴谋，其实这并不是阴谋，而是"阳谋"。不是我们想象的,几个人躲在黑暗的地下室里,在摇曳的灯光下策划出一个阴谋,把世界上新兴市场国家搞垮,像一些流行书籍所描述的那样。这是大家都知道的、每天在报纸上讨论的"阳谋"。

第三个是投机因素,我们在国内做投资的都知道,你要想炒作、投机,一定要有题材。原油炒作投机的题材是什么呢?就是全球的供需失衡,炒作的题材就是弱势美元。投机者是非常理性的,他不做空穴来风的炒作。所以归根结底,我认为国际原油价格暴涨的根子在于全球供需失衡以及美联储的货币政策。

粮价的故事和油价类似,首先是需求,需求又跟金砖四国有关。随着金砖四国经济的起飞,这些国家老百姓的收入有了显著的提高。收入提高之后,人们的热量摄入就增加,发达国家人均的热量摄入比发展中国家要高得多,食品结构发生变化,由碳水化合物转向动物蛋白,喂鸡、喂猪、养牛所需要的粮食比直接吃的粮食还要多,因此造成世界市场上对粮食需求的增加。

第二个因素也是美联储的货币政策,美元发行得太多,资金进入了粮食等大宗商品市场去炒作。

和石油不同的是,推动粮价上升的第三个因素是发达国家的能源政策,鼓励可再生能源的开发,特别是现在市场上非常流行的生物燃料。从玉米中提取乙醇,再把乙醇兑到汽油中燃烧,减少对汽油的依赖。美国政府对农民种植玉米提供了大量的财政补贴,鼓励农民多生产玉米,再用这些玉米提取乙醇。补贴农民的结果一方面刺激了玉米的生产,另外一方面,多种玉米就要少种其他作物,其中有一项跟中国密切相关,这就是大豆,大豆种植面积的减少造成大豆价格的暴涨。和原油的情况相类似,我们国内大豆消费量的60%要依靠进口。于是有人又演绎出了一个"大豆战争","阴谋论"在中国非常有市场,大家都愿意相信阴谋论。实际上这也是"阳谋",大家都知道大豆价格为什么暴涨,播种面积少了,因为他要种玉米提取乙醇,所以大家都批评美国的可再生能源政策,把发展中国家的粮食供应变成了一个问题。

国内通货膨胀的直接原因是国际大宗商品价格的上涨,看上去像是输入型的,深入分析一下,国际市场价格上涨的背后有中国因素。铁矿石是另外一个例子,铁矿石的价格为什么今年涨了60%到90%?大家骂澳大利亚和巴西,说你们垄断矿石供应,乘人之危,赚取暴利。澳大利亚说,你们想要的铁矿已经超出了我的生产能力,如果再增加供应,我必须投资开发新的矿井,这个投资你不出谁出呢?为了满足你的需求,我必须再建一条铁路,把矿运到港口,这条铁路的投资谁出呢?所以我涨价90%,我现有的生产能力不能满足你的需求。

为什么不能满足中国的需求?看一下数据。现在我们的报纸、杂志上的经济类的文章非常糟糕,不用数据,动不动三大趋势、六大特征,没有逻辑、没有数据支持,胡说八道,学风很不好。一定要用数据说话,用事实说话。我们国家粗钢的生产能力从一亿吨翻番,增长到两亿吨,用了七年的时间;再从两亿吨翻番到四亿吨,用了多长时间呢?三年多,能力的扩张在不断加速。现在我们的粗钢生产能力是五亿多吨,接近六亿吨,如此快的钢铁生产能力的增长,铁矿石的供应怎么跟得上?我们国家有铁矿石,但都是低品位的,而且量也不够,只能依靠进口。

所以目前所发生的全球性通胀,包括中国在内的通胀,反映了一个事实,新兴市场国家的经济增长,特别是中国的经济增长不仅超出了本国资源可以支撑的范围,而且超出了全球资源可以支撑的范围。

在这样的情况下怎么办呢?坐等原油价格跌下去吗?等是等不来的,想扛也扛不过去,你可以说它是输入型通胀,问题是什么时候原油价格能下来呢?一定要中国的经济增长速度放慢的时候,原油价格才能下来。现在形成了一个死锁,顶在这里,为什么前两天我们上调成品油价格18%,国际原油价格一天就应声下跌4.75美元,大约是3.5%到4%?因为国际市场预期中国的成品油消费会因此下降,对原油的需求减少。现在大家都盯着中国,看你哪里的需求发生什么变化。什么时候国际原油价格真正回落?中国的成品油价完全放开,或者中国经济增长放缓。

我们做过一个测算,如果消除投机性因素,原油价格会回落到什么地方呢?大概是90多美元,20、30美元的时代已经过去了,不要再做这个梦了。为什么呢?因为石油的开采成本在不断上升,开采成本构成了原油价格的底线。现在新开采原油的平均成本在90美元,所以很难回到90美元以下,除非发生全球性的经济萧条。

关于国内的粮价,有一种说法,认为中国的粮食自给率在90%以上,我们可以和世界市场隔开,实际上是隔不开的。大豆不用说,60%靠进口,国内价格已经国际化了。对于自给率比较高的玉米,我们发现大连的玉米价格和芝加哥的玉米价格的波动趋势是一样的,尽管价差还存在,但波动趋势是一样的。所以不管粮食能不能自给,不可避免地要受到国际市场的影响。最近大米价格暴涨,在南方收购大米就发生了困难,因为现在农民也有电脑,也能上网,他在网上一看,国际大米价格已经涨这么多了,你们的收购价格怎么还这么低呢?于是他就不卖给你,迫使粮站提高价格。所以你说大米基本自给有什么用呢?在南方出现了非常火的生意,粮食走私,粮贩子到农村去,从农民那里收购粮食,出价比市场价格高,再拿到国际市场上卖,赚取国内外的价差,这就把国内的市场价格推上去了。就算粮食自给,也没有办法把国内市场和国际市场完全隔离开来,国际市场通过各种各样的渠道,影响国内的价格。

在国际油价和国际粮价没有大幅回落的情况下,国内的通胀压力不会消失。尽管我们五月份的 CPI 通胀略有回落,但是不要忘了我们PPI 通胀在不断地创下新高。过去的历史证明,生产者价格指数 PPI过两个季度之后就要传导到 CPI。大家看这张图虚线是生产价格指数,实线是消费价格指数。(图 4)虚线的变动幅度和变动规律是超前实线,两者基本上是正相关,但是略有超前。在最近几个月,由于国际大宗商品价格的上涨,出现了过去没有过的现象,生产价格指数和消费价格指数同时上涨。你不要看一个月的 CPI 回落就沾沾自喜,更严峻的形势在后面。PPI 生产价格指数传导到消费价格指数的作用还没有

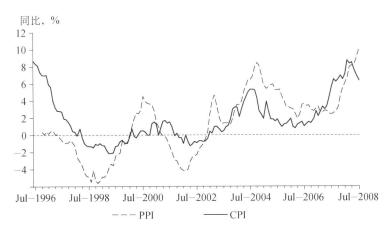

图 4

显现出来,等显现出来之后,CPI是什么样呢? 今年下半年CPI回落可能只是一个良好的愿望。有些人说由于去年下半年CPI比较高,所以今年同比的CPI会逐月回落。我说这叫什么呢? 这叫"障眼法",去年基数大并不意味着今年的通胀压力就消失了,古人讲"横看成岭侧成峰",通胀的压力横着看、侧面看都是通胀压力,不要用同比数字逐月下降骗自己,通胀继续存在,这是我们必须面对的问题。

如果我们接受"出口转内销型通胀"的观点,展望一下造成通胀的内外部因素,会是什么样的前景呢? 我认为美元会继续疲软,这是因为第一,欧美之间的息差会继续加大,美联储不大可能在近期收紧银根,松宽的货币政策在下半年会继续,因为美国的金融系统还在动荡之中,美国的经济还非常地虚弱,经济数据一个月比一个月坏。尽管伯南克最近提高了反通胀政策的调门,但是没有人相信他。正像我们的目标,把通胀控制在4.8%一样,没有人信。即使美联储加息,不要忘了,决定美元币值还有一个重要的因素,就是它的贸易逆差。美国对世界上其他国家的贸易逆差短期内不可能消失,美元会继续疲软,结果是什么呢? 大宗商品的价格下不来。美联储的货币政策现在进退两难,减息怕通胀,加息怕萧条。因此最大的可能是美联储的货币政策保持不变。

这就是在滞胀环境下货币政策的两难,什么都不敢动,既不敢减息,也不敢加息,货币政策基本瘫痪。之所以有今天,我们应该感谢伟大的格林斯潘。格林斯潘个人的命运非常具有戏剧性,他辞职的时机恰到好处,用市场上的行话来说叫做逢高出货,在他生涯的顶峰退休了,带着"有史以来最伟大的中央银行家"的盛誉离开了美联储主席的岗位。但他离职后没有几个月次按危机就爆发了,大家找原因,找来去都找到格林斯潘那里,他又从最伟大的中央银行家变成了次按危机的罪魁祸首。今天美国最伟大的中央银行家已不再是格林斯潘,而是他的前任保罗·沃尔克。沃尔克在任内遭到所有人痛骂,十几年后,他和格林斯潘的位置反过来了。

如果美联储的货币政策保持不变,那么国际油价就只要看需求方了,需求特别是新增需求的大头是中国,中国的需求会继续保持旺盛,为什么呢? 因为领导说过了,在控制通胀的同时要防止经济大起大落,要保证经济又好又快地发展。我的解读是中国经济增长速度不会放慢,这就意味着对原油的需求不会下来。从这两大因素看,下半年原油价格将继续在高位振荡，"出口转内销型通胀"在中国会继续下去。

现在谈谈政策应对，对于这种全球性的通货膨胀，世界各国政府的第一反应都是行政管制，和我们一样。当大米价格暴涨时，东盟各国纷纷限制和禁止大米的出口，结果是减少了国际市场上的供应，推高了而不是降低了价格。国际市场价格的上升反过来又推动国内价格的上涨，价格管制不仅无法消除反而要增加通胀的压力。我们在国内也看到类似现象，实施成品油价格的管制，造成企业盈利下降甚至亏损。当企业发生亏损时，他的本能反应、理性反应就是削减产量，因为生产越多，亏损越多。结果就使供应更加紧张，扩大而不是缩小了供需缺口，增加而不是降低了通胀的压力。另一方面，人为压低价格，进一步刺激而不是抑制需求。最近千呼万唤始出来，成品油价总算提了一点，但这么一点不解决问题。在提成品油价格的同时提了电价，这是对的，但是管制煤炭价格就没有道理了。煤矿会尽量减少按官价向电厂供应的煤炭，把更多的煤转到不受管制的市场上高价出售。如果煤炭价格管制继续下去，今年下半年电煤供应一定会发生问题，这意味着电力供应不足。现在一些企业已经未雨绸缪，准备应对电力供应的短缺了，上自己的柴油发电机组，囤积柴油。价格管制到处制造供应短缺，另外一方面刺激需求，扩大供需缺口，增加通货膨胀的压力。

正确的政策是什么呢？应该是放开价格，放开成品油价，让企业有利可图。现在的情况不仅是当前的供应跟不上，将来的供应可能也跟不上，因为炼油企业把它的投资计划也推迟了，不知道将来的价格是怎么回事，为什么今天要投资呢？价格管制不仅造成了当期供应的短缺，而且使得长期的供应能力跟不上需求的增长。因此一定要放开价格，放开价格才能增加供给，放开价格才能抑制需求。北京的交通挤成这样，昨天我从怀柔开车到这里开了两个多小时，三环就是个大停车场。为什么这么多车呢？汽油太便宜，当然还有其他的原因。小青年刚刚参加工作，本来是没有能力承担的，也买辆车，成了有车一族，有车架不住没有路，还得在路上煎熬。

放开价格会在短期内释放通胀的压力，这个政策本身并不会制造通胀压力，只是把管制下聚积的通胀压力释放出来，短期的通胀数字会不大好看，因此在放开价格的同时要收紧银根。我们给出的政策组合一直是放开价格和收紧银根，印度政府就是减少对成品油的补贴，同时提高利率,因为印度的通货膨胀率已经上升到两位数了。马来西亚、印尼都是在价格管制无效后,减少对成品油的补贴,同时收紧银根。

历史的经验也支持我们的政策建议。1973年第一次石油冲击的时候,石油价格上涨引起了国内的通货膨胀,尼克松政府也采取了价格管制的办法,不仅冻结了价格,而且冻结了工资,但后果和我们现在看到的完全一样。人们在加油站前排起长龙,老百姓怨气冲天,政府最后没有办法,只好取消价格管制。1973年尼克松的价格管制是非常短命的政策,不得不很快取消,但通货膨胀怎么办呢?尼克松请出了一个人,就是我们提到过的沃尔克。沃尔克学术出身,不懂政治。不懂政治倒好了,他说现在的形势只有一个办法可以治,就是迅速紧缩银根,控制通货膨胀。紧缩银根不讨人喜欢,政治家不喜欢、民众不喜欢、企业也不喜欢,有谁喜欢高利率呢?沃尔克有一点书呆子气,他说如果对经济负责,只有这一个办法,这和格林斯潘不一样,格林斯潘制订政策的时候,他会考虑政府有什么反应,华尔街、民众有什么反应,但沃尔克不是。沃尔克身高两米,你站在那里要仰着头跟他说话。我们看一下沃尔克的政策,这张图(图5)中的虚线是美国的CPI,实线是美联储的基准利率。1973年通胀起来之后,价格管制失败了以后,沃尔克在短时间内大幅度加息,美联储基准利率加到了接近15%!贷款利率起码还得加两三个百分点。利率上去以后,通胀下来了,沃尔克跟着通胀的回

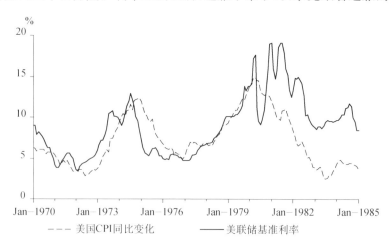

图 5

落减息。到 1979 年,美国经历第二次石油危机,这次通货膨胀比上次还厉害,CPI 上涨了 15％以上,沃尔克照旧是以加息应对,只不过利率更高,升到了接近 20％。谁说中国加息没空间？离 20％差得还远着呢。20％的高利率持续了接近一年的时间,才把通胀给治住了。等通胀的虚线下来后,沃尔克才开始减息,我们现在把他的政策叫沃尔克疗法。加息是不讨好的事,没有一个人高兴,但是为了经济的长远发展必须这样做,沃尔克是一个负责任的学者、一个负责任的中央银行家。

我们刚才讲过,中国当前的政策应该是放开价格、收紧银根,收紧银根的目的是防止出现恶性通胀。什么叫恶性通胀？恶性通胀就是在通胀预期下的价格成本螺旋上升,工人预期通胀,要求增加工资,供应商要求提价,企业的利润受到挤压,不得不提高价格来转嫁成本的上升。企业一旦提价,又会强化社会上的通胀预期,触发下一轮的工资、成本上升。在通胀预期的支配下,工资、价格相互促进,价格很快就会失控,这是经济学里讲的最坏的噩梦。恶性通胀和一般通胀的区别就在于有没有稳定的通胀预期,在通胀预期还没有形成的时候,政府应该采取果断而坚决的措施打消这种预期,要告诉老百姓,将来的通胀不会这么严重,所以紧缩的货币政策最重要的作用是管理社会的通胀预期,而不是管理具体的价格。现在我们的做法正相反,管理具体的价格而放手不管通胀预期。政府虽然也意识到通胀预期的重要性,它只是简单地宣布今年的通胀目标不超过 4.8％,没有真金白银支持的政策没有可信度,没有可信度的政策不会有作用。

如果不采取果断措施,后果是什么？我们可以看一下越南(图 6)。越南的 CPI 基本上是每隔两三年上一个新的台阶,2003 年之前这条虚线 CPI 通胀在 5％左右,到 2003 年末的时候上升到 8％到 10％之间,在这个水平上保持了三年之久,我们目前大致处于这个阶段,这是一个非常敏感也非常危险的阶段,如果不能采取果断的措施,一个火星可以燎原。今年上半年,由于粮食价格的上涨使得越南的通胀失控,通货膨胀率迅速达到 25％以上,而且逐月升高,上个月最新的数据是 27％。越南政府感觉到事态的严重,于是紧急加息,今年连续三次加息,把利率从 8％提高到将近 9％,看看还控制不住,又从 8％提高到 12％,一次加息四百个基点,不是我们的 27 个基点,上个月再从 12％加到 14％,又是两百个基点。没有办法,你越拖延,抑制通胀的成本就越高。

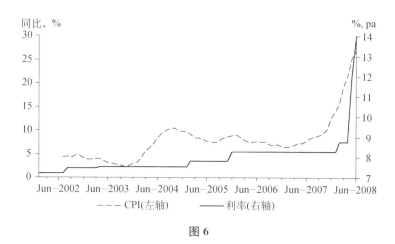

图 6

　　现在我们舍不得加息,为什么呢?考虑太多、想法太多,什么都想要。加息之后人民币汇率怎么办?股市怎么办?世界上没有十全十美的政策,所有的政策都是成本和效益的平衡。摆在我们面前的是什么?一个是政策无所作为,听任通胀发展;另一个是采取坚决的措施抑制通胀。抑制通胀是要付出成本的,成本就是人民币更大幅度地升值,中国的出口企业会感到比以前更加困难。但是对于决策者,两者权衡,看哪一个政策的净收益最大。想要马儿跑得快,又要马儿不吃草,这种马世界上还没有见过。展望今年下半年,如果我们继续犹豫观望,当通胀恶化的时候,再采取严厉紧缩措施,中国经济就很有可能硬着陆。你等待拖延的时间越长,将来控制通胀的成本就越高。我们希望决策者能够认识到问题的严重性,尽快采取措施,不要让通胀演变成为恶性通胀。

　　通胀的环境对企业意味着什么?这将是一段非常困难的时期。中国经济这么多年的高速增长,现在确实也应该慢下来,进行结构上的调整,把过去在经济中积累的失衡尽快地纠正过来,为下一次经济高峰的到来做好准备。

　　我就讲到这里,谢谢大家!

　　(2008 年 7 月 6 日在"第三届中国金融市场投资分析年会"上的演讲,原题"中国经济的潜在风险分析与政策建议"。2010 年 8 月 19 日修改)

房产新政虎头蛇尾

人称史上最严厉的楼市政策就要鸣金收兵了吗？即便还没有，看上去也是强弩之末。

来自部委的信号相互矛盾，混乱不堪。一会儿讲房产税已成定局，一会儿又宣布"三年内免谈"。昨天放风还有更严厉的后续措施，今天又郑重地公开辟谣。关于宏观政策不可轻易退出的说法，更是引起了诸多猜想，或许决策层担心经济二次探底，很快就会放弃地产新政？

地方政府也是拖拖拉拉，三心二意。几家颁布了自己的政策，除了色厉内荏，就是语焉不详。打压楼市等于打压地方财政，割自己的肉，怎么可能痛下杀手？

商业银行搞起"压力测试"，声称最多只能忍受 30％的房价下跌，超过此限，银行资产安全堪忧。先把话撂在这儿，将来出了坏账，可不能怪我失职，这是"政策性不良资产"，补窟窿还得中央掏钱。

地产商有观望的，有"假摔"的，有给自己放假的，也有厉兵秣马，准备捕捉商机的。嘴上喊着拥护中央决定，手上都放慢了拿地和开发的速度。

百姓亦是几家欢喜几家愁，没房的隐约看到点希望，有房的却只见财富缩水。这里房价还没降，那边租金又大幅攀升，苦了房客，乐了房东。有产者怎么折腾都不吃亏，蚁族怎么挣扎都是蜗居的命。居民若还算忧喜参半，股民则是清一色的愁云惨淡。新政推出以来，与房产有关的股票都低碳了，钢铁、水泥、玻璃、电器……，集体变绿，指数也从 3200 直下 2400，而且还不知底在哪儿。

痼疾无灵药。多少人的利益纠缠在楼市中，岂是行政打压一招儿所能解开的？利益关系不调整，仅靠发社论和打心理战，不可能从根本

191

上改变供需的基本格局，价格当然坚挺依旧。这道理连实习医生都明白，肺炎引起的发烧，绝非洗冷水澡就能去除的。

房价首先是中央和地方的利益博弈，一个要保社会民生，另一个想的是财政收入。南辕北辙，你明打，我暗托。上下利益不同，怎么可能保持一致？毛泽东在 1958 年发表《论十大关系》，第一条就是中央和地方的关系。在铁板一块的计划体制下，尚且讲究激励机制，何况利益多元化的市场经济？不解决地方财政问题，楼市必定被绑架。

解放楼市并不难，启动财税改革，平衡地方预算。除此之外，土地制度改革也要提上议事日程。产权落实到农民个人头上，土地进入市场自由交易，平抑地价和楼价，也好让农民得到资产性收入，分享更多的改革成果。建国 60 年，前 30 年靠工农业产品剪刀差，剥夺农民，完成工业化所需的原始资本积累；后 30 年建成制造业第一大国，靠的仍是低成本的农民工，以及名为集体实为官员所有制下的廉价土地。国家愧对农民呀！

不仅中央和地方的利益不一致，中央政府自己也在追求多重而且往往是相互矛盾的目标。打压房价有助于社会稳定吗？难说，尽管无房者得到些精神安慰，有房阶层和股民却遭受实质性损失。打压房价显然与保增长相冲突，真下决心管住房价，哪怕牺牲几个点的 GDP 也在所不惜吗？别忘了，GDP 还连着就业呢。房价下跌的另一后果是银行坏账的增加，到头来仍需中央埋单，谁叫银行大多是国有的呢。

由多重利益和多重目标决定，新政不可能进行到底，一旦到底，谁也得不着便宜。理性预期之下，各方按兵不动，看这虎头后面究竟是象臀，还是蛇尾。政府骑上老虎，陷入两难境地，放手一搏恐得不偿失，就此作罢则有失颜面。

问题在哪里？政府管得太多了，超出了应有的范围，也超出了自己的能力。

市场经济中，政府不能管价格，因为价格指导着全社会的资源配置。上涨的价格就是供不应求的信号，引导厂商增加供给，同时抑制消费者的需求，由此自动实现供需的平衡。政府管住价格，价格不再反映供、需的状况，厂商和消费者就失去了最重要的信息源，等于蒙上了他们的眼睛，堵住了他们的耳朵，结果当然是资源的错配。

市场经济中，谁也管不住价格，再强大的政府，也驾驭不了市场。

股价管住了吗？煤价管住了吗？菜价管住了吗？药价管住了吗？房价管住了吗？连政府垄断的成品油市场，价格也时常不听话。古往今来，管住价格只有一个办法——全面的和彻底的计划经济，如同改革开放前，如同眼下的朝鲜。

市场经济中，政府管价格，费力不讨好，因为价格关系到买、卖双方的利益。君不见汽油价格高了，消费者骂娘；低了，油公司抱怨。提了煤价，电厂抗议；降了，煤矿不干。

价格若在市场上自然形成，双方随行就市，合同一签，无悔无怨。市场机制虽不完美，大家都能接受，利益分配由客观力量决定，公平又公正。政府一介入，博弈的性质就改变，买家、卖家都会投入资源，公关、游说、贿赂，争取政府站在自己一边。价格的决定因此带上主观任意性，哪里还有公平可言？政府夹在中间，其实也很尴尬，好比老鼠进风箱——两头受气。

为什么不该管、管不住、又不讨好，政府还在执着地管呢？自己的利益使然。土地财政既是政绩的保障，也是腋下的私囊。不信你去数数落马官员，光媒体报出来的，国土局、规划局的就有多少？纵有落马的风险，还是坚持要管，管点事儿就有人求着，既然你来求我，就得好好表现。

一滴水析出七色光，一个楼价折射出利益的众生相，怎一个"乱"字了得，怎一个"管"字能解。

别再做花拳绣腿的表面文章了，有工夫想点正经事儿吧。

（2010 年 7 月 4 日）

房价为何不会大跌？

　　几周前，写了一篇文章"房价为何还会涨？"，墨迹未干，就碰上打压房价的"10号文"，一套组合拳来势汹汹，市场上顿时惊惶四起。

　　楼市会就此崩盘吗？未必。

　　如前文所示，高房价的根本原因是供需失衡，失衡下的价格走势由**预期**支配，对预期影响最大的短期因素是货币供应，长期因素则是土地供应。若想抑制房价，政府应当紧缩货币供应，放松土地供应，而实际执行的政策正好相反，房价焉有不涨之理？

　　楼市新政全都着眼于市场价格，而不是市场**预期**。由于影响预期的长、短期因素基本未变，前文的结论也基本不变，新政的效果恐怕不会如制定者所愿。

　　新政对市场的冲击主要是心理上的，阻吓作用大于实质性作用。在房价可能走低的猜想中，人们从抢购转向毁约或者推迟购买，房价于是停止上涨。但这远非雪崩的前兆，需求方的其他预期依旧，为房价构筑了一个坚实的底部。特别是"10号文"只字未提土地供应和货币供应，只要"18亿亩"的红线不动，百姓就认定房产是稀缺资源，晚买不如早买；只要货币政策继续宽松，通胀预期就是挥之不去的幽灵，购买实物资产就是防止存款贬值的最佳选择。

　　决定楼市下一步走向的关键当然是开发商，预见到需求不会发生根本的转变，他们并不急于抛售，而是采取了"看看再说"的观望态度。感谢2009年的银行大放水和楼市的价量齐飞，眼下开发商手中现金充裕，没有任何回笼资金的压力，只有当资金链条吃紧时，地产商才愿意考虑降价促销。助长观望情绪的，还有日渐增加的政策不确定性。

　　开发商的观望不仅减少了当期市场的供给，为房价提供了另一有力的支持，而且减少了当期的开发量，为将来的供应短缺从而将来的高房价埋下伏笔。

地产商难道不担心更为严厉的后续政策吗？担心是免不了的，但可能性究竟有多大？

如今决定政策的，不仅仅是中央政府维护民生的意愿，还有地方政府强烈的政绩冲动。人们已经注意到，在每次打压楼市的风暴中，地方政府都"集体失语"。与此形成鲜明对照，每逢楼市下跌，地方长官总是竭其所能，力挺力托。人们也知道，这是因为房价和地价连着地方财政，并且也越来越多地连着官员个人的荷包。

楼市如果垮了，地方财政赤字，中央给补吗？不是说要拉动内需吗？没钱怎么拉动？房地产有很高的产业关联度，真下重手把它砸趴下了，一损俱损，钢铁、水泥、玻璃、建材、工程机械、家电就不知卖给谁了。如此一来，GDP 保八怎么实现？这可是从中央到地方的各级政府最在意的指标。

即使在政策制定上地方和中央保持一致，政策的执行可主要靠地方政府，上下拧着劲儿，政策怎能贯彻到位？中央总不能向所有 30 多个省、市、自治区派工作组吧，再说还有几百个省辖和地辖市、2000 多个县呢！

投鼠忌器，更重的拳头只是理论上的，即便出台，估计也是高高地举起，轻轻地落下。

说到底，楼市是一个**预期**的博弈，预期的形成产生于利益的计算，非党报央视所能引导，非社论文件所能左右。凡涉及真金白银的事儿，不是红口白牙或者白纸黑字就可以解决的。以真金白银为基础的叫做理性预期，纯靠忽悠的是非理性预期。理性预期决定人们的长期行为，并最终在现实中得到验证；非理性预期除了制造市场短期波动，便只给后人留下笑柄。

欲降房价，必先扭转市场预期；欲扭转预期，必先调整利益；欲调整利益，必先推动体制改革。改革就是重构利益格局，理顺利益关系，在社会总财富增加的前提下，实现多方共赢。

首先要改革土地制度，增加土地供应，打破政府垄断，利用市场机制平抑地价，彻底消除"房产永远是稀缺资源"的预期。要想改革土地制度，就必须平衡地方财政预算，舍此便不能切断地方财政和土地的联系。

改革财政税收体制要双管齐下,开源节流。开源意味着增加地方的税收自主权,同时强化民众对政府的监督,否则苛捐杂税日多,社会安定不保。节流则要求大幅削减地方政府开支,特别是无止境的投资,以及同样无止境的机构膨胀和冗员。

放弃改革,迷信行政力量,单纯靠政策调控价格,如同发高烧洗冷水澡,打摆子就给蒸桑拿,治标不治本,房价短期内可能少许下挫,当人们意识到基本面并未改变时,价格重拾升势,说不定会创出又一轮新高。那时怎么办?

有两个可能的对策。一是任其发展,直到泡沫破灭,如日本的1989年和美国的2007年;二是"斗地主","打土豪,分田地",房地产业国有化,政府出面重新分配住房。无论哪一个,成本好像都太高了。

还是赶快紧缩银根,赶快推进改革吧。

(2010 年 4 月 25 日)

房价为何还会涨？

　　房价上涨的原因很简单，需求大于供给，或者供给小于需求。

　　影响需求的有长期因素，例如城镇化、婚龄人口的增加、收入的提高。城镇化和人口的变化缓慢，收入的增长大致与 GDP 同步，即每年 8％到 10％，这三个长期因素都很重要，但不能解释房价在短期内的暴涨。

　　决定需求的短期因素中，最重要的是货币供应。2009 年广义货币 M2 增加了 27.7％，同年名义 GDP 仅增长 6.7％。用通俗但并不严格的话讲，实体经济不需要那么多钱，多余的 20 个百分点的钱去哪里了？楼市和股市。就像给病人输血，一旦超过了身体的需要，必然会在脸上、腿上、臀上鼓起包来，经济学上称为"泡沫"。

　　多余的钱主要通过贷款进入楼市，不仅按揭容易借了，地产商的开发贷款不成问题，而且贷给工业企业的钱转化为企业的盈利和你的收入。收入增加了，"温饱而思淫欲"，淫欲必有居所，购房需求于是上升。请注意，增加的收入并不是企业和你创造的价值，而仅仅是央行印的一堆纸，经商业银行转交给了你。反正纸上印了毛主席的像，用它就可买 100 元的东西。随着贷款、钞票的泛滥成灾，地价、房价扶摇直上。

　　货币超发对购房需求的影响还有另一渠道，虽然是间接的，重要性丝毫不亚于直接效应，那就是通胀预期。发了这么多的票子，通胀是早晚的事，百姓为防储蓄贬值，纷纷提出存款，购买实物资产。能买到的实物资产除了黄金，就是房子，房价岂有不涨之理？

　　再看供给方。

　　对短期供给影响最大的有两件事，2007 年的宏观紧缩和 2008 年的国际金融危机，面对需求的下降和资金链断裂的危险，地产商不得不缩小开发规模,导致 2009 年的供应不足。谁也没有料到,2009 年的货币供应会在几个月内放出天量,而房地产开发却需要时间,供给不可能立即跟上。货币刺激的需求狂飙得不到满足,巨大的购买冲动全都宣泄到价格上。

有人说 2007 年的宏观调控过急,力度过大,其实不然。早在 2005、2006 年,经济已有过热征兆,那时就应适当紧缩。决策层 GDP 挂帅,迟迟不动。到 2007—2008 年之交,眼看 CPI 通胀奔着两位数去了,才慌忙投下猛药,不料 2008 下半年赶上金融危机,于是又来了个 180 度的大转弯。宏观调控之不靠谱,由此可见一斑。因这事并非本文主题,不在这里展开讨论。

楼市如同股市,需求越旺盛,卖家越是惜售。随着供应日趋紧张,开发商被拎出来当靶子,就像"看病贵"被归咎于医生收红包一样。开发商为何捂盘?道理和农民在歉收年囤粮完全相同——预期价格还会涨。为什么看涨?开发商算准了,在通胀的压力下,买房子是居民储蓄保值的最佳方法。这就又回到了货币超发和通胀预期,通胀预期一方面刺激了需求,另一方面减少了供给。

决定房地产长期供给的最重要因素,当然是土地。在现行政策下,土地供应已被封顶,"18 亿亩"农地的红线成了名符其实的高压线,不能碰。若死守这条红线,可开发的土地就会越来越少,而人只会越来越多,居民自然想到,"房产永远是稀缺资源"。在这条红线下,地产商忙着囤地,因为"土地将永远是稀缺资源",日渐稀少的土地等于给房价上了保险。买方、卖方都看涨的后果是什么?房价没有最高,只有更高。

需求和供给分析清楚了,平抑房价的办法也就有了,无非是抑制需求和增加供给,而调节供需的关键是改变市场参与者的预期。

城镇化、人口和收入所引发的需求是自然的和健康的,不必调控,治理的重点是滥发货币造出来的虚假需求。既然是货币惹的祸,"解铃还需系铃人",央行收紧银根就是了。银根一收,不仅贷款少了,而且通胀预期下降,居民买房保值的动机减弱,需求进一步降低。

当需求疲软时,开发商就要考虑停止捂盘,增加供应,因为明年的价格可能比今年低。如果政府这时再宣布放弃"18 亿亩红线",增加土地供应,未来房价走低的可能性大增,就可以改变买、卖双方的价格预期,从而改变买、卖双方今天的行为。居民不再着急购买,地产商却急着开发和出售，房价调头向下。

小结一下，平抑房价的政策是收紧货币供应和放开土地供应。现在的政策是放开货币供应和收紧土地供应，整个搞反了，不出乱子才怪呢。

预测一下，改变现行政策的可能性有多大？说实在的，不大。

谁愿意在这会儿收紧银根啊？"来之不易"的经济反弹又掉下去怎么办？今年还要保"八"呢。要收银根就得放汇率，而汇率已上升到"国际阶级斗争"的高度上去了，谁动就是美帝国主义的走狗。紧缩银根就要加息，加息会伤及股市，股民骂娘怎么办？又要马儿跑得快，又要马儿不吃草，世上哪有这样的事？可世上到处都是这么想的人。

土地供应更是万万不能放，据说农地若少于18亿亩，就无法保障中国的粮食安全。这说法从未得到研究和数据的支持，我们说的是认真、客观、独立和负责的研究，而不是捉刀代笔或者揣测上意的报告。在30多年前的计划体制下，耕地比今天多（因城镇和工业占地少），人口比今天少，我们还不能保证粮食的供应，靠各种票证限制居民的食品消费。1959到1961年间，那时的耕地更多，人口更少，全国却饿死了几千万人。可见粮食安全的关键因素是农业的生产效率，生产效率主要取决于制度，而不是耕地数量。

改革开放之后的1991年到2008年，我国小麦亩产增加了30%，农业劳动生产率提高了150%。在效率提高的基础上，完全有可能释放出部分农地，用于房地产开发而不致影响国家的粮食安全。

政府控制土地供应的真正原因是财政。近年来各级政府大兴土木、扩招人员，导致开支激增而入不敷出，除了向银行贷款，就靠卖地收入弥补赤字。开放土地供应意味着将土地所有权落实到农民个人，建立真正的土地一级市场，由市场配置土地。地价高了，吸引更多的土地进入市场，供应增加，自动平抑价格。在现行体制下，政府的控制不仅切断了价格和供应量的联系，而且由自身利益驱动，总是倾向于推高地价。除了财政，土地也越来越多地连着官员的荷包，怎么放得开呢？

货币和土地政策不变，有无其他办法降低房价？

78家主营业务非地产的央企退出地产市场。但是别忘了，16家主营地产的央企还在，相当于放走小舢板，留下巡洋舰。国企频频拍出地王，因为有金融支持，因为不怕楼面卖不出地面价，亏了，有国家兜底。

这些造就地王的体制性原因，并未因 78 家的退出而改变。此举或可稍降民怨，对地价影响实在有限。

改革土地招拍挂制度。土地供应机制不变，供应总量不变，站着卖还是蹲着卖有什么本质区别吗？

对捂地的开发商"动真格儿的"。问题是"真"到什么程度，房地产公认是"支柱产业"，"格儿"动得太真了，影响地产业的发展，对地方的财政税收和 GDP 都没好处。投鼠忌器。

出台物业税。这事儿议了好多年，一直出不来，猜猜谁手中的房产多，就知为什么出不来了。

还有什么招儿？

结论：房价还得涨，尽管不会永远涨。

日本人的地产泡沫吹了四五年，最终还是在 1989 年破了。美国人的次按泡沫吹了五六年，最终在 2007 年破了。

《红楼梦》中的王熙凤说过："千里搭长棚，没有不散的筵席"。

（2010 年 4 月 2 日载于《经济参考报》）

2009 年房价被涨了 1.5%

2009 年全国 70 个城市房价平均上涨 1.5%。看到这个数字，感到难以置信，并非因为它与人们的观察和感觉差距太大，而是无法想象发布者的勇气，这样离谱的数字也敢堂而皇之地公告。

统计数字出问题，这当然不是第一次。2009 年全国 GDP 增长 8.7%，统计学的基本原理告诉我们，应该有大致一半也就是 15 个省（含自治区和直辖市）的 GDP 增速高于 8.7%，另外 15 个省的 GDP 增速低于 8.7%。然而根据媒体的报道，共有 22 个省实现了 10%以上的 GDP 增长！请注意，这 22 个省的 GDP 增长不是高于 8.7%，而是高于 10%。相信从各省的数字怎么也算不出全国的 8.7%来。

记得中央领导人曾为某地的会计学院题词**"不做假账"**，并刻在学院正门的一块巨石上。乍见觉得小题大做，细想此事确实不易，特别是在没人检查与核对时。

不知那石头和题词今天是否仍在原地。

（2010 年 3 月 5 日）

制度性数据失真

地方政府发布了上半年的 GDP，据媒体的核算，各省 GDP 之和比国家统计局的数字多出了 1.4 万亿，两者差了 9.9％。

这不是历史上的第一次，当然也不会是最后一次。

政府数据自相矛盾，与统计方法没有太大的关系，方法是全国统一的。令人尴尬的 1.4 万亿也不能用统计误差来解释，误差应该有正有负，加总起来后相互抵消，不至大到 10％ 的地步。统计官员的疏忽与失职吗？同样说不通，疏忽怎么会是同一方向的？清一色的多算而没有一家少算。

无需著名经济学家的分析，简单的逻辑推理就可得出结论：要么地方政府浮夸虚报，要么国家统计局有意压低，要么两者兼而有之。

地方为何虚报？这是公开的秘密。GDP 乃最重要的政绩指标，关系到上司的仕途和官位，地方统计局焉能不知？领导的高升就是下属们的未来，数据就成为烘托和造势的工具。

国家统计局为何要压低？这是未经证实的假说，姑且以小人之心，冒昧猜测。中央政府追求不同的目标，"保证经济平稳较快发展"，"防止大起大落"。请注意，是"平稳较快"，而不是越快越好。去年上半年 GDP 增长 7.4％，今年上半年 11.1％，已经有点大落大起的味道，若中央的数字也像地方的那么高，可就显示不出宏观调控的艺术了。

看不懂的还有通胀数字。今年上半年干旱、洪涝灾害频繁见报，地质灾害更是去年同期的十倍多！（照这速度增长，到 2012 年一定是天崩地裂，被好莱坞不幸言中。）无论天公地母怎样肆虐，农业生产似乎没受什么影响，CPI 仅上升了 2.6％。有这数字在手，领导信心满满地宣布：经济正朝预想的方向发展。

没有证据，咱不能说 CPI 数字有假。想起弗里德曼的名言，"通货膨胀归根结底是个货币现象"，何不用货币供应验证一下通胀？于是找出狭义货币 M1 的数据，做出了下面的这张图。

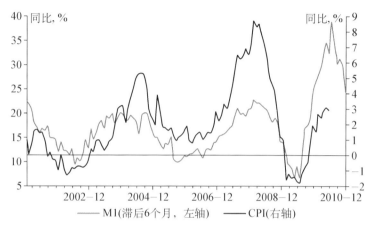

果不其然，M1 的变动很好地解释了 CPI 通胀率，尽管影响不是当期的，而是滞后六个月。换句话讲，这个月的 CPI 在相当大的程度上取决于六个月前的 M1。考虑到时滞效应，图中的 M1 错后了六个月。

特别有意思的是，在过去的几年中，CPI（深线）的峰值总是在图中高于 M1（浅线）的峰值，而今年上半年却是个明显的例外，红线不仅没有超过反而仅达蓝线峰值的一半。以去年年底为例，M1 的增长接近 40%，而今年六月份的 CPI 只增加了 2.9%！

怎么回事儿？只有两种可能：通胀不再与货币相关，或者 CPI 被低报了。如果弗里德曼仍然是正确的，根据这张图，今年二季度的通胀率应在 9% 以上。这张图也告诉我们，控制通胀的关键仍是货币，如果一味和大蒜、绿豆过不去，除了贻笑大方，不会有任何效果。

（2010 年 8 月 4 日）

再谈制度性数据失真

  在上一篇文章中(《制度性数据失真》),笔者预测今年 7 月份的 CPI(消费物价指数)上涨 3.1%,最高不超过 3.5%,昨天国家统计局发布的数据是 3.3%,预测误差 0.2 个百分点。还行。

  和统计局不同,本人用的是"统筹法",就是"统筹兼顾"、"平稳较快"的意思。该法经实战检验,预测效果不错,读者不妨也试一试。

  上次说到,国家统计局和地方政府的 GDP 数字相互矛盾;CPI 呈现出中国特色,逐渐失去了和货币供应的相关性。怪现象不止这些,统计局自己的数字也经常"打架",下图就是另一例。

  在这张图里,实线表示 GDP 的实际增长(即扣除通胀后的增长率),虚线是生产性电力消耗的增长。两者显然是正相关的。

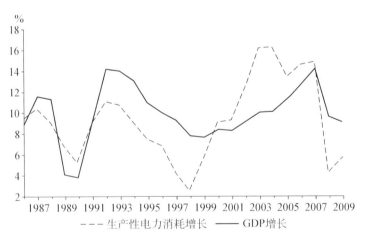

  有意思的是,GDP 和电力消耗的关系随时间发生变化。在 1997——

1998 年之前，GDP 的振荡幅度大于电力消耗，在那之后却小于电力消耗。例如在 1990 年的经济下行中，4％的 GDP 增速低于 5％的电力消耗增速；而在 1998 年的下行中，GDP 增速约为 8％，显著高于电力消耗的 2％。

如何解释数字的前后打架？有两个可能，一是 1998 年的 GDP 被高报了，真正的经济增长率在 2％以下，如同 1990 年两者关系所表明的那样。第二个可能是 1997—1998 年前后，我国经济的能源利用效率大大提高，较少的电力消耗支持了较高的 GDP 增长。

然而当经济在 2000 年走出谷底，进入上升通道后，电力消耗大幅超过 GDP，一直到 2007 年，两者的增长率才大致相等。如果 GDP 数字是真实的，这一时期的能源利用效率必定急剧恶化。2008 年经济再次下滑时，1998 年的故事重演，电力消耗跌到了 4％，GDP 仍保持了 9.6％的增长，能源利用效率又提高了。

至此我们得出两个假说，(1)GDP 在经济增长的低谷期被高报，在高峰期被低报。(2)单位 GDP 能耗在低谷期下降，在高峰期上升。当然，还存在着第三个可能，也是可能性最大的：两者兼而有之。

"能耗周期说"有它的道理，经济下行时，高耗能产业如钢铁、水泥的减产幅度大于其他行业；在经济上行时，产量增加超过其他行业。笔者查了一下数据，发现这两个行业的产量增速从 2003—2004 年间就开始下降，但全国的电力消耗在随后的几年中仍高居不下，除了 GDP 的高增长，很难用其他因素解释。按照 1990 年代的规律，2003—2004 年的 GDP 增长应在 16％以上，而不是统计局公布的 10％和 10.1％。官方的 GDP 数字平稳上升，至 2007 年才达到峰值。

"虚报周期说"能够更好地解释能耗与 GDP 之间的反常现象，起码可以作为"能耗周期说"的补充。经济下行时，高报一点儿，以维持比金子还贵的信心；经济过热时，低报一点，以缓解政府内外要求紧缩的压力。

统计局自己的数字为"虚报周期说"提供了证据。以 2007 年的 GDP 增长为例，当时报的是 11.9％（今年第一季度 GDP 也是 11.9％），后来上调到 13.3％，现在又变成了 14.2％，原先报的比后面改的低了 2 个多百分点。也许工作人员于心不安，欲还历史的本来面目；也许受到数字间逻辑关系的制约，不回过头去调高，就算不出即将超过日本的第二大经济体量。谁知道呢？

　　还是那句话，只要统计部门不独立，只要政府仍拿经济指标当政绩，数字失真就不可避免。

　　这不是什么新鲜事儿。

　　50 年前的"大跃进"时期，浮夸成风，农业报出了亩产万斤的数字。既然产量这么高，那就多缴农业税吧，把农民的口粮和种子都交出去了，结果从 1959 到 1961 年，连续三年农业生产下降，饿死了数以千万计的人。官方历史称其为"三年自然灾害"，刘少奇说是"三分天灾，七分人祸"。后来的"文化大革命"中，刘为此付出了生命的代价。

　　中国人口 1959 年是 6.72 亿，1961 年是 6.59 亿，减少了 1000 多万，考虑到当时 2% 以上的人口自然增长率，算算看多少人死于饥荒？这些都是统计局的数字，只不过在毛泽东逝世之后才发布，距离那场大灾难，已经过去了 20 年。

（2010 年 8 月 12 日）

大炼钢铁和全民炒股

1959 年大炼钢铁的场景，至今历历在目。笔者那时还是个不懂事的孩子，跟着大人们到处找废铁，从家里的旧铁锅，到院墙栅栏的残片，悉数搜来，投入砖头泥石搭建的土高炉中。开炉出铁时，敲锣打鼓，热闹非凡。定睛看去，一团黑紫色渣滓摊卧坑中。"这就是铁!"不知谁高喊一声，锣鼓声又起，众人抬着自炼的铁，欢欢喜喜报功去了。

当年大炼钢铁是要超英赶美，结果与发达国家的差距不但没有缩小，反而越来越大。1960 年，我国的 GDP 下降了 0.3%，1961 年再降27.3%。我国的 GDP 于 2005 年超过了英国，这是拜改革开放之赐，而不是群众运动的成果。

经济建设不能搞群众运动，因为现代经济是专业化分工的经济，是专才与专家的经济。随着社会分工的深入，个人的知识和技能越来越专门化，教师不知道如何炼钢，工人不懂得如何种地。每个人都必须依赖他人的专长，在市场上进行交易，获得自己不生产但又需要的产品和服务。实际上，市场经济的效率正源于社会分工与交易的发达。

大炼钢铁的错误在于反其道而行之，否认社会分工，将专才擅长之事交给大众。然而，远久的愚昧不断翻版为时兴的狂热，从"文革"中的"群众运动天然合理"，到眼下的全民炒股，无不透射出传统观念与现代社会以及市场经济的冲突。

个人炒股固然为其权利，不可剥夺，但也没有必要提倡。世界各国资本市场的发展历程表明，机构投资者构成市场的中坚，越是成熟的市场，散户的比重就越低。上亿的投资者开户数量并非市场发达的指标，却正好反映了它的落后。

散户不能作为市场主力，有其经济学的道理。散户投资不做研究，不看公司基本面，最流行的方法为跟风炒作。投机赌博在散户中盛行，原因不在于天性好赌、经验欠缺或者智商低下，而是成本—收益对比基础上的理性选择。

研究乃一项固定成本，因而具有显著的规模经济效益，即投资量大到一定程度时，从事研究才是合算的。分析上市公司的财务报表，计算公司的估值，拜访公司了解管理层，参加股东大会，所有这些活动都需要时间和资金的投入。如果研究一家公司的成本为5万元，10家就是50万元，假设20%的投资收益，至少需要250万元的投资量，投资收益才足以弥补研究成本，研究才是有利可图的活动。若将财务、投资等方面的教育和培训成本包括在内，对投资量的要求就更高，往往高到散户无法承受的地步。

散户炒股的第二个劣势是信息。机构投资者订阅各种报刊杂志和数据库，有着广泛的非正式信息渠道，频繁地实地调研上市公司，并得到证券公司的研究与服务支持。机构根据所获信息进行证券的买卖，将信息融入股票价格，提高了价格的信息含量也就是市场的信息效率。散户只有市面上的流言，或者二手、三手消息，不仅对市场的信息效率毫无贡献，反而增加了市场"噪音"，并且因为"后知后觉"，经常沦为接盘手，陷入"人为刀俎，我为鱼肉"的窘境。

全民炒股的第三个问题是道德风险，即显性或隐性的担保机制引起的过度冒险。道德风险的根源是风险和收益不对称，家里的孩子踢球打破人家的玻璃，如果父母不去教育惩戒，简单地赔偿邻居的损失了事，可以预见，下次足球将会落到邻居的饭桌上。家长的担保降低了做错事的成本，鼓励了孩子的冒险行为。

政府与股民的关系与此类似，炒股的人多了，市场波动就被拉到了事关社会和谐的高度。尽管赚钱时从来不说和谁分享，一旦赔钱却要政府负责，骂娘还算克制，动辄以上街、跳楼相威胁。如同家长混淆了对子女的关爱和溺爱，政府也错误地将保护投资者权利等同于保证投资回报，以托市为己任，造成收益和风险的严重失衡。有了只赚不赔的底线，投资者大胆地放手搏击，市场系统风险因此而急剧上升。

凡散户主导，市场就摆脱不了高风险和低回报的困扰。台北市场散户占了大多数，市盈率低时20倍，高时则在40倍以上，从1989年6月到2007年6月间，经历了六次市盈率的大起大落。同期，以机构为主的香港市场市盈率在 10 倍和 20 倍之间波动，不仅幅度小得多，而且只有过三次超过 50％ 的深度调整。

频繁和大幅度的振荡意味着高风险，但台北散户承担的高风险并未带来高回报。1984 年 6 月，台北综合指数与香港恒生指数均为 900 点，从那之后两者拉开差距，2007 年 6 月台北指数为 8800 点，仍低于 1991 年的历史最高 12000 点，而恒生指数不断创下新高，今年 6 月达到了 21700 点。

为了突破散户投资的局限性，进入本世纪后，台湾开始发展机构特别是外资机构投资者，外资机构占市场交易量的比重从 2000 年前后的 5％ 左右上升到目前的 20％。外资机构的参与建立了价值投资理念，稳定了市场，降低了估值重心和市场风险。自 2004 年中期以来，台北市场的市盈率一直在 20 倍以下，再未出现过剧烈的振荡。另一方面，低估值并未妨碍价格的上升，台北综合指数在过去三年间从 5600 上升到 8800，投资者获得了 57％ 的收益。

理论与国内外的实践都证明，钢铁不是群众能炼的，股票不是全民能炒的，资本市场的长治久安之策，仍在于深化社会分工，大力发展机构投资者。

（2007 年 8 月 13 日载于《财经网》）

麦田里的稻草人

自今年初以来，人民银行已七次提高法定准备金率。表面上看似紧缩性的货币政策，并未收到预期的效果：固定资产投资增长不降反升，从2月份的23.4％提高到7月的26.6％，7月份5.6％的消费物价指数通胀也大大超过了年初的2.2％。

准备金率这一货币政策工具已变成麦地里的稻草人，不仅实体经济对央行的政策信号置之不理，如同看穿了稻草人把戏的麻雀，股票市场更是轻蔑地抖去了银根紧缩的阴影，无所畏惧地从2700点飙升到5400点。

货币政策失效了，问题出在哪里？利率管制为一重要的原因。

法定准备金率只有通过利率才能发挥作用。在典型的市场经济中，准备金率的上调将减少商业银行可用于信贷的资金，信贷的短缺引起利率的上升。高利率一方面抑制了企业的投资，另一方面降低了企业和居民对通货膨胀的预期，因此，利率是货币政策传导机制的关键环节。

当利率因管制而被固定时，准备金率的提高虽然减少了商业银行的可放贷资金，但并不能体现为贷款利率的上升，企业的资金成本依旧，当然不会调整投资计划，在通胀抬头的情况下，存款的实际利率不断降低，居民当然会将更多的储蓄投入股市。

除了直接的作用，利率还可能向社会传递错误的信号。企业将低利率解释为央行缺乏控制通胀的决心和手段，在通胀加剧的预期下争相提高产品价格，以抵消成本上升对利润的侵蚀。同样在通胀的预期下，职工会要求增加工资，以避免生活水平下降。然而，工资的上升又增加了企业的成本，结果有可能形成工资—成本—价格之间的恶性循环,最终导致通胀失控。

正是由于利率的预期效应,世界各国的央行通常在通胀刚刚越过警戒线时,就采取果断的措施,提高利率,向市场传达明确无误的紧缩信号,降低企业和居民的通胀预期,将通胀控制在初发阶段。近年来,美国的消费价格通胀警戒线在 3% 左右,欧元区为 2%。

当然,法定准备金率变成稻草人还有其他原因。目前,我国银行体系的贷存比仅为 65% 左右,购买政府债券约占存款资金的 15%,即使在当前 12.5% 的法定准备金率要求下,商业银行也还是有 2 个百分点以上的超额现金储备。准备金率的上调不过是把商业银行的闲置资金暂时在央行多存一些,对银行的信贷没有任何影响。的确,今年 1 至 7 月份,贷款增长一直保持在 16% 到 17% 之间,广义货币更是加速增长,从 1 月份的 15.6% 提高到 7 月份的 18.5%。

由此看来,货币政策失效的说法显然不够准确,从贷款和广义货币的数据可知,今年以来的货币政策其实并非紧缩性的,货币供应相当宽松,难怪投资、物价、房价、股价都是一路向上。

为了真正执行紧缩性货币政策,央行可以继续提高准备金率,抽干商业银行的超额储备,但这意味着法定准备金率将高达 15% 以上。商业银行的功能本来是根据市场的情况寻找贷款和投资的机会,合理配置资金以最大化股东回报。如果 15% 的资金冻结在央行手里,银行的盈利将受到很大的影响,而且,央行代替商业银行配置社会储蓄资金,金融系统的整体效率也会下降。

由于承认商业银行配置社会资金的作用以及运用资金的自主权,很多发达市场经济国家已将准备金率看作是商业银行自己的商业决策,不再使用法定准备金率作为货币政策工具。商业银行因此得以充分利用储蓄资金盈利,例如,美国商业银行的贷存比为 95% 以上,比我国高出了整整 30 个百分点。

退一步讲,即使提高法定准备金率,抽干商业银行的超额储备,如前所述,由于利率管制,这一政策也仍然是麦地里的稻草人,徒有其形而无其实。若真想紧缩银根,抑制通胀,在不解除利率管制的前提下,加息几乎是唯一的有效工具。至于行政手段管价格,则属于计划经济的传统,不在宏观政策的讨论范围之内。

就加息而论,虽然年内已有四次,但幅度太小,况且因时值党代会前夜,人们普遍相信存在一个有利于社会和谐的利率上限,每次加息都没有被看成是新一轮加息周期的开始,而是距离上限又近了一步,未来加息的可能性降低。加息如果不能产生对经济和公司盈利的预期效应,四次加息总共增加资金成本约一个百分点,根本无法平衡百分之几十甚至更高的预期投资回报率,投资增长居高不下也就在情理之中了。

如何强化利率政策的预期效应? 连续不断的小幅加息。美联储在2004年6月到2006年7月的两年时间里,17次加息,每次25个基点,基准利率从1%提高到5.25%,同期的通货膨胀率由平均3.5%降到目前的2.5%。

稻草人的失败在于未能改变麻雀的预期,基于同样的道理,货币政策的制定与执行也应该着眼于企业和个人的预期。

(2007年9月10日载于《财经网》。2010年8月20日修改)

5 社会公平与社会转型

共和国将满一个花甲

　　60年之成就最伟大者，就是为人的全面发展奠定了基础。但人的发展不仅要有经济的繁荣，还要有法治的严明、政治的廉洁、文化的包容、社会的多元。

　　共和国将满一个花甲，60年相当于个人生命的大半，在一个民族的历史上，却只是转眼的瞬间。在这短暂的瞬间，中华民族经历了最激动人心和意义最为深远的变化，在我们七千年的文明长河中，没有一个时期能够与这60年相比拟。一个旧的篇章在这里结束，崭新的一幕在这里徐徐拉开。

　　在此之前的数千年中，中华民族奋斗以求生存。共和国的60年标志着民族历史上的最伟大转折点，从此之后，我们不再为生存担忧，13亿人伸开双臂拥抱一个发展的全新时代。不仅民族和国家要发展，更为重要的是，中华民族的最基本单元——中国人正孕育着前所未有的发展冲动，共和国60年的建设，特别是过去30年的改革开放，为人的发展创造了前所未有的物质条件，开拓出前所未有的领域，带来了前所未有的机会。

　　源于黄河与长江的两大流域的中华文明，自古处于四面开放之地，中央帝国面对西戎、北狄、东夷、南蛮，无险可守。这些今天看来带有大汉族主义的词语，生动地描述了当时形势之严峻，近代更有列强从海上入侵，几乎摧毁了一个悠久的农耕文明。如何在各民族不同文化的冲击下生存，始终是古代中国的首要课题。

　　为了生存，一个无所不包的官僚体系被建立起来，管理庞大帝国的所有事务。农业经济的仅有剩余，由税收系统输往首都，供养一支常备军和遍布各地的官吏，对外抗击蛮族的侵扰，对内维持社会的稳定。官吏不仅负责财税、公共工程、商业和司法，而且要发扬和解释官方意识形态，在思想上维护帝国的大一统。自秦、汉以来，这种格局就成为定式，两千年间，皇朝不断更迭，中国的经济、政治和社会基本结构却始终未变。

在这一格局下，个人的发展让位于民族的生存。个人的发展既无物质基础，因为农业剩余已被国家消耗殆尽，也没有宽容的社会空间，任何对正统的偏离都被认为是困惑和混乱的源头，都被政府以危及帝国的稳定为名，严格地予以禁止。

民族生存与个人发展的冲突在近代达到了高峰。1840 年鸦片战争以来，一系列救亡图存的努力，无不以富国强兵为目标。直到甲午战败，才有民族的先觉者对比西洋的崛起，检讨中国的传统思想与文化。个人意识与人文精神在"五四运动"中曾有过一时的兴盛，但很快就被日本侵华的隆隆炮声所淹没，民族的生存又一次压倒了个人的发展。

共和国建立之后，依靠中国人的勤奋与节俭，我们迅速地完成了工业化，建立了保障民族生存的工业与国防体系。1978 年，以邓小平为首的中国共产党中央站在历史的高度，勇敢地推出了改革与开放两个政策，历史性地突破了两千年的传统格局，在短短的时间里，绝大多数中国人彻底地摆脱了贫困，社会 30 年间所达到的物质富裕程度，令汉唐盛世瞠乎其后。

共和国将满一个花甲，60 年之成就最伟大者，就是为人的全面发展奠定了基础。但**人的发展不仅要有经济的繁荣，还要有法治的严明、政治的廉洁、文化的包容、社会的多元。所有的这一切都是为了保证人的权利与尊严**，在所有的这些方面，共和国的 13 亿公民将无愧于祖先，充分展现他们的才华，书写中华民族有史以来的最辉煌的篇章。

（2009 年 7 月 30 日载于《南方周末》）

"让人民生活得更有尊严"

领导说:"让人民生活得更有尊严",听到这话,心底涌起一股暖流。不由人不信,社会真的在进步。

这些年,一说起尊严,立即想起政府机关。深宅大院,楼宇巍峨,卫兵持枪肃立,主人回避,唯公仆和公仆的坐驾方可入内。可见要地确有尊严。

提起尊严,脑中浮现官员的出行场景:道路封锁,警笛长鸣,黑漆漆的车队,风驰电掣而去。社会闲杂车辆则拥堵边道,误了班机,没有补偿;尿憋急了,跳出车厢,就地解决(只限男性)。可见要人也有尊严。

这好像不是尊严,而是威严,比尊严更加尊贵,比尊严更加严厉。

百姓的尊严是什么呢? 领导说是"每个公民都享有宪法和法律赋予的自由和权利"。

急忙翻出一本宪法,细细读来,以期求得尊严之道。

宪法上说,"年满十八岁的公民有选举权和被选举权"。这被选举权是断然不敢想的,自知才疏学浅,德低望轻,难以胜任神圣之公职。选举权总该有我一份吧? 成年之后,却从未有过选什么人的机会,除了央视的年度经济人物。关于选举的模糊记忆要追溯到"文化大革命"前,放学回家,在一张红榜上寻找父亲的名字。人代会年年开,不知代表从哪里来。若无实际选举权,怎么能算有尊严?

宪法上说,"公民有言论自由"。此事颇为蹊跷。去年政府部门要往电脑上装"绿坝",后遭网民反对而作罢。"绿坝"者"滤霸"也,相当于计划生育的土政策——强行扎结输卵管。今年又掀"扫黄反低俗"风暴,报刊、杂志、网络、手机,无有例外。黄色不难定义,露出或涉及性器官便可问罪(医书除外),"低俗"可有国家认定标准? 如果仅凭官员个人好恶行事，便有限制言论自由之嫌。至于"引导舆论"的种种措施，都是见了宪法就要躲藏起来的。

言论自由是自建国以来就有的公民权利，但从"反右"到"文革"，不知多少人因言论获罪，打倒批斗，抄家坐牢，甚至付出生命的代价。这些事儿 80 后和 90 后们没见过，眼下流行的是玻璃小鞋儿，靠的是公民自律，要不怎么说社会进步了呢。什么能说，什么不能说，说了有什么后果，人人心知肚明。

宪法又规定，"公民对于任何国家机关和国家工作人员有提出批评和建议的权利"。建议权倒是有一些，批评权就难说了。去年写了一篇文章，质疑"4 万亿"财政支出的法律程序和必要性，竟然前所未有地被报社拒绝。对于一个"著名经济学家"，这简直就是奇耻大辱，哪里还有丁点尊严？报社婉言相慰：文章不错，但上头有精神，不宜公开讨论这问题。

公民还有结社自由呢，先不说了吧。

公民也有集会、游行、示威的自由，亦暂且按下不表。

……

读了一遍宪法，心情复杂，好比一个和尚，听人家鼓吹头发的好处，你说能有啥心情？

尊严似乎是个常量，官家多半斤，民间就少八两。要想"让人民生活得更有尊严"，恐怕政府不能像现在这般地威严。

(2010 年 3 月 7 日)

选举是什么人的事？

今年"两会"期间，全国人大的一位官员称：我们"不采用西方国家简单的那种竞选"，因为"西方国家搞竞选，一个基本的条件是必须有资金支撑选举经费，社会上的多数人没有这方面的资源和实力"。采访的记者把这位官员的话总结为"竞选会把选举变成有钱人的事"。

官员说得多好啊，咱们记者总结得多么精辟啊！

不能把选举变成有钱人的事，因为那对没钱的人不公平；也不能把选举变成没钱人的事，因为那对有钱人不公平。

可这世界上只有两种人——有钱的和没钱的，选举如果不是他们的事，又是谁的事呢？

于是一个抽象的"人民"概念被创造出来，选举是人民的事，不是具体的张三、李四、王麻子的事。有钱人唯利是图，不能代表人民；没钱的见识少，经常被少数别有用心的坏人利用，也不能代表人民。

人民的天然代表只能是政府，坐在政府大楼里的是官员，官员替人民行使选举权，顺理成章，不仅体现形式民主，而且还保证了实质民主。

"实质民主"是啥意思？这位官员说："就是要保证各个方面、各个地区和各个民族都有一定的代表进入到国家权力机关里来……"估摸着，这大概就是段子上说的"无（党派）、知（识分子）、少（数民族）、女（性）"了吧。各界人士谁进谁不进，由官员一一圈定，人民就放心吧。

记者问到《选举法》，为什么把人大代表的直接选举限制在乡镇一级？这位官员说："因为当时（1953 年）全国有 6 亿人口，交通不便、文盲率较高，不可能组织全国的直选。"

如今人多根本不是问题，通讯高度发达，一个网站就可连接几亿人，交通亦快捷无比，文盲率恐怕已接近零，选人大代表怎么还是官员的事呢？再说了，在交通不便和文盲率较高的农村都可以选村长，为什么在交通方便和文盲率极低的城市不能选市长和省长呢？

这可真有点儿"无知少女"的味儿了。

（2010 年 3 月 23 日）

宜黄与秦始皇的逻辑

表面上看，这是公权与私利的矛盾，政府要发展地方经济，推进城镇化，强拆强迁，原居民抗争无路，只得采取了自焚的极端手段。宜黄县干部网上发文为强拆辩护，"没有强拆就没有崭新的中国"，言下之意，县政府的动机是良好的，符合广大民众的长远利益，仅仅因为方式方法不当，导致了自焚事件。

这位干部护主心切，但良好的动机并不是宽恕暴行的理由，况且动机未必就那么纯洁。在"天下为公"的旗号下，是路人皆知的司马昭之心——土地增值的巨大收益。充实地方财政是含蓄的说法，银两主要用于长官的政绩工程。直白一些的干脆赤膊上阵，贪污受贿，转眼便是千万富翁。

这不是公权与私利的对抗，而是挟公权的私利与草芥私利的博弈，力量对比的悬殊，早就决定了博弈的胜负。

败退者不仅承受利益的损失，亡灵还要遭到无耻文人的羞辱。"强拆是无奈的选择"，"每一个人其实都是强拆政策的受益者"，依傍胜利者讨得一杯羹，作践民权用的是秦始皇的逻辑。

让我们回到两千年前，复原修建长城的公权与私利之辩。

秦始皇因孟姜女哭倒长城，急召见大将蒙恬询问。蒙恬奏称："臣奉旨督建长城，苦于经费不足，不得不强征民夫，令军校监押，昼夜施工。孟女之夫不堪劳役，倒毙于地，其体弱如此，非臣之过也。"秦始皇又问："长城阻匈奴南下，黔首安居乐业。寡人为兆亿黎民计，孟女何悲之有？"蒙恬对曰："百姓愚昧，不能体谅圣意，一人滋事，百人呼应，媒体亦推波助澜"。

虽是故事新编，对照今古，宜黄县政府的逻辑与秦始皇如出一辙。

宜黄:强拆住户是为了推进城镇化;秦始皇:强征民夫修长城是为了保卫国家安全。宜黄:为实施地方发展战略,强拆在所难免;秦始皇:为建成统一大帝国,强征势在必行。宜黄:政府不能因为强拆容易出问题就放弃不做;秦始皇:朕不能因为死了人就停建长城。

读者不要以为笔者有意为秦始皇开脱,似乎这位"千古一帝"的错误仅在于方式方法,如果换上唐太宗,懂得"水可载舟,亦可覆舟"的道理,施仁政,为民工追讨工资,出席孟姜女丈夫的追悼会,则长城可建而社会和谐可保。同样,宜黄县政府的问题也不仅仅是补偿标准过低,或者强拆过于粗暴。

实际上,唐太宗仁政和秦始皇的苛政有着完全相同的逻辑。

所有帝王的逻辑起点都是"朕即国家"(法王路易十四语)。从这里推导下去,就有朕意体现国家利益,再从国家利益获得了动用公器(行政、警察、法庭、军队等强制性手段),强行贯彻君王个人意志的权力。"朕即国家"的现代版就是官员天然代表"公意"和"公益",官员因此可以任意使用公器以维护"公益"。

在现代社会中,公意只能来自于民众,在未得到民众的认可之前,任何人不得宣称自己代表公意,不得将自己的决定冠以公益的名号。无论能给民众带来多大的效益,没有民众的认可,长城和宜黄的城镇化就既非公意,亦非公益。在这个逻辑下,秦始皇无权启动长城的修建,因而也就无权强征民夫;宜黄政府无权决定城镇化的进程,因而也就无权强拆民房。

现代社会中的公意是如何产生的呢? 直接的方法是全体公民一致同意。因一致同意的协商成本过高,而且很难在所有问题上取得一致意见,公民制定规则和程序,在政府承诺严格遵守的前提下,委托政府提出公共工程的计划和预算,交公民或公民的代表审议,批准后方可执行。公民的代议机构即各级人代会的决策规则是少数服从多数,这似乎违反了少数人的意愿,但**决策规则**和**决策程序**本身经过**全体公民**的同意,因此而具有强制执行的权威性。

少数人必须接受规则和程序产生的结果,因为他们自己事先已同意按照这些规则和程序决策,他们可以表达对结果的不满,但不可拒不执行,更不能用暴力的方式推翻多数人的决定。少数派只能在下一次决策时争取成为多数,或者动议修改对他们不利的规则和程序。

公民社会的程序是繁琐的，费时又费事，决策效率低而且是有成本的。秦始皇的决策虽快速有效，但他的问题是成本更高。秦始皇的成本不仅体现在多少孟姜女失去丈夫，多少母亲失去儿子，而且超出民力、财力的"跨越式发展"激起了陈胜、吴广的大起义，连年战争，生灵涂炭，社会生产力遭到严重的破坏。

唐太宗目睹隋末农民战争的惨烈，夺得天下之后，采取向民众让步的政策，延长了唐王朝的寿命，但并未改变它的命运。唐与秦遵循同一逻辑，自然有着与秦同样的下场。看到并能够借鉴前朝之倾覆的，注定只有一两位开国君主，由东宫继位的皇太子们不食人间烟火，以为民力无限，任由一己之愿，需索无度，肆意挥霍，致使民怨沸腾。如同秦末，在黄巢领导的农民战争中，强盛一时的唐帝国土崩瓦解。

两千年的循环，两千年不断重复的故事，除了主人公的变换，没有其他丝毫不同。同样的诉求，同样的手段，同样的逻辑，同样的结局。

循环而无进步，不仅由于唐的逻辑与秦相同，而且因为陈胜的逻辑与嬴政相通，都是**权力**大于**权利**。始皇以暴力侵犯百姓之权利，陈胜以刀兵剥夺王侯公卿之性命。在以暴易暴的循环中，社会怎么可能进步？

该打破这千年循环了。

将皇帝和农夫转变为公民，公民个人**权利**至高无上，谁也没有决定他人命运的**权力**。

除此之外，似乎不存在第二条道路。

（2010 年 10 月 29 日载于《财经网》）

忠　于　谁？

卸任前后,国资委原负责人讲了不少心里话,例如国企"垄断有理","垄断有功","我是个忠臣"等等。

尽管受到舆论和学界的非议,笔者对这位同志倒有三分敬意,起码言之有物,表里如一,比起那些千篇一律的空话、口是心非的假话,以及廉价的公开做作,不知强了多少倍,而且像他这样,敢拍胸脯说自己是忠臣的,如今并不多见。

然而忠臣不是自诩的,将来太史公作传,不仅要看该同志是否忠,还要看他忠于谁。

这位同志显然不是忠于民众[①]。

尽管该同志完成了政府交给他的任务——国有资产的保值增值,央企资产从 2002 年的 7 万亿增加到 2009 年的 21 万亿,但这并不表明他忠实地履行了为民众服务的职责。正相反,国资的增值以牺牲民众的利益为代价,因为增值只有两个途径:政府的投入和企业自身的盈利。政府的投入当然由纳税人贡献,而企业的利润也来自老百姓的口袋或消费者的钱包。

央企拥有垄断经营权,政府又帮着定价,从成品油价、飞机和火车票价,到电信服务费、金融服务费、存贷款利息,都是官定的"一口价"。霸王企业加上霸王条款,它不赚钱谁赚钱?无怪乎 2009 年,仅中移动、中石化两家的利润就相当于最大 500 家民企的利润总和。央企的垄断

---

① 笔者在这里不想用"人民"一词。这词有时像皇帝诏书的题头——"奉天承运",神圣得失去了任何世俗的意义;有时又像一块旧抹布,被滥用、被玷污、被揉搓、被裁割,千疮百孔,残破不堪。

利润就是消费者的额外损失,国资越是增值,国民的损失就越大。

官方理论家会说,国资为全民所有,增值将惠及全民。这话就像《红楼梦》中贾瑞的风月镜,或者宝哥哥最擅长的"意淫"。笔者乃全民一分子,竟然不知惠在哪里,既未得到国企的分红,亦未受邀参加股东大会,除了花钱买国企的产品,就是缴税转给国企去投资。至于投什么项目,从不征求鄙人意见,甚至连招呼都不打一个。

于民虽无可见的实惠,但是否有"隐惠"? 如这位前负责同志所说,若无三大石油公司,在全球金融危机的冲击下,中国经济早就乱了。言下之意,央企是定海神针,垄断有理且有功。如此附会,实在过于牵强。按照这个逻辑推论,美、欧、日等国在危机中遭到重创,就因为它们的石油公司是私有的。这可是前所未闻的新理论,谁说中国人不能得诺贝尔奖?

古人讲"愚忠",眼前就是一个现代版,宁可愚,也要忠。

另一常见辩护词是为国争光,央企进了世界 500 强(按资产排名,其实是 500 大,大不一定强),建成了中国企业的航空母舰。对国人而言,此乃虚荣而实损,巨型央企意味着民营空间的缩小、行政垄断的强化,以及垄断价格的高踞不下。在升斗小民眼中,央企母舰还不如家里下蛋的母鸡。

央企口惠而实不至,在日益增加的舆论压力下,不得不向财政部分红,钱从政府的左口袋进了右口袋。不管哪个口袋,就是不进百姓的口袋。财政部花钱一如央企,从不和纳税人兼主人的民众商量,也不交待钱的来龙去脉。每年人代会上只给寥寥几个数字,领导念完稿子便举手通过。

即便央企直接给 13 亿民众分红,国资仍找不到它的理论依据。如果钱是我的,为啥我自己不管,非要交给国企去玩? 然后再多掏钱买你的产品,好让你多赚利润给我分红? 绕这么大的一个弯子,是你有病还是我有病?

除非国企的效率更高,否则就没有让它经营资产的道理。最近的一项研究表明,民营上市公司 2009 年的净资产回报率为 8.18%,而上市国企仅有 3.05%,后者不到前者的一半。国企低效的原因很简单,花别人的钱不心疼,管别人的钱不用心。自家的孩子养得好,这是人之常情,国有和私有的效率差别正来源于此,与主义、觉悟或者忠奸没什么关系。

由国资的性质决定，该负责同志不可能忠于民众。

那么他是忠于国家吗？如同"人民"一样，在传统社会中，"国家"也神圣得仅剩下一个符号，一个空洞、虚幻的，却可以产生雷霆万钧之力的符号。现代社会中的国家是具体的，指的是包括行政、法律和军事在内的整套体系，这个体系的唯一目的就是保护和促进国民的利益。国家因此是国民的工具，对国家的忠诚必须且只能体现在对国民的忠诚上。不忠于民众而忠于国家，在逻辑上是自相矛盾的。

实际上，"忠臣"两字的涵义不言自明，那就是"忠于皇上之臣"，而绝不会是"忠于百姓之臣"。古往今来，可曾见过官员向平民俯首称臣？

明知效忠对象不是百姓，为何民间仍热捧忠臣？答曰："两害相权取其轻"。忠于皇上之臣风毛麟角，满朝文武，不少人只拿皇上做个旗号，居庙堂之高，则偷盗国库，处江湖之远，则鱼肉百姓。和不忠于皇上的奸臣相比，碰上个忠于皇上的官，就算是不幸中的万幸了。

如今已是21世纪，忠臣也应与时俱进，从"忠于皇上之臣"进到"忠于民众之仆"。

做个忠仆并不难，把几十万亿国资还给它的真正主人——13亿民众，让每个人（而不是所谓的"集体"）自己决定如何经营和享用自己的资产。

（2010 年 9 月 25 日）

阿 Q 画圈

读《阿 Q 正传》，颇感滑稽，却笑不出来。

听说在新的中学语文教材中，删去了这篇，代之以《天龙八部》。

何故？

据考，西施浣纱，水中映出佳人倩影。多少年后，东施偶得一镜，端起自照，几乎晕厥过去。东女怒而掷镜，奔至西子浣纱处，流连不返。

鲁迅的文字大概如同那镜，武侠小说好像就是那水。

虽在统编教材中无立锥之地，阿 Q 并未远离国人而去。

何以见得？

眼下热议一个话题，限制垄断行业的工资与福利。民众的抱怨当然有理，你有资源、政策和市场的优势，没有付出额外艰辛，亦未承担更大风险，轻松稳当赚了这多钱。讨个公平是正义之举，纠缠你、我工资之差则像阿 Q 画圈。

辛亥革命之际，赵太爷因家中被抢，捉了无辜的阿 Q 杀头，意在重树昔日的权威。阿 Q 文盲不会写字，被恩准在判决书上画圈代替签名。一辈子没有尊严的人，"生怕被人笑话，立志要画得圆"，挣扎了一番，还是画成了瓜子模样。

阿 Q 之悲剧，不在用尽平生之力画圈，而在不问判决的曲直缘由。

破坏公平者看似垄断行业，实为行业垄断。应该讨论的不是"凭啥你的工资比我高？"而是"凭啥你占的资源没我的份儿，你享有的政策我沾不上边？"在政府垄断的格局下讨论公平，无异于阿 Q 的完美圆圈。

成品油价涨多降少，中石化成了最赚钱的公司，"一将功成万骨枯"，百姓的出行成本因此而水涨船高。此事本应好好理论一下，学者却去认真比较中、美两国，以此证明国内价格过高，将批评引向官定的价格，而不是价格的官定。

赵太爷偷着乐，看秀才们怎么画圈。

市场经济中，政府根本无权管制价格，若要强行干预，必须按照《价格法》的规定，事先举行公众听证。如今成品油价就像政府股掌上的玩物，中石化又是嫡出之首（国资委前负责人说过，央企是"共和国长子"），涨多降少本为题中应有之义。你去与虎谋皮，已经憨得可爱，还要计较一尺还是八寸，岂非愚不可及？

新股发行制度改革，记不清已改了多少次，直把圆圈画扁，扁了又描圆，市场依然乐此不疲，媒体照旧热炒各种方案。从未有人问一句：新股发行需要制度吗？特别是以审批为核心的制度。农民卖萝卜，从不上报发审委，卖多少、哪里卖，全看自家的方便；卖给谁、卖什么价，一律随行就市。企业卖股票也是它的经营自主权，有人愿卖有人愿买，"周瑜打黄盖"，凭什么你横插一杠，非要审查都督的板子和将军的屁股？

地方政府要收房产税，财政部说此事归我管，你没有这个权。收钱的争吵不休，交钱的袖手旁观。只有一两个不识时务者，觉察个中的蹊跷：从百姓口袋里掏钱，怎么伸手的人反而牛气冲天？拿人家的钱，好赖跟人家商量一下，在人代会上走个程序吧？

集体土地征收中出现诸多问题，例如补偿标准过低，失地农民生活无保障，暴力强征等等，据说有关部门正酝酿立法解决这些问题。其实问题的根源是现行的土地制度，用抽象的"集体"替换具体的个人，土地的实际控制权便从农民那里转到了官员手中，官大人想征就征，想怎么征就怎么征。眼下的议论听着不错，实质不过是把征地的衙役换成师爷，再多赐几两碎银子罢了。

统计局发布经济数据，各路神仙闻风而动，评的煞有介事，听的出神入迷。你说经济强劲反弹，他讲通胀温和可控，至于数据的真假则无人过问，大师们只怕在画圈竞赛中落到后面。

……

画圈的例子俯拾皆是，赵太爷源远流长，阿Q也未因小尼姑咒骂而"断子绝孙"。

谁之过？

因为有赵太爷，阿Q一生凄惨；因为有阿Q，赵太爷坐享威权。

（2010 年 9 月 25 日）

试答六问

近日文化部部长在谈反"三俗"时，连发六问，个个铿锵有力，字字掷地有声。仔细读过，留下两个遗憾，一是好像问错了人，二是没有答案。

文化非笔者所长，因"六问"均为发展民族文化的关键问题，且文化创作和经济创新颇多共通之处，故斗胆接过话题，姑妄答之如下。领导原话以套红标出。舟曲哀悼期已过，恢复套红，当无大碍。

1. 现在一年创作歌曲在两万首以上，但是真正为广大群众所传唱的有多少首？

答：两万首歌曲中，有多少是按牌填词、按律作曲的规矩之作？在特定时刻、特定场合、带有特定教化功能、由特定团体咏唱的，恐怕难度过高，下里巴人未经训练，想传也唱不出来。至于其他歌曲，领导大可不必担心，市场自会调节，没人传唱就卖不出票，群众不喜欢的曲目会自动被淘汰。

2. 现在一年创作的小说等文学作品汗牛充栋，但真正为广大读者所一致公认的力作有多少部？

答：先要澄清一个概念，"力作"不一定为"广大读者所一致公认"，读者激烈争论的也可能是力作。毛泽东曾向许世友推荐《红楼梦》，这位勇武的将军说：吊膀子的书，有什么看头？！如此力作，尚且得不到"一致公认"，遑论其他？强调"一致公认"，会潜移默化地引导作家迎合消费者的口味，对力作的产生反而不利。

力作者，有力之作也，力量来自何处？当然是思想。仅有曲折的情节和优美的语言而无深刻的思想，就不成其为力作。思想需要松宽的环境、自由的探索和平等的竞争。现在的创作环境如何？到书店里看看就知道了,可曾见当代的《官场现形记》? 或者21世纪的《红楼梦》? 曹雪芹生花妙笔,写尽贾、王、薛、史四大家族的尊贵与威严。当今谁敢写这样的批判现实主义作品? 所以才有"××大帝"的泛滥,"×朝那些事儿"的热卖。这类书风险低、收益高,文人趋之若鹜。

笔者并不反对流行读物,只是说领导希望看到力作,在眼下的环境中,无异于缘木求鱼。

3. 出版业一年出版各类出版物30万种,但真正能与我们先辈几千年为我们留下的八万种历史典籍比肩的作品有多少?

答:这问题应该问文化部、出版总署,以及其他的引导和审批机构。先辈几千年为我们留下的八万种历史典籍,均创作于没有文化部的年代。若不是秦始皇焚书坑儒,汉武帝废黜百家,动用行政权力,干预和控制思想文化,先辈留给我们的,岂止这八万种。

现代社会教育普及,资讯发达,写作早已使用电脑,非商殷的刻刀龟壳可比,较司马迁的毛笔竹简也不知快了多少倍,拿不出与先辈比肩的作品,因为今人比古人愚笨呢,还是古人较今人幸运?

4. 我们全国几百个电视频道,数以千万计的文化节目,真正的有丰富文化内涵、高尚文化品位和品格的节目又占多大比例?

答:电视剧不都要经过审批吗? 那么多的主管部门难道全睡着了? 为什么没有审出更多"真正有丰富文化内涵、高尚文化品位和品格的节目"? 因为审批者缺乏内涵和品味? 抑或审查的标准本来就不是文化内涵和文化品位?

一个更为根本的问题是,审批能出好剧目吗?《窦娥冤》和《牡丹亭》不是衙门里审出来,《雷雨》和《茶馆》也不是官员批出来的。

5. 我们每年生产四百多部影片,上万集电视剧,其中能与我们耳熟能详的经典作品并驾齐驱的传世力作占多大比例?

答:答案与2、3、4相同,左一个"规范",右一个"不准",还能拍些什么呢? 在日渐狭小的安全空间里,还谈什么"传世力作"啊,凤姐都被封杀了,只能拉着林妹妹,穿上衣服拍一回,脱了衣服再拍一回。本想脱俗,结果却脱出了"俗"。

别跟编导和演员过不去了,人家总要吃饭的呀,再说民众也有多样化的需求,天天让他们看《江姐》和《洪湖赤卫队》,那不又回到"文化大革命"中的"样板戏"了吗?

6. **热遍全国的文化遗产保护浪潮中，逐利、炒作、托假的"虚火"占多大成分？**

答：领导又问错了人，各地政府要政绩和知名度，要旅游收入和土建工程，与文化工作者有什么相干？西门庆成了历史文化名人，孙悟空有了出生地，这些可不是历史学家制造的"三俗"，件件都是政府的杰作。估计金莲姐也快有出头之日了，反抗封建①礼教，以生命争取恋爱自由，此乃中国第一烈女，地位远在秋瑾之上。当立牌坊，昭示天下。

文化成了最时兴的政绩，大概因为招商引资、街貌市容搞了多年，老套路已无多大潜力，代之而起的是"申遗"。雅也罢，俗也罢，背后全是利益。政绩决定官帽大小，工程承包则处处藏着猫腻。这些事人尽皆知，这里不再赘述。

(2010 年 8 月 20 日)

---

① 中国古代根本就不是封建社会，而是"专制宗法社会"，详见冯天瑜所著《封建考论》，亦可参考拙作《从秦到清不是封建社会》。"封建"说以讹传讹，竟至约定俗成，今天改起来，反倒困难了。

现代性的普世性和独特性

一、词义与定义

现代性的定义来自西欧社会发展的三个阶段，即古代社会、中世纪和现代社会。现代性描述了现代社会的表象特征以及精神本质。

当代英国社会学家吉登斯（Anthony Giddens）认为，现代社会由三部分组成，每一部分都与中世纪截然不同：（1）对世界的看法与态度，一种世界在人类的干预下不断转变和转型的观念。（2）一套复杂的经济制度，特别是工业生产和市场经济。（3）包括民族国家和大众民主在内的政治制度。各个学派在吉登斯所谈现代社会三部分的具体内容上，可能会有所不同，但现代社会缺一不可的三要素——观念、经济和政治却是共有的，并且被统一到新制度经济学的广义制度中。

现代性原本是西欧的概念，相对于西欧中世纪的旧体制而言。旧体制的主要组成是神授的王权、国家支持的享有特权的教会、特权的贵族阶层、由法律维护的社会等级制度，偏重集体如家庭、村庄、市镇、行会而不是个人的法律体系，分散化的政府行政管理以及分隔的区域性经济。现代社会与旧体制正相反，它具有共和的国家形式，良心的自由，社会平等，集中的行政管理，以及最重要的个人自决。

东方本来可以在自己的轨道上按照自己的节奏运转，西方的兴起打乱了他们的自然演化。在与西方的碰撞中，东方全面溃败。为了生存，东方不得不启动自己的现代化进程。对于东方，现代性的问题是从外部强加的，从一开始就缺少内部特别是草根阶层的推动，几乎完全依靠政治—知识精英自上而下地发动改革，由此决定了东方现代性的片面性和局限性。在巨大的救亡图存压力下，东方注定要将现代性等同于器物层面上的现代化，将社会的全面转型简化为技术上的"坚船利炮"。

历史上的赶超型国家如彼得大帝的俄国、俾斯麦德国、明治时期的日本，乃至我国国内目前所说的现代化通常仅限于吉登斯现代社会定义的（2）和（3）的一部分，也就是生产与消费方式的转变与民族国家的建立，现代社会的观念和大众民主被遗忘了。这或许是因为推动现代化的政治—知识精英对现代性的理解过于狭隘，或者他们不愿看到中产阶级的崛起对现有社会秩序和社会结构的冲击，而现有社会结构的破坏很可能导致他们精英地位的丧失。

大众不是现代社会中的"工蜂"，仅为蜂群的生存与繁衍扮演预定和特定的角色。现代性的核心精神是个人权利和个人自由，现代社会的构建围绕着对个人权利的尊重与保护展开，其目的是为每一公民提供实现个人价值的平等机会。人，而不是中世纪的神，占据了现代社会的中心位置，尽管这并不一定意味着对宗教的排斥。

为每一公民提供实现个人价值的平等机会，这将使个人主义摆脱历史上主流意识形态的判决，进入社会的核心价值观。个人主义主张个人的独立、自立和自由，特别是思想的自由、选择的自由以及追求自身利益的自由。个人主义反对任何形式的对个人选择的限制，无论这些限制来自社会、国家、宗教还是传统。个人主义作为现代社会的哲学基础，可以从文艺复兴和宗教改革中找到渊源，个人主义的系统理论化在启蒙运动中完成，"自由、平等、博爱"成为个人主义的宣言书。

现代社会的发端与发展和启蒙运动密切相关。按照康德的定义，启蒙就是人类脱离自我招致的不成熟。如果具有足够的理智，但不经别人引导就没有运用自己理智的决心和勇气，就产生康德所说的"自我招致的不成熟"。启蒙的座右铭就是"要有勇气运用你自己的理智"。相对于中世纪的信仰（Faith），启蒙运动引入理智或者理性（Reason）作为人类寻求真理的工具。

康德视理性的批判为启蒙运动的基本精神，传统和权威，例如教会与国家不可能得到自发的真诚尊重，而必须经过自由与公开的审视与检验，才能为人们所接受。理性的批判在每个人的心中展开，它为现代社会的诞生扫清了历史遗留下来的障碍，酝酿准备了新型的社会观念。

理性的崛起和自然科学的进步特别是牛顿物理学有着密切的联系，牛顿圆满地解释了天体运行的规律，第一次在科学和实证的基础上提出了一个完整的宇宙观。自然科学的成功极大地刺激和启发了哲学家，他们试图用同样的科学方法研究人与社会，希望找到决定人的行为和社会发展的自然规律。无论研究对象是物理世界还是人类社会，理性是符合逻辑的对真理的认识。理性是工具性的，服务于希望达到的目的。在一些学者那里，理性本身也成为目的之一，例如韦伯所说的追求理性生活的新教，但主流意见似乎是将理性作为手段。

启蒙学者视自利为人的自然属性，对于经历了启蒙的理性社会而言，个人主义不仅代表了公民的诉求，代表了社会的价值取向，而且也成为社会的游戏规则。在充分意识到自己的权利和利益的人群中，只有根据个人主义原则建立起来的经济、政治制度才可能被承认是公平的和正义的，这些制度才有可能得到认真的执行，社会才有可能保持稳定。

与个人主义相对，无论何种形式的集体主义，在确立社会的组织原则时，都会碰到无法克服的伦理与逻辑困难，都会产生公平性问题。集体主义认为，集体的利益高于个人利益，社会、国家、家庭高于个人。然而集体利益是如何定义的？个人利益是具体的，集体利益是具体的还是抽象的？如果集体利益也是具体的，如果简单多数就代表了集体，少数必须服从多数的意志，那么为什么 51% 的社会成员有权决定另外49% 的人的命运？ 51% 的幸运多数由谁来挑选？根据什么标准和程序挑选？为什么那 49% 注定就是被抛弃和被牺牲的？若不能回答这些问题，或者回答得不到全体社会成员的认可，具体的集体主义就没有理论上的可操作性。

这里需要将组成社会的基本原则和社会决策规则区分开来，现代社会中的决策规则可以是简单多数，但这个简单多数的基础是对包括少数在内的每个人权利的尊重，并且简单多数的决策规则事先得到了有可能成为少数的社会成员的赞同。少数之所以赞成简单多数的决策规则，因为每个人都有否决权会造成公共决策的瘫痪，而无决策的成本较之服从多数人意见的成本可能还要高。

实际上，个人主义或许是没有办法的办法，既然在决定社会的组织原则上无法达成社会成员的一致同意，只好承认每个人都有不同意的权利,也就是承认和尊重每个人的权利,个人之上没有更高的权威,没有任何人有权决定他人的命运。个人主义成为社会的组织原则,不是有意识的选择,而是无奈之举。

如果集体利益是抽象的,同样存在由谁来说明、宣布的问题。抽象的集体利益由政府、议会、哲学家还是全民来定义? 如果不是由全民讨论和表决通过,能否得到全民的认同? 如果由全民定义,能否形成一致意见? 即使形成一致意见,有无可能协调抽象的集体利益和具体的个人权利? 如何协调? 须知个人权利不仅是现代社会的核心价值,也已成为现代法律体系和市场经济的伦理基础。

个人主义对集体主义的优势不仅在于逻辑上的一致性,而且还体现在现实经济中的效率上。经济学中的效率由帕累托准则定义,而帕累托准则的实质就是每个人都拥有否决权,每个人的利益都受到尊重和保护。个人主义产生经济效率的根本原因是激励协调,在个人利益的驱动下,人们勤奋工作,勇于冒险,现代市场经济因此充满了创新的活力。同样在个人利益的驱使下,人们积极寻找自愿交易的机会,由于每一项自愿交易都是"有人受益而无人受损"的帕累托改进,个人在追求自己利益的同时提高了社会资源配置的效率。考察历史上带有集体主义精神的国家,从较长的时段上看,其经济的效率和创新均落后于个人主义国家,例如二战前推行国家资本主义的德国和日本,以及计划体制下的前苏联和中国。

二、目标的普世性和道路的独特性

虽然现代性的表现方式和通向现代社会的道路可以是多样化的,现代性毫无疑问地具有普世性(Cosmopolitan)。普世性是由现代性的目标所决定的,现代社会要为个人创造实现自我价值的平等机会,系统的一致性要求现代社会具有相类似的基本构成:现代社会的公民意识、市场经济和包括大众民主在内的政治体系。

思想的多样化、初始条件的不同和制度演进的路径依赖决定了走向现代社会的道路的多样化。现代性的先声——启蒙运动就曾出现了两大流派,英国的和法国的启蒙运动。两大流派受到不同启蒙大师的影响,英国启蒙运动以洛克、休谟、牛顿和斯密为代表人物,法国则由孟德斯鸠、伏尔泰、狄德罗等哲学家执牛耳。更为重要的是,英、法启蒙运动的思想体系有着显著的区别,英国以社会美德与个人权利为核心价值,法国人则高举理性和国家的大旗。

虽然都是人文主义,英国哲学家所讲的"人"是具体的人,活生生的人,单个的人,具有平等权利的人;法国哲学家的"人"是抽象的人,理性的人,作为一个整体的人。德国走得更远,在那里,国家成为理想的和理性人的最高与完美代表。

所谓路径依赖(Path Dependent)是制度经济学中的一个概念,指制度的变革不可能脱离历史形成的初始状况。有学者指出,英国16世纪的宗教改革以及自那之后不断的改良性政治制度变革使英国有可能通过温和与渐进的方式,完成向现代社会的过渡;而法国长期的君主专制拒绝改良的机会,迫使臣民发起激烈的暴力革命,打碎旧体制,在一片废墟之上从头建立新体制。与此相类似,中日两国的现代化试图——戊戌变法和明治维新几乎同时发生,但中国处于大一统皇朝的专制统治下①,而日本则因封建制下分散的多元政治中心,革新力量打着天皇的旗帜得以掌握政权,推动变革,使日本的现代化在范围和深度上都远远超过短命的戊戌变法。

各个学科中的大师们都注意到了英、法现代性道路的不同,社会学家韦伯从宗教的角度探讨这个问题,认为英国的新教和资本主义的兴起有着精神上的必然联系。作为韦伯论断的一个推理,在信奉罗马天主教的法国,资本主义的发展缺少社会思想观念的支持,因此落后于新教国家。经济学家诺斯将近代西欧分为两组,一组为新教的荷兰与英国,另一组为罗马天主教的法国和西班牙,与韦伯不谋而合,但诺斯的研究角度不是宗教,而是产权制度,保护产权的荷、英在近代市场经济的发展道路上走到了侵犯产权的法、西前面。特别值得一提的是,为现代社会奠定了经济基础的工业革命首先发生在英国,韦伯和诺斯都认

---

① 中国的封建社会始于西周的分封建树,终于秦统一中国。秦始皇"废封建,立郡县",明确无误地结束了封建社会。以后除了西汉初期、西晋的同性王以及唐末的藩镇,历朝虽有皇族的分封,与学术上所讲的封建社会没有共同之处。与西欧封建领主的根本不同在于:中国皇帝所封的绝大多数王、侯在领地上没有司法权、财政权和军权,因此不是一个独立政治单位的首脑。在东方,与西欧封建制形式上和实质上都非常相似的是日本的幕府时期。

为,这决不是一个偶然现象。

不同的指导思想和路径依赖决定了各国走向现代社会的道路的不同,然而受到普世性目标的制约,不同的路径似乎呈现出逐渐收敛的趋势,德意志民族的现代化努力可以作为一个佐证。1806 年,普鲁士在耶拿战役中惨败,引发了次年的"施泰因改革",此后历经俾斯麦的整合、统一的德意志民族国家的建立、工业化,以及两次世界大战,德国的现代化始终在政府的推动之下,依靠官僚体系进行自上而下的改革,谋求富国强兵而非个人的自由发展。

德国的现代化虽然也打着自由的旗号,其内涵却是康德的哲学伦理,"自由不仅仅是追求自我发展的自由,而且也是国民分享、协助国家的自由。整体的强大应是国家的更加强大,整体大于个体之和。义务比权利更重要,自由归根到底是国家的自由"。德国的官僚阶层不否认个人利益,但"释放个人利己主义潜力的目的,只是为了促进'公益'的发展";他们也注重法律和法治,但用意不像在英国那样,以此制衡国家机器(Rule of Law),而是为了强化国家机器(Rule by Law)。

相对于法国大革命的"自由、平等、博爱",德国现代化的口号是"正义、义务、秩序"。德国启蒙运动的方向偏离法国的"天赋人权"和英国的个人自由,以抽象的民族和国家作为理性的化身,形成独特的德意志民族主义,强调"整体高于局部","国家高于国民和社会","秩序高于多样性的自由"。

二战之后,德国人深刻反省自己的现代化道路,社会价值观发生向英、美靠拢的倾向。例如联邦德国法律必须遵守的三个原则:(1)个人尊严不受侵犯,(2)个人发展的自由受到保护,(3)个人在集体中有自决的自由,均带有明显的英国自由主义的烙印。

如果说战后联邦德国的法律受到盟国占领当局的影响和制约,不得不效仿英、美,德国知识分子的检讨能够更真实地反映方向的转变。一些学者提出,要使德国人"由忍耐顺从的、无个性的动物、变成独立和觉悟的、注意保护自己自由的人"。历史学家批判性地重新审视马丁·路德、腓特烈大帝、俾斯麦、尼采等过去被视为民族英雄的历史人物,将俾斯麦和希特勒直接联系起来,认为纳粹的出现并非偶然,而是有着源远流长的社会传统。最能代表德意志民族与传统告别之决心的,莫过于勃兰特总理在犹太人受难纪念碑前的下跪忏悔。

与德国的痛改前非形成鲜明对照，日本在国际压力下对二战时期的暴行做出敷衍了事的道歉，同时政要们不断地前往靖国神社，向自己的国民和国际社会宣示对于传统的留恋和坚持。

日本现代性的不彻底也反映在经济上，在具有日本特色的资本主义体系中，政府、金融和工业结成"三位一体"的联盟，政府以产业政策作为导向，金融机构与企业交叉持股，以及企业的终身雇佣制构成"日本株式会社"的三大基石。经历了二十多年经济高增长的"奇迹"后，日本于 1990 年代初进入萧条，到今天也不能说已完全恢复。

长达十几年的萧条迫使执政的自民党改革金融和经济，小泉政府下决心打破交叉持股，推行金融的私有化，企业也由于竞争的压力，逐渐放弃终身雇佣制。资本主义的日本特色正在消褪，经济和企业越来越像美国的同类，麦克阿瑟军事占领当局强制推行的政策未能实现改造日本的目的，现在日本人自己正朝着这一方向努力。日本近年来的经济改革是否说明通向现代社会的不同轨迹将收敛到一点？经济集体主义将让位于个人主义？

三、复数的启蒙运动（Enlightenments）

启蒙运动改变了中世纪的思维方式，塑造了西方的现代思想体系，为从中世纪向现代社会的转变奠定了思想基础，推动了社会变革，例如黑格尔就认为，"法国大革命是哲学的产物"。

中世纪旧体制下的思想崇尚稳定，厌恶变化，认为生活的终极意义不在今生和历史上，而是操在上帝的手中；对真理的认识只能通过已握有真理之人（通常是神父和教皇）的教诲实现，观点和信仰的多样化因此是不可取的。现代的思维将个人价值的实现作为人生的目标，毫无羞愧地将生活的意义置于现世今生。在现代思维中，知识不断积累和进步，使得现有信念面临持续的挑战，认识过程始于对已有信念的怀疑，通过探寻与研究而获得真理。认知因此是批判的和动态的，观点的一致是文化萧条的表现，多样化才意味着认知的进步与成长。

批判中世纪的愚昧和迷信均为西欧各国特别是英、法两国启蒙运动起点，目标也都是构建理性、公正的现代社会，但两国启蒙观念的表述却有着根本的不同，从而决定了两国追求现代性的道路以及后果的显著差异。在启蒙运动的关键词——"理性"、"自然"、"权利"、"真理"、"道德"、"自由"、"进步"、"平等"、"科学"之中,英国人对自然、权利和自由充满热忱,而法国人则将理性置于诸神之首,理性成为新的宗教,理性替代了宗教成为新的社会意识形态。尽管英国人并不否认理性,但理性在他们那里是第二位的,是工具性的。

英国哲学家强调个人美德和道德观念的社会意义(The Sociology of Virtue),法国则视理性为新的意识形态。人与生俱有的美德是同情和关爱他人,这样的仁慈之心(Benevolence)和自利并不矛盾,而是并存的,两者都会给人带来幸福感。仁慈之心也可以是自私的,对别人悲惨的忧虑,来自于对自己陷入同样境地的担心,也就是孔子所说的"己所不欲,勿施于人"。

出于仁慈之心,每个人都会承认和尊重他人的权利和自由,追求权利平等的公正社会。与法国人的"天赋人权"相对应,在英国人的概念中,权利也是天然拥有的,但赋予人不可剥夺之权利的不是天,而是人,具有仁慈之心的人。英国人的权利观是惠及他人的,强调的是"他",尊重"他"的利益;而法国人的权利观以自我为核心,强调的是"我","我"的利益神圣不可侵犯。英国人并非天生的利他主义,而是迂回地也是更精明地谋取自己的利益,"我"的利益的根本保障在于所有的"他"对"我"的承认和尊重。

在英国人看来,理性提供了判断正确或错误的规则,而宗教强化了这些规则,理性和宗教都支持同情和仁慈的道德观念。从"实用主义"的角度出发,看到宗教的工具性功能,英国启蒙运动哲学家一般不反对中世纪居于统治地位的罗马天主教,只反对天主教的迷信、愚昧的狂热和对异教徒的迫害。英国的社会变革因此没有和宗教发生激烈的冲突,表现出宽容、温和与渐进的特征。

法国启蒙运动理性至上,挑战一切现存制度的合理性,其本质是革命的,在逻辑的原点上就不能容忍以信仰而不是理性为基础的宗教,教会理所当然地在法国大革命中成为被打倒的对象,君权神授的国王政府也随之失去了合法性。

思想体系的不同固然是英、法社会变革采取不同形式的重要原因,历史的因素从而路径依赖同样不可忽视。英国在 16 世纪经历了宗教改革,借助新教的兴起脱离了罗马教廷,一些教派要求政教分离,宗教从国家的意识形态逐渐变为关于个人精神生活的事务，较为理性的新教加尔文宗在苏格兰取得了主导地位，平等的观念得到传播。宗教改革虽然也波及到法国，但在强大的王权压制下，新教未能取得它在英国那样的地位，天主教始终作为国教，与政府紧密合作，为君主专制服务。然而禁锢愈紧，反抗愈烈，法国启蒙运动毫不留情地批判宗教，对宗教采取近乎敌视的态度，为大革命中教会所遭受的致命打击埋下了伏笔。

英国有可能通过不断的改良，实现向现代社会的过渡，弱势的王权为另一原因。早在 1215 年，国王约翰在与封建贵族的斗争中失利，被迫签署了《大宪章》，尊重臣民的权利，承认法律高于王权，接受臣民的约束。1258 年，国王亨利三世为筹措战争经费和贵族再起冲突，失败后签订《牛津条例》，不仅同意贵族对王权的进一步限制，而且建立了大贵族为主的 15 人委员会，参与国事管理，这就是议会的滥觞。1265 年，除贵族代表外，每郡增选两名骑士，市镇选派两名市民出席议会，标志着议会的正式诞生。

《大宪章》之后的英国的政治史基本上是国王和议会的斗争史。1679—1681 年间，英国议会在王位继承问题上出现了两派，辉格派和托利派，是为最早的政党雏形。议会发展成为国家政治中的决定性力量，强大到可以在 1649 年审判和处死国王查理一世。议会于 1688 年又废黜了詹姆斯二世，1689 年通过《权利宣言》，开始实行君主立宪制。

活跃于 17、18 世纪的英国启蒙学者如霍布斯和洛克目睹了英国的社会和政治制度的变迁，对他们而言，平等、权利、自由等启蒙运动的诉求不单纯是哲学家的抽象概念，而是每时每刻都在发生的具体实践。洛克等人的著作与其说是在逻辑思维的空间里编织一个理想国，不如说是对英国社会转型的观察与理论总结。

法国哲学家们没有那样幸运，他们生活在高度集权的波旁王朝专制统治下。路易十四（1643—1715 在位）停止召开三级会议，将法院和教会置于自己的严格控制之下，管制言论和出版。绝对的王权不允许任何对专制制度的怀疑和挑战，杜绝了改良或渐进式改革的可能性。法国所面临的内外冲突无法得到及时的调和与化解，沸腾的岩浆不断积压在沉重而坚硬的岩层下，能量最终只能通过剧烈的喷发——法国大革命而释放出来（参照中国历史上的专制皇朝和世界罕见的农民战争的规模与惨烈程度）。

英国启蒙运动的一个杰出贡献是斯密的经济哲学,斯密著名的"无形之手"体现了私利(Self-Interest)与公利(General Interest)完美的辩证统一。个体自由地从事工商活动,谋求自己的利益,不经意间提高了社会福利。不仅如此,谋求私利能够比个人主动和有意识地克己奉公更好地促进社会福利。斯密的公利是具体的,是所有个人的利益之和,而法国哲学家如卢梭只有抽象的公意(General Will)概念,公意大于所有个人的利益之和。斯密的私利和公利并无冲突,卢梭的私利必须服从公意。

法国启蒙运动视公意为理性的集中和最高体现,狄德罗也认为个人的意志应顺从公意,因为个人没有决定对错的权力和能力,判断对错的只能是整个人类。但谁来代表人类的意志?魁奈相信,一个启蒙了的君主能够比议会中的众多个人更好地发现和执行公意,因为个人都在追求他自己的私利。基于同样的理由,法国的重农主义者赞成个人的经济自由,但认为绝对的君权是必要的,以保障人们的经济自由。斯密坚持其理论体系的一致性,不仅在经济上而且在政治领域中也倡导个人自由。

英国人从争取个人自由的实践中意识到制衡王权的重要性,法国人尽管也谈个人权利和自由,但很少思考如何将理想变为现实,把建立理性社会的希望寄托在君王身上,幻想启蒙了的君王依理性行事,捍卫公民的权利、自由和社会平等。法国的启蒙知识分子具有强烈的社会使命感,以造就新型的人为己任,尤其注重各国君主的"思想改造",例如狄德罗曾作过俄国凯瑟琳女皇的顾问,伏尔泰是普鲁士腓特烈大帝的座上客,成为"开明专制"的热心拥护者和实践者。

法国启蒙学者对开明专制的热衷与其对大众的不信任相呼应,在他们眼中,普通群众未受过良好的教育,愚昧无知、自私、迷信,不可能运用理性认识物理世界和人类社会的自然法则,卢梭甚至认为教育也无法启蒙大众,遵循自然法则开创理性时代的任务只能由哲学家和"哲学家国王"来承担(对照儒家的君子和小人的区分),法国启蒙运动也因此缺乏民主的诉求。与此相反,英国学者相信人人皆有仁慈之心、道德观念和社会责任感,因而生来就是平等的,生来享有同样的天然权利如个人自由和财产权,国家的职责是保护公民的自由。英国启蒙运动的强烈民主精神体现在它的宪政民主制度上,经过美国革命的发扬,成为当今世界政治哲学的主流。

四、21世纪的回顾

启蒙运动以来的社会实践，使人们有可能对那一场伟大的思想变革做一些"事后诸葛"式的评价。

· 个人自由和理性为英、法启蒙运动的分水岭，不同的指导思想决定了不同的社会发展道路，但不同的道路在二战之后似乎出现趋同的倾向。

· 英美式政治、经济制度在世界上影响的不断扩大，表面上看是因为盟国打赢了战争，更为深层的原因在于制度的本身。如果从英帝国算起，英美资本主义在世界上的主导地位已保持了 200 多年。

· 英美制度的优势：(1)个人的自由与权利构成核心价值观，在经济繁荣、收入水平不断提高的情况下，这样的价值观并且也只有这样的价值观能够得到最大多数人的认同与支持，而广泛的认同奠定了社会稳定的基础。(2)对个人权利的尊重和保护促进了市场经济的发展，提高了经济效率。自由市场经济的效率来自于对个人利益的激励，不仅激励人们勤奋工作，而且刺激了创新，特别是在科技、金融和制度方面的创新。创新能力而不是生产成本决定一国的竞争力，日本作为经济大国衰落的原因也正在这里。

· 市场产生的物质力量源于精神，拥抱市场经济不可避免地要接受个人自由与权利，接受大众民主，用马克思的话讲，上层建筑要为经济基础服务。制度经济学家说，包括思想意识在内的非正式制度与市场制度相契合，因为系统的内部一致性对降低交易成本至关重要。

· 和具体的个人自由相对，抽象的国家自由不复存在。和具体的个人权利相对，抽象的集体利益和国家利益失去立足之地，只剩下具体的国家利益，而具体的国家利益不过是具体的公民利益之和，即不多一分也不少一两。

单凭经济的繁荣而无思想的更新和制度的建树，中国能否顺利进入现代社会？这篇短文无法回答而只是提出这个问题。

（2009 年 12 月 1 日载于社会科学文献版《当代中国问题：现代化还是现代性》）

建设公平与正义的公民社会

中国和世界上的其他国家一样，最终会过渡到公民社会。过渡之路也许是漫长和曲折的，但大方向不会改变，因为只有公民社会才能满足现代人的需求。

社会有两大功能，第一是工具性的，即产生和维护秩序，以提高效率。在无政府的状态下，个人的防卫成本和经济活动的成本过高，如果组成社会，构建秩序，减少冲突，协调个人的活动，就可以实现分散的个人所无法达到的效率。社会的第二个功能是目的性的，也就是满足人对社会生活的需求。人是天生的社会动物，社会生活是个人生活必不可少的一部分。

我们在这里主要讨论社会的工具性功能，即建立秩序以提高效率。对比公民社会和传统社会，两者的根本区别就在于不同的建立和维持秩序的方式，而建立秩序的方式与社会的终极目标又有着直接的联系。

公民社会与传统社会的区别

公民社会以个人为基础，传统社会则建立在权威之上。

传统社会中没有个人的地位，个人必须服从各式各样的权威。个人服从军事和暴力的权威，这就是奴隶社会；个人服从政治的权威，例如中国古代的皇权，这是集权专制社会；或者，个人服从精神的权威，例如当今世界某些政教合一的专制社会。

在传统社会中，秩序本身变成了目的，而不是实现终极目标的手段，传统社会的制度设计都是为了维护权威。公民社会则不同，它的终极目标是为每个人创造自我发展的同等条件和同等机会，公民社会的制度设计完全服务于这个目标。

公民社会的建立是一个长期的过程,如果从 15 世纪的文艺复兴算起,经历了 500 多年,西欧才进入了公民社会。文艺复兴并没有否定宗教的权威,但大大提高了人的地位。16 世纪的宗教改革摧毁了教皇的权威,17 世纪开始的启蒙运动最终将人从权威的束缚下解放出来。公民社会不承认权威,在这个社会中,至高无上的是个人的权利。

有文字记载的中国历史是以权威为核心的传统社会,直到今天,也还不能说公民社会业已形成,我们仍处于从传统社会到公民社会的过渡中。

公民社会中的权威

在这里我们似乎碰到一个悖论:一方面,公民社会不承认权威;另一方面,社会又需要权威以建立秩序。怎样解决这一矛盾? 如果秩序需要权威的话,权威只能来自于全体社会成员的一致授予,只有这样的权威才不致违反公民社会的基本价值观——个人权利至上。公民社会中对权威的服从是事先约定的,因此是自愿的;而传统社会中的服从是没有选择的或者被迫的。

公民社会中的个人权利至上,讲的是具体的、活生生的和世俗的个人,而不是抽象的、虚幻的和神圣的"人民"。每个人都有权利追求自己的利益,每个人的利益都和他人的不同,个人利益因此不可能集结成为整体的"人民"利益。个人之间当然也有共同利益,例如国防以及保护个人权利的法治,但这些共同利益也是具体的而不是抽象的,是世俗的而不是神圣的。人类历史上曾出现过一些误导性的"人民"概念,其实质是以抽象的"人民"置换具体的个人,进而否定个人的权利与个人的价值。这些概念与公民社会格格不入。

每个人的权利至上保证了公民社会中人与人的平等,没有任何人的地位和权利高于其他社会成员,没有任何人可以得到其他社会成员所不能得到的个人发展机会。这是现代人的公平观和正义观,这个观念的体现就是公民社会,也只有公民社会才能实现这个观念。

传统社会以人的不平等为前提,奴贱主贵,臣贱君贵,民贱官贵。即使不符合他们的意愿,卑贱者也必须接受和服从这些预先确定的权威。传统社会从其构建的出发点上即无公平可言,在这样的框架下寻求公平,无异于缘木求鱼,不公平的根源就是这个框架本身。

当然,在公民社会中,人也不可能生来平等。你没有姚明的身材和体格,怎么可能获得他那样的亿万收入? 公民社会中的平等是权利和机会的平等,每个人拥有同样的追求自己幸福的权利和机会。

在人人权利平等的公民社会中,权威只能产生于所有人的共同赋予。

那么权威体现在什么地方? 体现在社会组成和运行的规则上,也就是俗话说的游戏规则。规则的正式表达就是法律,法律具有超乎所有社会成员的权威,因为它来自于所有公民的同意,而不是神授、皇帝恩准或者暴力胁迫。请注意,规则必须得到"所有公民"的认可,而不是"多数公民",更不是"少数公民"。具体公共事务的决策可以遵循"少数服从多数"的准则,当涉及规则时,必须经过全体同意,若少数服从多数,则意味着少数人的权利低于或从属于多数人的权利,这就违反了公民社会的基本价值观。

公民社会中的政府是执法者,执法者的权威来自于法律,归根结底,也来自于全体公民的授予。

政府与公民的关系——社会契约论

政府是把双刃剑,"一朝权在手,便把令来行",权威天然具有侵犯个人权利的倾向。为什么公民社会中的个人仍愿赋予政府这样的权威? 因为无政府、无秩序对每个人利益的伤害大于政府侵权的伤害。"两害相权取其轻",公民从工具主义的角度出发,同意建立政府,由政府维持秩序。

公民与政府的这种关系,学术界称为"社会契约论"。契约意味着缔约双方是平等的,没有一方具有特殊的地位和先天的权威。根据这个契约,公民允许政府垄断暴力手段——警察、军队、法庭、监狱等等;政府则必须承诺:仅使用这些手段保护和促进公民的利益,特别是,政府不得使用这些手段谋求自己的利益。

必须强调的是,公民社会中,政府不是唯一的秩序维护者,民间组织如协会也可以发挥同样的功能。公民社会中的经济秩序在市场上形成,市场秩序的维护依靠参与者的相互监督,政府的作用是辅助性的,仅限于执行公民制定的法律与规范。

社会契约的执行机制

契约的签订并不意味着自动的实施,因为违约的收益经常大于违约的成本,社会必须设计和建立一套机制,保证契约按规定得到执行。

中国的早期儒家已有社会契约的概念,突出地体现在孟子的思想上。有人曾问孟子,你鼓吹忠孝,但怎么解释商汤灭桀,武王伐纣呢?汤是夏桀的臣子,周武是商纣的属下,他们不是犯上作乱吗?孟子说:"贼仁者谓之贼,贼义者谓之残,残贼之人谓之一夫。闻诛一夫纣矣,未闻弑君也"。用现代的话讲就是"没听说犯上啊,杀了一个暴君而已"。君臣在孟子那里还是平等的,纣王不仁不义,违约了,臣民当然就有造反和革命的权利。

中国早期儒家的问题是从未思考和设计契约执行机制,而仅停留在说教上,他们告诉君王,若不善待臣民,人家就有权推翻你。然而说教代替不了有效的惩罚,仁政王道虽好,若无制度保证,违约成本太低,皇上无视儒家的教诲,行的都是霸道。不考虑契约执行机制,这是儒家政治思想和社会思想上的一大缺陷。

近代社会契约论源于16世纪的英国,经过长期的渐进式演变,理性务实的英国人摸索出一套行之有效的执行机制。依靠这套机制,委托方(公民)可以有效监督代理方(政府),在必要时干预政府的行动,一旦发现违约倾向,立即更换政府,而不是等到"苛政猛于虎",民怨沸腾之时,再来纠错。事后纠错就是革命,打碎旧体系,建立新秩序,例如陈胜、吴广起义和法国大革命。革命的成本太高,还是要设计一套机制,随时监督政府,约束政府行为,用更换政府的威胁阻止它的违约企图。

这套机制的第一条是依法行政,将政府的行动限定在法律许可的范围内,一旦越界,公民的代表也就是议会立即进行干预。在这样的社会中,政府显然不能有立法权,否则"依法行政"就成了空话和笑话。

第二条是政府的选举制,选举换人是对违约者的有效惩罚,因此是对违约倾向的有效威慑。代理人若执行契约不力,委托人可以更换代理人。

　　第三条是对所有公民开放的媒体，以降低委托人和代理人之间的信息不对称。为了监督政府，判断政府是否在忠实地执行社会契约，公民需要信息。这就如同证券市场，股民需要信息，以监督上市公司的管理层，世界上的证券市场都有强制性信息披露的要求，道理就在这里。

　　知情权是公民的一项权利，任何人不得以任何理由剥夺公民的这一权利。

　　媒体虽然不能完全消除信息不对称，可以大大降低信息不对称的程度。世界上第一张报纸于 1456 年诞生在西欧，与文艺复兴也就是公民社会的滥觞大致同期，这恐怕不是偶然的巧合。

　　核心价值观、社会契约以及契约执行机制，这些都是公民社会不可缺少的要素。我们讲经济转型、社会转型，转到哪里去，希望今天的介绍能给大家提供一些思路。

　　（2010 年 9 月 11 日载于《21 世纪经济报道》。由记者宇瀚根据作者 2010 年 8 月 26 日的讲话整理）

从传统社会到公民社会

　　今天和大家交流的是从传统社会到公民社会的过渡。为什么要谈这个题目？先介绍一下背景。改革开放到现在 30 多年了，在经济层面上，改革的收益能看到的基本上都看到了，再往下走，碰到了很多难以解决的问题，不改革就解决不了的问题，而过去的这十年间没有推出什么像样的改革措施。一方面是经济上的改革红利逐渐耗尽，另一方面，社会问题又冒了出来，经济、政治和社会的矛盾交织在一起，已经不是经济学家所能解决的了，根子几乎都在政治体制上，而政治体制的改革比经济上更为滞后。社会问题大家都看得到：收入分配不公、腐败盛行、道德沦丧、价值观缺失，虽然生活水平不断提高，但幸福感却在下降。按理说，30 年经济高速增长，大多数国民是改革的受益者，但为什么在富裕起来之后，这么多人反而满肚子的怨言？连改革的受益者都在抱怨，更不要说受损者和受益相对较少的群体，例如低收入阶层和农民工了。

　　问题出在哪里？抱怨是否反映了更为深刻的社会和经济矛盾？如果不及时解决，我们的国家和经济发展下去会是什么样子？最近关于政治体制改革的呼声越来越高，知识界越来越关注政治体制改革，几乎每一个认真的讨论会上，都离不开这个话题。问题和解决方案都超出了经济领域，经济学者不得不相应地将研究拓展到了社会、政治、法律，甚至历史和文化。

　　如何看待当前社会、经济、政治等各方面的问题？我认为不能就事论事，要在大的历史背景下考察和研究。这就像一条河流，蜿蜒曲折，穿过山谷、森林，只有沿着这条河流走得足够长，才能看清水流的方向。如果只走一段，以为它是向西的，其实过了两公里之后，它又掉头流向

248

东了。这就是为什么我们要在一个更长的历史时段上考察当前的中国社会,眼光仅仅局限在这几十年就不够了。中华文明在世界上是相当独特的,如此悠久而持续的历史,世界上很难再找到第二个。和我们同时期的文明消失了,古希腊、古罗马、古印度、两河流域的文明都消失了,只有中华文明延续至今。如果不问来龙去脉,不沿着这条路走得足够长,我们就看不清它的方向。只有在几千年文明的背景下,我们才知道当前的社会处于什么阶段,社会上的问题是从哪里来的,以及如何去解决这些问题。所以今天我会讲一些历史,从大跨度的历史上看社会的转型。

我们处在一个什么样的时代?我认为是中华民族历史上第二个剧烈而深刻变化的时代,第二个大转型的时代。第一个大转型出现在什么时候?大家都知道,那就是春秋战国时期,用孔子的话讲,春秋战国是"礼崩乐坏",我们今天同样处于一个"礼崩乐坏"的时代。为什么孔子讲春秋战国是"礼崩乐坏"?为什么我们民族的先圣先哲们在那时纷纷建立自己的学派,形成文化、思想大繁荣的局面,也就是我们熟知的诸子百家?那一时期对中华民族产生了深远的影响,直到今天,我们思想和文化遗产的源头仍要追溯到那个时代,仍然是言必称诸子百家。

然而自春秋战国以后,两千多年间,我们似乎再也没有什么创造,这是中华文明另一个非常独特的地方,和其他文明特别是西欧文明形成了鲜明的对照。拿哲学来说,诸子百家之后,最多讲讲宋明理学,而宋明理学不过是儒家的发展,以孔孟为宗师。西方的哲学却没有止步于苏格拉底、柏拉图和亚里斯多德,它在不断地发展,即使进入中世纪,也有基督教所代表的哲学,到了近代更是流派纷呈,大师辈出。我们的文明虽然经久不衰,但没有进步。为什么从诸子百家到今天,我们找不到什么大师?为什么中国的经济和社会只有循环而没有进步,特别是在秦始皇统一中国之后?我们暂时不作深入探讨,稍后再回到这个问题上来。

春秋战国是孔子讲的"礼崩乐坏"时期,已有的社会制度和社会秩序崩溃了,而新的制度和新的秩序又建立不起来。孔子讲的"礼"就是西周封建秩序的书面表达,"乐"就是西周封建秩序的艺术表达,"礼"和"乐"指的是西周的那一套典章制度。西周是封建社会,武王灭商之后,分封诸侯,在全国建立起了以周天子为中心的封建制。这个封建制运行了几百年,情况良好,但是到了春秋和孔子的时代,维持不下去了,破坏封建秩序的就是作为封臣的诸侯和大夫。

在这里需要纠正一个中国历史研究上最大的冤假错案,那就是把从秦始皇到满清的中国社会定性为封建社会。其实这一段的二千年根本不是封建社会,封建社会仅存于西周一朝,到东周就发生了变化。周之前的商殷是不是封建社会? 由于史料的匮乏,现在不能做出明确的回答,但是西周毫无疑问是封建社会。

封建社会的实质是什么? 不严格地、通俗地讲,就是管理权、治理权、政权的逐级承包。周天子把一块土地赐给诸侯,在这块土地上,诸侯拥有相对完整的主权,包括财政税收权、行政权、司法权和军权。每一个诸侯又是低一等级的周天子,他管不过来的再向下承包,包给大夫,形成从天子、诸侯到大夫的三级承包。西欧封建制是国王、封臣、骑士的三级,日本是幕府将军、大名、武士,各国历史上的封建制基本上都是三级承包。

特别需要注意的是,封建制下封君和封臣的关系不是一般想象中的君臣关系,和秦始皇及历代皇朝的君臣概念有着本质的区别。在秦以后的专制社会中,臣下没有任何权利,"君令臣死,臣不得不死",绝对的服从,连生存权都没有。在封建等级制下,封臣和封君之间是契约关系,契约意味着权利和义务的对等,用契约的形式确定签约双方的权利和义务。周天子赐给诸侯一片土地,诸侯有治理这片土地的权利;作为交换,诸侯要对天子承担义务,最重要的义务有两个,进贡和提供军事服务。诸侯必须向周天子进贡,由诸侯本人亲自带到天子所居之地称作朝觐。进贡不是现代意义上的税收,周天子不可能靠进贡活着,他有自己的财源,就是周天子自己的领地,以今天的西安和洛阳为中心的王畿之地。诸侯的进贡对天子来说只有象征性的意义,而不是实质性的纳税。诸侯以不断进贡的方式向周天子表明,他在信守合同,在履行权利和义务对等的封建契约。这有点像太太过生日的时候,老公买礼物一样,表明他仍然在信守婚姻合同,太太不会靠生日礼物过日子,她有自己的和家庭的收入。诸侯对天子承担第二个也是最重要的义务就是在战争期间,向天子提供军队。周朝的制度是"礼乐征伐自天子出",天子号令一下,要讨伐西戎、北狄,诸侯有义务带兵参加,而且周天子不发军饷,兵都是诸侯、大夫自己养的。电视片《烽火戏诸侯》,讲的是周幽王为讨美人一笑,点起了烽火,看到烽火烧起来,诸侯带着兵马就来了,说明诸侯有义务向周天子提供军事服务。

在封臣和封君的契约关系中存在着一个问题,尽管寓军于民减轻了周天子的财政负担,但军事力量分包给诸侯,诸侯再分包给大夫,结果是诸侯尾大不掉,凭借自己手中的武力反过来欺负天子,像唐朝末年的藩镇割据一样。到东周时期,诸侯国相互攻伐,把周天子撂在一边,不当回事儿。不仅诸侯坐大,下一层的封臣——大夫也犯上作乱,军事力量强大的,可以吃掉诸侯。战国七雄中,赵、魏、韩三家原本是晋侯的大夫,壮大起来后,三家分晋,灭掉晋侯,自己变成了诸侯。到战国时期,诸侯开始称王,与天子平起平坐,周武王建立起来的封建秩序完全维持不住了,礼崩乐坏,天下大乱。

面对这样的形势,孔子忧心忡忡,他是一个有着强烈社会责任感的古代知识分子,思考着如何重建社会秩序。礼、乐所代表的这一套西周的制度现在崩坏了,怎么办? 孔子提出了自己的主张,这就是儒家学说。当然,提出重建的系统方案的不只儒家一门,有诸子百家。孔子认为西周的典章制度在历史上曾经是很有效的,没有必要标新立异,恢复西周的制度就可以了。所以他的口号是"克己复礼","吾从周",遵循周朝的这一套就行了。周朝的制度不是没有问题,没有问题的话就不至于礼崩乐坏了,孔子认为,问题在于这些诸侯、大夫的道德修养太差了,私欲膨胀,想非分之想,做非分之事,大夫犯上,诸侯僭越。孔子并不是简单地提倡回归到西周,简单地恢复西周的典章制度是不够的,要想让制度发挥作用,需要注入新的价值观和道德规范,这个道德规范的核心就是中国人非常熟悉的"仁"。

什么是"仁"? "仁"就是仁者爱人。古汉语的"仁"字是两个"人"字拼在一起,左边是人字旁,右边两横实际上也是一个人,"仁"是用来处理人和人之间的关系的。孔子的"仁者爱人"有着朴素的人本主义思想:要爱别人,要恭敬谦让,人人皆有恻隐之心,也就是同情心,"己所不欲、勿施于人"。如果每一个人都克制谦让,遵守儒家的道德规范,可以利用西周的礼乐制度,重建社会秩序。换句话讲,之所以出现"礼崩乐坏",并不是因为制度不好,而是因为没有仁,没有爱人的思想,私欲无限扩张,没有道德去约束,不能克己谦让,再好的制度也没用。

和儒家不同,墨家认为周朝的礼乐太烦琐了,在实践中很难执行。

墨家认为最重要的是人和人之间平等相爱，也就是"兼爱"，爱天下人，不仅你自己的家人，你自己的君王，你要爱天下所有的人。儒家的仁爱由近及远，从父子、夫妻到君臣，墨家兼爱的范围要宽泛得多，而且不问社会和家庭地位，一视同仁。"兼爱"和"非攻"是墨家的主张，非攻就是不能用暴力手段解决人和人之间的紧张与摩擦，不能用暴力手段解决利益冲突。一方面要有爱，另一方面是禁止暴力，我们可以把墨家看成是古典版的甘地，印度的甘地是和平主义者。

和儒家针锋相对，法家主张人性本恶。所谓"恶"就是人永远是趋利避害的，追求自己的利益，回避对自己有害的事情。君王就应该利用人性的弱点，制定出一套法律和规则，用"胡萝卜加大棒"统治国家，相当于古代版的马基雅维里。胡萝卜就是用恩惠、利益诱导人们去实现君王的目标，比如奖励农战，以实现富国强兵，杀多少敌军士兵的人头给一个爵位；另一方面，用大棒震慑臣民，严法酷刑，令他们不敢做有损于君王的事。法家的法和现代的法不同，它规定了帝王的神圣不可侵犯，是帝王用来处罚臣民的；而现代法律的核心是保护民众的权利，并在保护民众权利的前提下，处理人与人之间的利益冲突。

不管什么样的主张，在历史的大背景下考察，诸子百家都要解决如何重建社会秩序的问题，在西周封建制崩溃以后，寻找替代的社会价值认同和替代的社会制度。

在诸子百家的竞争中，法家胜出了。法家的胜出有它的必然性，儒家告诫君王要克制，谁愿意听？法家教君王统治术，如何以法治人；如何耍"术"的手腕，控制和驾驭臣下；如何造成泰山压顶之势，令臣下不敢仰视，不敢有二心。"法"、"术"、"势"都是独裁者喜欢听的，于是秦孝公启用商鞅变法，秦国迅速富强。秦始皇统一中国后，把法家的观念和制度体系推广到了全国。然而法家思想的实践最后还是失败了，而且是彻底的失败，它的标志就是秦朝的灭亡。秦朝到底亡在什么地方？以法为治，以吏为师，依靠官僚体系来维护社会秩序，用严刑酷法统治民众，很快就走向了反面。以皇帝为首的官僚机构垄断了暴力手段，没有人能制约它，结果就是权力的滥用，苛政猛于虎，老百姓不堪其苦，陈胜、吴广揭竿而起，强大的秦王朝在很短的时间里就灰飞烟灭。

代之而起的汉朝吸取了秦朝的教训。汉初有一个很知名的知识分子官员贾谊，写了一篇《过秦论》，收在《古文观止》里，这篇文章分析和总结了强秦在短时间里倾覆的教训，文章的最后一句话说"仁义不施，而攻守之势异也"，意思是秦朝不讲仁义，迷信暴力，弱肉强食，赤裸裸的强权文化，这是它灭亡的根本原因。到了汉武帝时期，董仲舒迎合当时统治阶层的需要，对儒家学说进行了重大的修改，把修改后的儒家学说呈献给皇帝，得到了赞赏。汉武帝废黜百家，独尊儒术，从此确立了儒家作为正统意识形态的地位，统治中国长达两千余年。

当我们说"独尊儒术"时，需要特别注意，两千年间尊崇的"儒术"不是早期儒家，不是孔子、孟子的儒家，而是董仲舒修改过的儒家，或者后期儒家，两者有着本质上的差别。为了得到统治者的赏识，董仲舒对儒家学说动了大手术，正如美国华人学者余英时所指出的，董仲舒将儒家法家化了。两千年独尊的实际上并不是儒术，而是被称为"儒表法里"的一套制度，表面上是儒家，核心内容和根子上仍然是法家。对于这一点，汉宣帝讲得再清楚不过了："汉家自有制度，本以王霸道杂之"。他说我汉家的制度不是王道，你们搞错了，是王道兼有霸道。王道就是讲仁义道德的儒家，霸道就是讲实力、讲法、术、势的法家。一手有儒家的道德规范和笔杆子，一手有法家的实力政策和枪杆子，双管齐下才是我汉朝的制度。儒家为表、法家为里的这一套延用了两千多年，汉承秦制，清袭明律，思想体系和制度体系没有发生过根本的变化。

到了现代社会，儒表法里守不住了。今天跟 80 后、90 后谈仁义道德，人家听你的吗？不听就用强制性手段硬压？好像也不管用。强拆、强迁的后果是什么？老百姓以自杀、自焚的方式反抗，所以霸道也行不通了。把当前的社会放在历史的长河中看，就可以理解为什么会出现这些问题，根子在哪里。从传统社会沿袭下来的一套思想观念、一套政法制度，到今天，特别是经过 30 年市场经济的实践后，已经无法适应新的形势和新的社会了，和孔子的时代相类似，"礼崩乐坏"了。

不要说传统的君君臣臣、父父子子，就是正统的官方意识形态，又有几个人听得进去呢？在座的有几位深信将来共产主义一定会实现？也许有，估计是少数。谁还愿意大公无私，把国家和集体利益放在个人利益之上？经过 30 多年的改革开放，正统的集体主义价值观不灵了，"儒表"也罢，官方说教也罢，都不灵了。"法里"也不灵了，用强制性手段规范人的行为、解决社会矛盾的阻力也越来越大。儒表法里不管用了，靠什么建立和维持社会秩序呢？这是一个非常现实的问题。

正是在这个意义上，我们说现在是民族发展历史上的第二个大转型期、大变革期，除了春秋战国，没有任何一个时期能和今天相比。我们应该为生在这个时代而感到幸运，有幸目睹这个大转型和大变革。这是孔子的时代，应该产生新的诸子百家。能否出现新诸子百家，要看我们的政策，孔子那时之所以有诸子百家，因为没有大一统的集权政府，没有文化专制主义。

不仅孔子的时代，我们民族历史上的三个文化繁荣期都出现在弱势政府和宽松的思想环境中，这三个时期分别是春秋战国、魏晋南北朝和清末民初。魏晋南北时期思想文化的繁荣与佛教的冲击有关，本土文化应对和吸收佛教，形成了新的观念和风格。魏晋南北朝和春秋战国一样，是弱势政府时期。清末民初也是弱势政府，在西方文化的冲击下，"五四"新文化运动从批判传统入手，创造了第三个文化繁荣期。后来由于内忧外患，新文化运动未能进行下去，救亡图存取代了文化层面上的探索，如何找到新的民族认同，如何在认同的基础上构建新的秩序，这些问题的解答就一直拖延了下去，但不可能永远拖下去，因为我们民族必须对西方文化做出正面的回应。儒表法里的体系具有足够的弹性和韧性，抗住了佛教的冲击，但近代西方文化的冲击力要强得多，它不仅有严密完整的逻辑，而且产生了巨大的物质力量，坚船利炮的背后是农耕经济根本无法匹敌的工业和商业效率，经济效率最终压垮和击碎了儒表法里的传统体制。

1840 年的鸦片战争标志着传统体制全面危机的到来，也是我们应对西方冲击、寻找新的价值体系的开始，从这里开始了传统社会向现代社会的转型。一百多年了，这一探索仍未结束，而且也不会很快结束，价值观和社会道德规范的重建是个漫长的过程，从孔子的"礼崩乐坏"时代到董仲舒儒表法里正统的确立，三四百年过去了，西欧的社会转型若从文艺复兴算起，到工业革命，至少也有三四百年。

如果儒表法里的这一套制度不能适应现代社会，怎样重建社会的核心价值观？从传统有无可能过渡到现代？我们的回答是肯定的。回顾历史，早期儒家其实不乏现代观念的因子，只不过后来被董仲舒抛弃了，儒家被法家化了。如同余英时所指出的，董仲舒抄袭了法家的君尊臣卑，用它来置换早期儒家中君臣权力和义务的对等关系，这是董仲舒最重要的修改。在早期儒家中，可以看到民贵君轻的思想，平等权利的思想，特别是孟子。先哲先贤们留下珍贵的思想文化遗产，今天可以继续发挥作用，儒家的、墨家的观念可以和今天的平等、人权、民主、自由相对应，我们说的是对应，而不是完全的等同。这些观念在两千年的儒表法里的社会中被埋没和湮灭了，没有成为构建社会秩序的意识基础，我们现在需要做的是将它们重新发掘出来。

孟子认为民贵君轻，他说"民为贵，社稷次之，君为轻"，在社会阶层的排序中，老百姓是最珍贵、最重要的，社会秩序和政治制度居第二位，君王排在末尾，权重最轻。孟子还有着非常可贵的契约精神，而契约是市场经济不可缺少的。可能是因为孟子离西周的封建社会比较近，看到了封建社会中的契约关系，比我们当代人对契约的理解更为准确。孟子虽然也讲君臣、父子，但他那里的君臣、父子是权力和义务对等的契约缔结方，而不是绝对的服从，这是孟子和董仲舒的本质区别，也是早期儒家和晚期儒家的根本区别所在。人和人之间是平等的，不同的仅仅是权利和义务，用现代的话来讲，双方的法律地位是平等的。董仲舒讲的君臣是不平等的，就像历代统治者所宣扬的，"君令臣死，臣不得不死"，一方是绝对的权威，另一方是绝对的服从。孟子到齐国，齐宣王问他，你总讲君臣父子，但怎么解释汤商放桀、武王伐纣呢？你一方面歌颂武王的功业，一方面又主张臣下不得冒犯君王，这不是互相矛盾吗？武王作为臣子，怎么可以去讨伐纣王呢？这不是犯上作乱吗？孟子回答说："贼仁者谓之贼"，如果一个人没有仁的思想，他就是一个贼。第一个"贼"是动词，意思是破坏，第二个"贼"是名词，纣王不仁，他就是一个贼。"贼义者谓之残"，破坏"义"的社会规范的就是残废，或者当下流行的"脑残"。"残贼之人谓之一夫"，不仁不义就是一个独夫。"闻诛一夫纣矣"，只听说武王杀了一个独夫民贼，"未闻弑君也"，没听说臣下犯上啊。换句话说，如果君王不履行自己的职责，不以仁义对待臣民，臣民有权造反，这样的造反是正义的。缔约双方的权利对等，若一方违约，另一方有权惩罚他。孟子的这个思想非常可贵，谁说中国没有契约精神？孟子的政治哲学中就有契约精神。

孟子又说，"君视臣如土芥，则臣视君如寇雠"，如果君王对待臣下像草芥一般，那么臣下就可以视君王为仇敌，就可以造反，这是多么可贵的思想！这也是为什么历代帝王喜欢孔子、不喜欢孟子的原因。孔子说话往往模棱两可，怎么解释都行；孟子旗帜鲜明，他的有些话统治者不愿意听。例如朱元璋当了皇帝后,命令儒士整理中国古代典籍,整理到《孟子》的时候,听到了这一段,朱元璋不禁勃然大怒,说这哪像是臣子讲的话? 要把孟子的牌位从庙里撤了。办事的大臣还真有点骨气,他说:皇上你要撤孟子,请先撤我。当面顶撞皇上,当代知识分子都不敢。朱元璋想了想,这位大臣是秉公办事,就没有坚持自己的意见,算是还有一点肚量。

到了董仲舒,早期儒家的"民本位"就被改成"君本位","君为臣纲、父为子纲,夫为妇纲"。余英时说这"三纲"实际上是从法家的韩非那儿抄来的,不是儒家原来的主张,韩非说"臣事君,子事父,妻事夫,三者顺则天下治,三者逆则天下乱"。三纲五常不是孔孟的主张,而是董仲舒的,是法家化的儒家教条。

做这样的对比之后,我们可以看到,古人留下的思想和智慧没有过时,在新的时代和新的环境中,需要阐发原意,古为今用,作为形成新的社会价值观的原料。不要把我们的民族文化扔掉,认为我们的传统就是两千年的专制文化,全都是糟粕,我本人不能赞同这样的态度。诸子百家有很多精彩的论述,民族文化包含了很多优秀的思想,直到今天也没有过时。当然,民族文化不会是新价值观的唯一原料,还有什么其他的原料? 我们还需要再研究。

两千年儒表法里体系的问题在哪里? 在于持久而无进步,世界上没有任何一个文明能在持续性上和中华文明相比,但我们的文明没有进步。"文化大革命"中,我作为一个知识青年下乡了,实际上是被下乡,到了陕北的一个小山村里。第一次进村,看到村头摆着一张耕地的犁,我呆住了,犁头是用铁做的,和我在历史博物馆里看到的战国时代的犁一模一样。战国时期农民用的犁,两千年之后,陕北的农民还在用,生产技术没有任何进步。

在这两千多年中,社会没有进步只有循环,一个三段式的循环。第一阶段,新皇朝建立。由于开国的一两个皇帝目睹了前朝的覆亡,总结了教训,能够有限地约束自己,轻徭薄赋,与民休息,社会生产得到恢复,例如汉初的文景之治、唐初的贞观之治、清朝的康熙雍正盛世。这时皇帝实行仁政,指导思想是道家的清净无为。等到社会生产力恢复、国库充实之后,就会出现一位雄才大略的君主,国富兵强,文治武功达到顶峰,但往往也是盛极而衰的转折点,汉武帝,唐玄宗,清朝是乾隆帝,将前朝的积蓄消耗殆尽。第三个阶段官逼民反,农民大起义,专制皇朝土崩瓦解。两千多年间,社会生产力没有进步,政治制度基本上是秦始皇定下来的那一套,法律更不用说,改变的只是皇帝的姓氏,其他没什么变化。如果不是鸦片战争的炮火轰开了天朝帝国的大门,我们今天还在皇朝的更替中循环,还像清朝、明朝人那样过日子,还像清朝、明朝人那样地思考问题。资本主义兴起,西方列强入侵,中国不可能关起门来再过桃花源式的生活了,大门一旦打开就关不上了,中国不可逆转地融入了世界。

中华文明的第二个问题是表面的超稳定和大灾难的交替出现,百年盛世之后,一定是大规模的战乱和人口的锐减。中国历史上最长的盛世是清代的康雍乾三朝,总共持续了130多年;汉朝从文景之治到武帝一朝不到100年;唐贞观之治到玄宗时期的安史之乱,差不多也是130年。汉唐盛世给我们带来了民族自豪感,我们称自己为汉人,海外华人聚居的地方有唐人街,没有听说自称宋人或者晋人的,嫌这两个朝代窝囊。百年盛世之后就是战乱和社会大动荡,以及生产力的极大破坏,民众生命财产损失之大,不禁使人们怀疑,用如此代价换来的文明持久是否值得?

秦统一中国时,全国人口约3000万,经秦末农民战争、楚汉争霸,到西汉王朝建立初期,只剩下1500万到1800万,秦末的战争消灭了40%到50%的人口。西汉末年全国人口6000万,绿林、赤眉起义,汉光武帝刘秀削平群雄,建立东汉王朝时,剩下3500万。东汉后期,人口突破了6000万,黄巾军大起义,到三国鼎立时,仅存2300万,人口损失了60%。后面的数字我不用再念了,基本上是一个王朝循环,死人一半左右。历史上最后一次农民革命是太平天国起义,尽管洪秀全未能推翻清王朝,清政府在全国大部分地区维持了原有秩序,这次战争在江南还是消灭了1亿人口,最保守的估计也有五六千万。战争破坏了中国最富庶省份的经济,以至于到了1912年,清朝被推翻后的第二年,全国人口还没有恢复到1850年的水平,也就是道光时期最高峰的4.3亿。中国历史上农民战争规模之大、杀戮之惨烈,世界罕见,几乎是独此一家。

欧洲历史上曾经爆发过宗教战争,历史学家形容为"血流漂杵",死亡人数不过二三十万人,和我们相比,根本就不是一个数量级的。"文化大革命"时期，一个外国代表团访问中国，问毛泽东主席：中国现在同时抗击苏、美两个超级大国，难道就不怕打核战争吗？毛主席说我们不怕，原子战争没有什么了不起的，原子弹还不如关云长的大刀。事实的确如此。美国人在广岛扔了一颗原子弹，炸死20万人，关云长的大刀一挥，死了3000多万人，尽管大多数人并非死于关公刀下，而是战乱引起的饥荒。

后人对汉唐盛世津津乐道，不愿提文治武功的代价。伴随着王朝循环的，是周期性的社会秩序与经济的崩溃，是民众生命和财产的巨大损失。这样的循环一而再、再而三地发生，说明它不是偶然的，而是儒表法里的集权体制的必然结果。

为什么要思考这个问题？社会秩序和社会制度的建立不能重蹈前人的覆辙，中国不能再闹革命了。我们反对革命，提倡改良和渐进式的改革，提倡建设性。中国历史上这么多的农民革命，只破坏，不建设。破坏以解心头之恨，打、砸、抢、烧、杀，没有任何建设性，一股流寇。运气好的成功了，也没有建设性，洪秀全带领一帮农民杀进南京，自己称王称帝，还是老一套，三宫六院、官僚等级制，没有任何新的建树。朱元璋出身赤贫，当了皇帝后，搞的还是儒表法里，没有任何新意，他的后裔崇祯帝于是也就合乎逻辑地死在了和他类似的人物——李自成的手中。

陈胜、吴广、李自成、洪秀全对谁都没好处。经济学上讲帕累托改进，就是"有人受益而无人受损"，革命是有人受损而无人受益，不是帕累托改进。明朝的崇祯帝和清朝江南的老百姓都是受损者，在这四位农民领袖中，也只有洪秀全得到了点好处，很短暂，最后还是不得不自杀。朱元璋是受益者，但他的子孙后代被斩尽杀绝。崇祯在上吊之前，流着眼泪用剑刺杀他最钟爱的女儿，说你为什么要生在帝王家，但后悔已经来不及了。有人受损而无人受益的事为什么要干呢？解决方案是演进（Evolution）和渐进式的改革，而不是革命（Revolution）。

没有进步和代价惨重，这两个问题是儒表法里体系必然的逻辑结果。在儒表法里的社会中，人们获取利益不是靠法律保障的权利，而是靠政治权力进行财富的重新分配，例如《红楼梦》中的贾、王、薛、史四大家族，都是官僚兼地主，利用政治权力致富。很不幸，"权利"和"权力"的汉语发音完全一样，口语表达很麻烦。靠权力分配财富，形成了寄生性的社会激励机制，这个机制不鼓励人们创造财富，而是刺激人们去争夺政治权力，有了政治权力就可以占据财富再分配的制高点，就可以合法或非法地偷盗和掠夺他人创造的财富。人们的聪明才智、时间和精力被导向政治，能当皇帝的夺天下，当不了皇帝的考科举，在官场上一步一步地往上爬。把时间、精力和资源都用在政治上，这样的社会怎么可能有创新？怎么可能有进步？推陈出新的不是技术，不是生产方式，而是政治斗争的手法。"文化大革命"中，林彪大谈政变，把古往今来的宫廷阴谋和政变系统地整理、总结了一遍。毛泽东看到这个讲话，不寒而栗，由此产生了警惕之心。林的目的是取代毛泽东，自己当老大。陈胜说："王侯将相宁有种乎"，皇帝轮流做，今年到我家；刘邦说"彼可取而代之"。社会的这些优秀分子不是去寻求价值的创造，而是要从别人手中夺取政治权力，利用政治权力重新分配已有的财富。政治权力越大，分配财富就越有优势。皇帝处于官僚体系金字塔的顶尖，富有四海，整个天下都是他的，所以人人拼命争当皇上，怎么能有心思去琢磨发明、创新？这样的社会怎么可能有进步？

如果以权利为基础构建社会秩序，情况就大不一样了。他的权利、我的权利都得到有效的保护，你想赚钱，想出人头地，就不能靠明抢和暗抢了。传统社会中，梁山泊一百单八将是非法的明抢，皇上是合法的暗抢。现代社会中，政治权力为经济利益服务，而不是凌驾于个人权利之上。这时你想发财只有一条路，那就是自己去创造财富，因为你抢不到、偷不到了。权利和权力的区别就在这里，"利"和"力"的一字之差，社会激励的方向完全不同。把握了这个关键的差别，就可以理解为什么中国两千年的文明持久而无进步，就能理解为什么我们只有发明而没有创新。

发明是技术上突破，创新则是新技术的大规模商业运用。我们历史上有发明而无创新，发明得不到足够的商业回报，永远是社会精英鄙视的"奇技淫巧"。我们发明了火药，用它放炮仗，这是鲁迅讲的；洋人用火药做枪、做炮，世界由此从冷兵器时代进入热兵器时代，战争的技术、手段和规模发生了巨大的变化。我们发明了指南针，拿来看风水，这也是鲁迅讲的；洋人用指南针导航远洋，虽然郑和下西洋时也用指南针，但他和哥伦布在历史上的地位不可同日而语。郑和的远洋航行对中华民族的发展没有产生什么影响，而哥伦布发现了新大陆，揭开了西欧历史新的一页。欧洲殖民者跑到美洲，拉回来的是黄金白银；郑和航行到非洲的马达加斯加，拉回来两头长颈鹿。长颈鹿看上去像麒麟，麒麟是瑞兽，瑞兽只有在明君盛世时才会出现。郑和下西洋是为明成祖朱棣歌功颂德，为使天朝声威远播，也有人说是为了搜寻建文帝，朱棣夺了侄子的皇位，要斩草除根。无论哪一说，都是政治挂帅，和贸易、商业、技术无关。

儒表法里体系的第二个特征就是周期性的社会大破坏，这也是由这个体系的内在逻辑决定的。由于靠官吏来维护社会秩序，以皇上为首的官僚体系拥有几乎是一切的权力，权力没有任何制约，没有任何束缚和监督。这样的权力必然走向极端，走向压制和剥夺民众权利的极端，结果就是老百姓造反，周期性的繁荣和大破坏交替出现。

儒表法里体系的第三个问题是现代的而不是古代的，现代的个人有着发展自我和实现自我价值的强烈冲动，而儒表法里的体系无法满足这个需求。"三纲五常"固化了人的社会等级和社会位置，你想突破，就要受到谴责和压制，个人只能是一部机器上的小小螺丝钉。僵硬的体制和个人发展的愿望相冲突，这是儒表法里遇到的现代危机。

由于存在这三个问题，传统社会无法再维持下去了，"礼崩乐坏"。但是到哪里去寻找新的社会价值观？哪里可以找到新的精神寄托？什么是善？什么是正义？没有这些最基本的认同，社会就要乱，没法维持秩序。再往下走怎么办？世界上其他的民族已经走过了几百年的演进道路，从传统社会走向公民社会，我们民族也不例外，也要走向公民社会。只有公民社会能够解决传统社会的三个基本矛盾，能够带来创新与进步，能够满足个人发展的需要，并且能够避免周期性的破坏与震荡。

公民社会和传统社会的区别是什么？公民社会以个人为基础；传统社会以事先预设的权威为基础。公民社会承认和保护个人的权利，为每一个人创造自我发展的同等条件和同等机会；传统社会尊崇和保护权威，要求个人服从权威。公民社会中的人是平等的，在权利和机会面前的平等；传统社会以人的不平等为前提，君、臣不平等，父、子不平等，夫、妻也不平等。

公民社会中的平等意味着每一个人有着同等的追求自己幸福的权利，每一个人有着同等的发展条件和发展机会。平等并不是人人生来在所有方面平等,生来平等的是一个误导性概念,生来不可能平等。姚明打篮球一年赚上亿的钱,你有姚明的身材和体格吗? 你怎么可能和姚明平等,怎么可能赚那么多钱? 身体和智力上的秉赋在经济学中叫做人力资本,我们必须承认,人力资本的拥有量是不相等的,而且人力资本不能转移,姚明的篮球技能转移不到我身上。不同的人力资本所产生的收益也不同,所以公民社会的平等不是收入的平等。"人生来平等"、"均贫富"是激荡群众情绪的口号,它经不起理性的推敲。

不平等体现在机会和权利上,而不是收入上。凭什么中石化、中石油垄断了石油行业? 你、我都是中华人民共和国公民,960万平方公里土地下埋藏的自然资源也有我一份,凭什么只能由你来开采,而不许我经营? 你有的权利和机会我没有,这才是真正的不平等,公民社会中要铲除的就是这样的不平等。移动通讯也是这样啊,凭什么只能由这三大运营商来经营? 为什么我不能进入移动通讯业呢? 你要说出理由来,除了你、我之间的不平等,还能说出什么来吗? 政府垄断违背了公民社会的平等原则,人为制造了权利和机会的不平等。

公民社会尊重每一个人的权利,每一个人都是上帝。我是在读研究生时接触到这个概念的,放假时约了几个同学,骑自行车到山西五台山。进到庙里,碰见一个和尚,我问他凡人能否成佛,他给了我一个肯定的回答。"那么怎样才能成佛呢?"我又问。和尚答:"视人人如佛,你即是佛"。这话和现代社会的公民精神相吻合,每一个人都是佛,都应受到尊重,他的权利不可侵犯,没有一个人可以用任何名义替他做出决定,他是他自己的主人,他是他自己的上帝。这就是公民的含义。

如果人人是佛,13亿民众13亿佛,马上就会产生一个问题,如何建立社会秩序? 社会秩序要求服从某种形式的权威,权威要有强制性手段作为后盾,而强制是不是就反了公民社会的原则? 在个人权利至上的社会中,如何建立权威,从而建立社会秩序,这是公民社会必须解决的问题。实际上答案已经有了,这就是社会契约论。公民社会中的权威只有一个来源,就是全体公民的授予。政府拥有权威,并不是因为政府天然拥有权威,仅仅因为全体公民一致同意,授予政府垄断和运用强制性手段的权力。这样的思想被表达为社会契约论,它的近代版本始于霍布斯的《利维坦》(*Leviathan*),讲得最好的是约翰·洛克的《政府论》(*Two Treatises of Government*)。社会契约的集中体现就是《宪法》。《宪法》规定了公民的权利和义务,规定了政府的产生程序和职责,以及政府和公民的关系。

不仅政府,法律的权威也来自全体公民的一致授予,注意,是"全体"而不是"多数"。法律本身不过是白纸上写的黑字,全体公民的认可使它有了权威。一项法律的判决即使对你不利,你也必须服从,这不是暴政而是法治。法治和暴政的区别是什么? 法律是包括被制裁者在内的所有公民同意的,尽管法庭判我有罪,对我不利,我也必须接受判决,因为法律是我事先同意的,是包括我在内的全体公民事先约定的游戏规则。暴政没有经公民同意,它用暴力强迫民众服从。根据社会契约论,政府和公民不是统治者和被统治者的关系,而是平等的契约双方。公民同意由政府垄断和运用强制性手段,公民服从法律和政府,并不因为它们天然具有权威,而是因为公民给了它们权威。从社会契约论出发,我们立即得出一个推论:政府必须依法行政,超出了法律许可的范围,超出了事先的约定,政府就侵犯了公民权利,违反了公民社会的基本原则。

我们所说的强制性手段有行政体系、警察、法庭、监狱、军队等等,公民允许政府掌握和动用这些公器,前提是政府必须承诺两点:第一,刚才讲过了,这些强制性手段的运用必须依照公民事先设定的程序和规则进行;第二,这些强制性手段只能用于保护和促进公民的利益。这两条缺一不可,一个叫做依法行政,另一个叫做执政为民。实际上"执政为民"的表达不很准确,更为准确地讲是"为民执政"。只讲执政为民,不讲为民执政,就把政府放在了一个超然的地位上,居高临下地施舍、恩赐,而不是平等的契约缔结方,这样的思维是有问题的。社会契约论在自愿的基础上解决了平等、自由和权威的矛盾,规定了行使权威的正当程序,为建立和维持公民社会的秩序奠定了基础。

在契约缔结之后,还要解决委托—代理问题。在公民社会的契约中,公民是委托方,政府是代理方,由于委托方和代理方的利益不一致,而且委托和代理方的信息不对称,也就是民众并不十分清楚政府每天都在干什么,引起了很棘手的契约执行问题。我把强制性手段交给了政府,政府如果不守约,利用这些强制性手段谋他自己的而不是我的利益,甚至伤害我的利益,怎么办? 仅仅签个合同、仅有《宪法》是不够的,还要研究执行合同的机制,要有更多的制度安排,确保政府按照《宪法》规定的职责和程序,为公民的利益服务。

依法行政是契约执行机制中的重要一条,政府履行它的职责,必须要有法律依据。对于民众来说,法律没规定的都可以做;对政府而言,正好相反,法律没规定的都不能做。最近我写了一篇文章,叫做《这还是宏观调控吗?》。近期的政府政策已经不是宏观调控了,已超出了法律许可的范围。"宏观"指的是总量、全局,绿豆和大蒜是宏观吗?土豆和苹果是宏观吗?怎么连这些商品的价格都管?哪条法律给了政府打压房价的权利?找不出法律依据就是违法的。《价格法》规定,政府在管制价格的时候,首先要制定价格目录,并向社会公布。政府制定房地产行业的价格目录了吗?《价格法》还讲,在制定目录之前,政府要做成本和价格的调查,征求消费者和生产者的意见。这些事都没做吧?政府可能有楼市的心理价位,但秘而不宣,从不向社会公布。你说它哪一条合法?房屋"限购令"也不合法,相当于计划经济时代的发粮票,凭什么我只能买一套房子?有钱想买东西,这是消费者的自由选择权,凭什么你限制他?哪条法律给了你这个权力?文章写了也没用,政府违法,你拿它没办法,秀才遇见兵,有理说不清。

光说不行,要有惩罚机制,这就是选举制。如果发现官员假公济私、贪污受贿、违规违法,民众要能撤换他。社会上有个误解,以为选举制是挑选社会贤能,选廉洁、能干的人。不是的,选举制的主要作用不是选出最优秀、最称职的公务人员,台湾的陈水扁是选出来的,结果是个贪污犯,小布什是选出来的,内政外交搞得一塌糊涂。选举制是一个有效的惩罚机制,当政府没有履行职责、当它违约时,民众可以换人。选举制就像核武器,主要作用是威慑、阻吓,有了撤职这把剑悬在头上,政府的违约概率就大大降低。

保证契约执行的第三个措施是媒体监督,民众如果没有信息,不知道政府在干什么,怎么可能监督政府?我们的财政收入每年几万亿,钱是怎么花的,纳税人知道吗?财政部长年年在人大做报告,只给几个财政的数字,搞不清钱都花在哪儿了,花钱的效益更是无从了解。美国政府的财政报告厚厚一本书,附件一大堆,给国会议员去查、去挑刺和质询。用纳税人的钱,怎么也得有个像样的交待吧?知情权是百姓的基本权利。媒体自由、新闻自由的重要性就是保证公民的知情权,克服信息不对称,具体而言就是委托人(民众)和代理人(政府)之间的信息不对称。有人说放开媒体,"三俗"就出来了。"三俗"有什么好怕的呢?

老百姓喜闻乐见,电视台迎合一下,媚媚俗有什么不好啊? 赵本山说个段子,大家笑笑,为什么你看着就难受呢? 我实在不能理解。诺贝尔经济学获奖者阿玛蒂亚·森有一个观点,平等的基础是信息平等,契约双方拥有同样的信息,当然完全相同不可能,应尽量减少政府和民众之间的信息不对称。

最后小结一下,从传统社会到公民社会的过渡过程是漫长的,充满了偶然性,我们只能看到大致的方向,而不可能准确地预见未来。对于社会转型,存在着两种极端的态度,一个是靠智者、圣人的策划和指导,发起一场运动,明天就可以进入公民社会;另一个是没希望,既得利益太强大,谁也动不了。刚才我已经讲过,转型不是一场革命就能实现的,但也不必因此对前途感到悲观。两千年的集权专制传统、亿万人的传统观念,都不是一朝一夕能改变的。看看世界上主要的公民社会国家,都经历过长期的演变,欧洲 14、15 世纪的文艺复兴,15、16 世纪的宗教改革,17、18 世纪的启蒙运动,到 19 甚至 20 世纪才进入公民社会,长达四五百年的过渡期。除了英国向公民社会的转型较早,大约在 19 世纪就完成了,其他欧洲国家的社会转型一直延续到第二次世界大战,其间经过多少战争、血腥的冲突和动荡,思想观念和制度的惯性太大,再加上既得利益的阻碍,转过来不那么容易。看看我们自己的历史,从周朝的封建制过渡到秦始皇的郡县制、儒表法里的专制体系也经过了三四百年的时间。

转型的过程充满了偶然因素,我们只知道一个大概的方向,不可能预测转型的路径。我们总是有一种计划经济的思维,想设计和控制转型的路径与方式,历史已经证明,这种思维不仅没有加快转型,反而延长了转型的时间,增加了转型的困难和痛苦。

我们现在能做什么? 要让民众很好地理解公民社会,培养公民意识,这就需要启蒙。我想强调的是,启蒙不是教授给学生上课,不是文化精英对大众的启蒙,而是我们一起参与的启蒙。我们一起思考,一起讨论,在启蒙的过程中建立公民意识,而公民意识是公民社会最重要的基础。

我就讲到这里,谢谢大家!

(根据作者于 2010 年 11 月 6 日在中欧国际工商学院 16 周年校庆仪式上的演讲整理。2011 年 1 月 2 日修改)

市场经济中的企业、企业家与社会

　　伴随着"国进民退"的，是不断高涨的对企业社会责任的呼声，似乎经济和社会中的一些问题都与企业缺乏社会责任感有关。

　　近年来民营企业的经营环境出现了恶化的迹象，一个代表性的趋势就是"国进民退"。国家统计局负责人就此做出了回应，用数字说明并不存在这个问题。这是一个积极的信号，表明政府并不认同"国进民退"。同时我们也希望统计局公布数据来源和计算方法，以便社会上的学者能在同样的信息基础上进行独立的研究。

　　尽管官方的宏观数字不支持"国进民退"的说法，在微观层面上看到的事实却是清晰无误的：民营企业的生存空间正受到挤压，经营上的困难不断增加。在钢铁行业中，亏损的国企收购盈利的民企；在煤炭业中，政府动用行政力量强行整合民营煤矿，侵犯民间产权；在民航业中，民营公司纷纷陷入困境；在地产业中，国有开发商挟强大的资金实力，不断拍出新地王，中小型民营开发商不得不退避三舍。这些现象若不是国进民退，又能作何解释呢？

　　去年年底以来，政府执行拉动内需的政策，新增贷款和财政支出的大部分流入了国有部门。根据统计局的数字，今年前三个季度，国有及国有控股企业的固定资产投资增长高达40%以上，而非国有部门的投资增长不到30%，两者相差十多个百分点。如果这不是国进民退，又能是什么呢？

　　在国民收入的分配上也有"国进民退"，为了增加财政收入，以继续执行扩张性的财政政策，税务部门在提高征收力度的同时，扩大了征收范围，对一些可计入企业成本的项目规定了上限，职工的补贴和福利被纳入工资缴税。为了完成今年的税收任务，一些地方甚至提前征收了

265

明年的税赋。

财政政策产生了直接的"挤出效应"，即政府收入和开支的增加，导致民间收入和开支的减少，不仅抵消了拉动内需政策的作用，而且降低了社会总投资的效率。政府花钱的效果是没有人监督与核查的，而民营企业必须对自己的投资承担所有的后果。我国经济本来就存在着"投资重、消费轻"的结构扭曲，增加个税势必减少消费，以居民消费为代价，换取政府投资的增加，显然是不合理的。

伴随着"国进民退"的，是不断高涨的对企业社会责任的呼声，似乎经济和社会中的一些问题都是由于企业缺乏社会责任感。对于这一呼声，我们想借用弗里德曼的一句名言来回答："企业最大的社会责任是为股东赚钱"。企业不是慈善机构，它的开办和经营就是为了赚钱，在法律允许的范围内最大限度地赚取利润。为股东赚钱不仅是它的社会责任，而且是它的法律责任。上市公司最大的社会责任难道不是为股民赚钱吗？如果上市公司损害股民的利益，它就要受到法律的制裁和舆论的谴责。赚钱不问出身，无论股东是股民、煤老板，还是国家，企业的第一社会责任都是为股东赚钱。

我们现在讲企业的社会责任，有意或无意的潜台词就是企业唯利是图，无视社会公众的利益。将企业盈利和公众利益对立起来，这种做法本身就是错误的。在市场经济中，为己必先为公，任何想赚钱的企业，都必须先了解市场需求，为社会公众着想，只有当公众接受了它的产品，企业才能实现赚钱的目的。利润是社会公众投给企业的信任票和褒奖令，利润越多，说明承认它的民众越多，它对社会的贡献就越大。以赚钱为目标的企业和社会公众在利益上是一致的，不存在根本性的矛盾。企业和社会公众之间虽也有利益的博弈，但这是在共同利益的前提下，决定利益分配的多少，而不是"文化大革命"式的你死我活的阶级斗争。

在关于企业社会责任的讨论中，公众往往表现出情绪化的倾向，原因之一是他们混淆了企业的社会责任和政府的社会责任。例如在金融危机前，通货膨胀抬头，舆论谴责企业"哄抬物价"，呼吁企业自觉承担它们的社会责任。要知道，控制通胀不是企业的社会责任，而是政府的社会责任，是货币政策的责任，我们不能要求企业执行中央银行的职能。当金融危机袭来，企业不得不裁员时，又有人提出维护社会稳定是企业的社会责任。他们又搞错了,保证国民的充分就业以及维持失业工人的生活是政府的社会责任,而不是企业的社会责任。

企业不需要太多的责任感,它需要的是理性,因为只有理性才能带来长期的可持续盈利,因为理性也包含了公众所希望的各种社会责任。企业必须遵守国家的法令和监管规则,否则就会受到法律的制裁和公众的抵制,引起销售和盈利下降,乳品业的三聚氰胺事件就是这方面的例子。企业必须讲究诚信,建立市场信誉是推销产品的最佳手段。企业必须善待它的员工,员工的激励和工作效率是企业长期业绩的最根本保障。企业必须具有环保意识,否则就无法获得公众与客户的支持。市场经济中的理性实现了企业利益和公众利益的统一,而社会责任感强调的是两者的矛盾与冲突。

企业需要理性,社会也需要理性,社会要珍惜企业家,企业家在社会财富的创造过程中发挥着他人无法替代的作用。经济学大师熊彼得认为,经济发展的原动力就是企业家和他们所进行的创新。简单的生产规模的扩大只能维持现有的生活水平,生活水平的提高和生活方式的改进必须依靠创新。熊彼得仔细地区分了发明和创新:发明是技术上的突破,而创新是新技术的大规模商业应用。熊彼得所说的创新包括广泛的内容:

——引入新的产品。

——采用新的生产方式。

——开辟新的市场。

——获得新的原料和零部件的供给。

——实行新的企业组织形式。

从创新的定义和内容出发,熊彼得认为,创新的工作非企业家莫属,企业家的职责就是创新。企业家具有敏锐的商业眼光,敢于承担风险,坚忍不拔,执著地追求他们的梦想,他们所获得的巨大财富是社会对创新活动的承认和奖赏,是对他们所付出的艰苦努力的酬谢。

从平均主义的传统社会进入现代市场经济,人们享受着创新的成果,思想意识却停留在过去,对从事创新的企业家颇多微词甚至鄙视,“为富不仁”、“无商不奸”的旧观念无时无刻不在影响着人们的思维,这对建设创新型经济是非常不利的。阻碍创新的另一因素是政府对经济的过度管制,以及“官本位”下的政企关系。政府成为发展经济的主导,企业家退居其次。根据创新的定义和内容，我们知道，政府不可能在创新方面有大的作为，它的职能主要是社会性的，而不是商业性的。

市场经济呼唤社会的理性和企业家的理性，理性所产生的利益一致从根本上保证了社会的和谐，理性将为创新营造良好的制度与社会环境，只有全社会形成尊重企业家和鼓励创新的风气，中国经济才能永远保持强劲的发展动力。

（2009 年 11 月 27 日在大连企业家年会上的演讲。2009 年 12 月 3 日修改）

企业家精神的衰落与重振

我今天要讲的主题是"企业家精神的衰落与重振"。

现在社会上有两股浪潮，各种媒体上都有过广泛的报道，一个是大学生报考公务员，另一个是海外移民。在移民的人群之中，有官员子女，有成功企业家以及他们的子女。这两股浪潮再清楚不过地表明，企业家精神正在衰落之中。

我想先做一个定义上的说明，这里讲的"企业家"是指民营企业家，国有企业虽有大量的优秀管理者，但那里没有企业家。市场经济中的企业家指的是这样一群人——他们具有敏锐眼光，能够及时发现社会需求，甚至创造社会需求；他们具有承担风险的勇气和能力，能够组织资源，在市场前景并不明朗的情况下，开发和制造社会所需要的产品和服务；他们以个人的声誉和资产承担失败的后果，也以个人的名誉和资产赢取成功的收益。在这个意义上讲，国有企业仅有管理者而没有企业家。

当我们看到企业家精神在中国衰落时，必然要问原因到底是什么？实际上大家也都知道，强势政府的兴起是当前企业家精神衰落的最根本的原因。市场经济的主角原本是企业和民众，而企业的灵魂又是企业家。近年来改革停滞不前，在巨大利益的吸引之下，政府从游戏规则的执行者变为游戏的参与者。不仅国有企业挟政策、法律、资金、资源、意识形态的优势，强力扩张，挤压民营经济的生存空间，政府各部门对经济活动的干预也越来越频繁。政府干预的突出案例就是房地产，在很短的时间内，几乎所有已知的行政干预手段都用上了。

政府对经济、市场活动的干预增加了企业负担，搅乱了市场秩序，破坏了预期的稳定，提高了未来不确定性。在经营环境恶化、盈利机会减少之际，相当数量的企业家放弃了实业，逐步转向了投资，在企业界形成了移民之外的第二个趋势。在我的学生群体中，我发现当前有两大趋势，第一是办海外护照，第二是做投资，不做实业了，经营实业越来越困难。

社会地位的悄然变化也导致了企业家精神的衰落，企业家从令人羡慕的市场经济弄潮儿变成了天下不均的抱怨对象。近年来，收入分配不断恶化，在一个有着均平传统的社会中，人们习惯性地将注意力集中在结果而不是原因上，更多关注收入分配不均的结果，而不去探查收入分配不均的原因。

我国学者的研究表明，收入差距拉大的主要原因是钱权交易、公共投资中的腐败、土地的垄断供应以及垄断行业的收益。然而寻租者总是把舆论压力导向生产者和经营者，例如买不起房是因为开发商牟取暴利，看病贵是因为医生收取红包，菜价涨是因为商贩"囤积居奇"。当仇富心理取代了对财富的尊重，企业家不仅丧失了创新进取的精神动力，并且回馈社会变成了压力下的责任，而非发自内心的感激，结果是社会上的"裸捐者"寥寥无几，日益流行的是"裸官"。

企业家精神和权势文化之间存在此消彼涨的关系，这样此消彼涨对我们民族意味着什么？意味着创新能力的衰退和社会的动荡。当社会不再激励和奖励创造价值的企业和民众，而将人们的聪明才智、时间精力引向再分配而不是价值的创造时，这样的社会激励机制的长期后果是什么，那就是价值创造部门的萎缩，以及价值创造速度的下降。这里需要说明什么是价值创造，价值创造就是有效地满足社会需求。从这个定义出发，可以清楚地看到，政府部门实际上并不创造价值，政府所有的收入都来自于民间，国有资产也是由纳税人的投资形成的。当我们看到大学毕业生纷纷涌向政府部门，社会精英回避价值创造部门，而向往财富的再分配部门，从财富的重新分配中获取自己的利益，我们知道，社会将趋向寄生和停滞，经济将失去活力。

更为令人担忧的是，我们社会中的青年才俊不仅向往价值再分配部门，也就是政府机关，而且已经准备好了，准备用腐败等违法手段实现自己的目标。请看以下数据：2010年度中央机关及直属机构招收公务员，在通过资格审查的135万人中，报考国税系统的40多万，报考海关的30多万，两大系统占报考总人数70%，而铁路、公安、气象系统是人气惨淡。我们不禁要问，同样是安全、稳定和受人尊重的公务员位置，为什么会出现报考的冷热不均？很显然，人们对这些部门的偏好是由寻租权力大小所决定的。当然，这里有一点信息不对称，铁路、公安、气象系统报考的人少，可能是因为还不大清楚那里的寻租潜力有多大。这么多人涌向了国税和海关部门，表明我们的青年才俊们不仅希望通过社会财富再分配来获取自己的利益，而且可能准备以违法的手段来实现自己的目标。

以违法方式进行财富再分配，令民众质疑政府立法和执法的公正性，动摇他们对于社会公平的信心。不平则鸣，等到民怨沸腾，再来谈稳定与和谐，恐怕为时已晚。

我们国家正处于转变经济增长模式的关键时期，鼓励和促进创新是转变增长模式的根本性措施。而企业家的使命和工作就是创新，在这个时候重提和重振企业家精神就显得格外重要。

重振企业家精神要求政府退出经济，让市场发挥配置资源的基础性作用，让企业和民众回到舞台的中心。"市场配置资源的基础性作用"这句话不是我讲的，党的文件一而再、再而三地明确了这一点。

重振企业家精神，要求政府放松和解除管制，强化市场功能，弱化官员造租和寻租能力。尽管一些企业家也参与了寻租活动，理所当然地受到了民众的谴责。大致的观察表明，主动与官员联手的是少数，多数企业家是不得已而为之，他们实际上也希望在透明、规范、法治、公平的商业环境中运作，不愿意冒法律和政治上的风险。寻租的根源在于制度，在于不受制约的政府权力和过度管制。

重振企业家精神要求民众理解企业家在市场经济中的作用。由于企业家承担了一般人难以承受的工作强度、压力和风险，由于企业家的创新给社会带来了巨大的收益，市场和社会给予企业家丰厚的回报，这是一个合理与公平的安排，起码比通过贪污腐败来积累财富更为合理，更为公平，因为企业家满足了社会需求，为社会创造了价值，而腐败寻租只是合法或者非法地掠夺他人财富。

我们感到幸运的是，中国的企业家资源非常丰富，从小岗村的农民、经营"傻子瓜子"的年广久到今天在座各位，都是企业家的杰出代表。小岗村的农民和年广久都是小平同志关注过的企业家。不幸的是我们有几千年的官僚集权传统，压抑和摧残着民间创新精神。

如果政府官员能够像小平同志那样，意识到民间的智慧远在自己之上，尊重并鼓励民间的创造，将政府工作的重点从参与和管制市场经济的活动，转向制度的建设与维护，我们可以非常有信心地说，中国经济增长模式的转变指日可待，我们将书写中国经济奇迹的另一辉煌篇章。

谢谢大家！

（2010 年 12 月 5 日在《中国企业家》年会上的讲话）

致　谢

　　自上一本文集《自由与市场经济》出版以来，世界经济风云突变，发达市场经济国家的中心地带爆发了金融危机，全球化带来的长期繁荣戛然而止。狂风暴雨不仅席卷了国际金融市场，也以巨大的冲击力动摇了人们原有的信念。自由市场的拥护者们在沉默中退却，凯恩斯主义者借危机之力，试图收复昔日丧失了的阵地。情形一如 1930 年代的"大萧条"时期，所不同的是，迄今未见哈耶克那样深刻的反思，更不用说《通向奴役之路》那样的经典之作。

　　一边忙着说明危机的来龙去脉，一边解释市场经济的原理，笔者也随着危机的进程，仓促之中发表了不少应急短文。这些文章虽然没有多少学术价值，但收集编纂成册，可从中了解一个经济研究人员对危机和市场经济前景的思考。

　　感谢我的助理郭慧子女士，她的努力使本书的出版成为可能。慧子收集、阅读和整理了所有的文章，并提出了分类和修改的意见，书中的图表亦由她精心制作。我也感谢中欧国际工商学院提供的全方位支持，特别是陆燕女士耐心而细致的行政工作，使我得以专注于教学和研究。我不能忘记中欧国际工商学院的同学和校友们，他们的鼓励和期盼是我写作的持久动力。我非常理解他们希望看到系统性著作的心情，但目前只有文集作为他们的学习辅助材料，对此我深表歉意，并承诺早日出版能够达到他们要求的书籍。

许小年

2011 年 3 月 4 日于上海

图书在版编目(CIP)数据

从来就没有救世主/许小年著.—上海:上海三联书店,2011.5
(2024.12 重印)
ISBN 978 - 7 - 5426 - 3429 - 0

Ⅰ.①从… Ⅱ.①许… Ⅲ.①经济学—文集 Ⅳ.①F0 - 53

中国版本图书馆 CIP 数据核字(2010)第 256805 号

从来就没有救世主

著　　者 / 许小年

责任编辑 / 张大伟
装帧设计 / 范峤青
监　　制 / 姚　军
责任校对 / 喻　萍

出版发行 / 上海三联书店
　　　　　(200041)中国上海市静安区威海路 755 号 30 楼
邮　　箱 / sdxsanlian@sina.com
联系电话 / 编辑部：021 - 22895517
　　　　　发行部：021 - 22895559
印　　刷 / 上海展强印刷有限公司

版　　次 / 2011 年 5 月第 1 版
印　　次 / 2024 年 12 月第 18 次印刷
开　　本 / 640mm×960mm　1/16
字　　数 / 280 千字
印　　张 / 18.75
书　　号 / ISBN 978 - 7 - 5426 - 3429 - 0/F·578
定　　价 / 48.00 元

敬启读者，如发现本书有印装质量问题，请与印刷厂联系 021 - 66366565